Contabilidade e Gestão de Unidades de Negócio

Contabilidade e Gestão de Unidades de Negócio

Preços de transferência (*transfer pricing*)
Centro de serviços compartilhados (*shared services*)
Sistemas de recompensas

2020

Clóvis Luís Padoveze
Eduardo Vieira do Prado

ACTUAL

CONTABILIDADE E GESTÃO DE UNIDADES DE NEGÓCIO
Preços de transferência (*transfer pricing*), Centro de serviços compartilhados (*shared services*), Sistemas de recompensas

AUTORES: Clóvis Luís Padoveze e Eduardo Vieira do Prado
DIAGRAMAÇÃO: Almedina
DESIGN DE CAPA: Roberta Bassanetto
EDITOR DE AQUISIÇÃO: Marco Pace
REVISÃO: Caroline Silva
ISBN: 9786587019000

Dados Internacionais de Catalogação na Publicação (CIP)
(Câmara Brasileira do Livro, SP, Brasil)

Padoveze, Clóvis Luís Contabilidade e gestão de unidades de negócio :
preços de transferência (transfer pricing), centro de
serviços compartilhados (shared services), sistemas
de recompensas /
Clóvis Luís Padoveze, Eduardo Vieira
do Prado. – São Paulo : Almedina, 2020.

Inclui bibliografia
ISBN 978-65-87019-00-0

1. Administração financeira 2. Centro de
Serviços Compartilhados (CSC) 3. Contabilidade
4. Contabilidade gerencial 5. Controladoria
6. Preços de transferência I. Prado, Eduardo Vieira
do. II. Título.

20-36516 CDD-657

Índices para catálogo sistemático:
1. Contabilidade 657
Cibele Maria Dias - Bibliotecária - CRB-8/9427

Este livro segue as regras do novo Acordo Ortográfico da Língua Portuguesa (1990).

Julho, 2020

EDITORA: Almedina Brasil
Rua José Maria Lisboa, 860, Conj.131 e 132, Jardim Paulista | 01423-001 São Paulo | Brasil
editora@almedina.com.br
www.almedina.com.br

Prefácio

Dentro do papel de atuação da controladoria moderna, não se concebe mais a gestão econômica da empresa com enfoque em resultados unicamente de forma sintética através dos demonstrativos contábeis básicos ou da mensuração da rentabilidade dos produtos.

Uma empresa é um sistema composto de uma série de processos e atividades, que atuam de forma integrada e inter-relacionada, e é no desempenho dessas atividades que o lucro é efetivamente gerado. Esses processos e atividades são organizados dentro da empresa em setores, departamentos ou divisões, que ficam sob a responsabilidade de gestores operacionais, os quais são responsáveis tanto pelas operações como pelo resultado.

Dessa forma, é fundamental a estruturação de um sistema de informação pela controladoria para apuração dos resultados setoriais. Esse mesmo sistema, denominado sistema de contabilidade divisional ou contabilidade por unidades de negócio, tem também como objetivo avaliar o desempenho desses gestores.

A estruturação de um sistema de contabilidade por atividades e unidades de negócios envolve uma série de definições e conceitos para atender aos seus objetivos principais. Esses conceitos iniciam-se a partir de uma visão geral da empresa e suas partes, da sua missão e do modelo de gestão adotado.

O conteúdo deste livro apresenta os fundamentos e conceitos para a estruturação adequada de um sistema de contabilidade por atividades e unidades de negócios, os principais modelos existentes, bem como as sugestões para um modelo de aplicação geral. Apresenta também os conceitos de avaliação de desempenho e sistemas de recompensa, bem como a sugestão de uma série de modelos mais específicos para alguns segmentos de atuação. Além disso, o trabalho aborda as principais interações desse sistema contábil com os demais sistemas de controladoria, bem como os impactos contábeis e tributários dos itens mais relevantes.

São poucas as empresas que produzem e comercializam apenas um único produto. De modo geral, uma empresa tende a ter mais de uma linha de produto e, dependendo do porte, divisões específicas para produzir determinados produtos ou linhas de produtos. O escopo do gerenciamento contábil setorial é utilizar os dados contábeis para controle e acompanhamento das divisões responsáveis pela produção e comercialização das linhas de produtos da empresa, de forma a segregar seus resultados.

Basicamente, as técnicas de gerenciamento contábil setorial são as mesmas técnicas contábeis utilizadas para o gerenciamento contábil global. Praticamente todos os indicadores globais são válidos para analisar o comportamento setorial. Não há dúvida de que determinados aspectos são de maior relevância e competência da administração central, como a administração dos recursos financeiros, mas as demonstrações contábeis básicas e suas principais análises são utilizadas no gerenciamento setorial.

Existem corporações que fazem juridicamente o divisionamento da companhia, por meio da criação de empresas para distinguir suas divisões e unidades de negócios geradoras de resultados. Assim, uma empresa controladora administra societariamente os diversos segmentos empresariais. O gerenciamento contábil setorial não necessariamente se aplica apenas quando a empresa é segmentada em divisões; mesmo que a empresa não se disponha a fazer o divisionamento explícito de suas linhas de produtos ou áreas de negócio, é possível estruturar o gerenciamento setorial através da identificação dos segmentos geradores de resultados dentro da companhia. Dessa forma, o gerenciamento setorial será feito por meio dessa identificação contábil de setores ou atividades passíveis de geração de resultados para a empresa.

Este trabalho tem como referências básicas os textos já desenvolvidos sobre o assunto por PADOVEZE nos livros *Contabilidade Gerencial*, Atlas,

8ª. ed., 2020; *Controladoria Estratégica e Operacional*, Cengage, 3ª. ed., 2013; *Contabilidade Gerencial*, 2ª. ed., Iesde, 2019; *Administração Financeira: uma abordagem global*, ed. Saraiva, 2016, e o trabalho de PRADO, *Estruturação de pacote integrado para controle gerencial de unidades de negócio: uma proposta a partir de um estudo de caso em uma empresa multinacional do setor de autopeças*, apresentado em 2018 como Tese de Doutorado em Administração na Universidade Metodista de Piracicaba.

Clóvis Luís Padoveze
Eduardo Vieira do Prado

Sumário

1
Fundamentos

A análise financeira ou análise de balanço é o instrumental clássico para avaliação do desempenho do sistema empresa. Este procedimento de avaliação tem duas características básicas:

a) é um modelo de avaliação global da companhia, não levando em consideração as partes que a compõem;
b) é um modelo de avaliação estritamente financeiro, impessoal, avaliando toda a empresa e não vinculando, de forma explícita, os resultados obtidos a algum gestor responsável dentro da empresa.

A controladoria com enfoque em resultados tem como uma de suas premissas básicas que os gestores são responsáveis pelo lucro das atividades sob sua responsabilidade. Portanto, impõe-se naturalmente a necessidade de um subsistema contábil para o gerenciamento das diversas áreas da empresa. O foco desse gerenciamento é o conceito de gestão econômica, ou seja, baseada em resultados econômicos, lucro ou prejuízo. Consequentemente, a avaliação de desempenho setorial deve ser também parametrizada pelo lucro gerado pelas atividades sob a responsabilidade de um gestor.

1.1. Controladoria, contabilidade financeira e contabilidade gerencial

A controladoria é a unidade administrativa responsável pela efetivação da abrangência completa da ciência contábil nas organizações, como evidenciado na Figura 1.1. A missão da controladoria é suportar todo o processo de gestão da empresa, objetivando a otimização dos resultados planejados. Ela consiste em um corpo de doutrinas e conhecimentos relativos à gestão econômica das empresas, a fim de orientá-las para a eficácia[1].

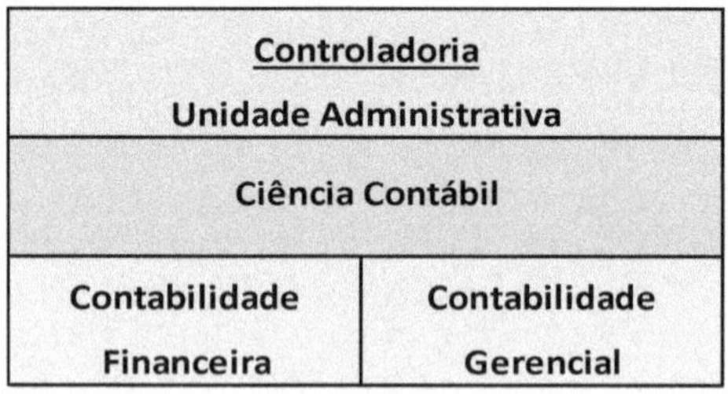

Figura 1.1. Controladoria e contabilidade.

A contabilidade financeira é a contabilidade regulamentada pelas práticas contábeis decorrentes das normas internacionais de contabilidade do IFRS (International Financial Reporting Standards), adotada em nosso país pelas Leis 11.638/07 e 11.941/09, vigentes, de fato, a partir de 2010. A entidade responsável pela implementação das práticas internacionais é do CFC (Conselho Federal de Contabilidade), que delegou ao CPC (Comitê de Pronunciamentos Contábeis) a elaboração das normas contábeis, denominadas "Pronunciamentos Técnicos". Todos os pronunciamentos, interpretações e orientações estão disponíveis no site do CPC.

A contabilidade financeira também é a direcionadora da contabilidade tributária para fins dos tributos sobre o lucro e outros tributos complementares. Assim, a apuração da base de cálculo para os tributos sobre o lucro (Imposto de Renda e Contribuição Social sobre o Lucro Líquido) e alguns outros tributos (PIS, COFINS e INSS sobre faturamento) parte dos dados da contabilidade societária, fazendo as exclusões e adições previstas no regulamento do Imposto de Renda e outras legislações tributárias.

A contabilidade gerencial contempla os demais instrumentos de gestão necessários para todo o processo de gestão do sistema empresa, complementando as informações já existentes na contabilidade financeira e fazendo as adaptações necessárias para o processo de tomada de decisão e

---

[1] CATELLI, Armando (coord.). *Controladoria*. São Paulo, Atlas, 1999.

avaliação de desempenho dos gestores. A Figura 1.2 apresenta as principais características desses dois segmentos da contabilidade.

FATOR	CONTABILIDADE FINANCEIRA	CONTABILIDADE GERENCIAL
Usuário dos relatórios	Externos e internos	Internos
Objetivo dos relatórios	Análise financeira do retorno do investimento	Planejamento, controle e avaliação de desempenho. Processo de tomada de decisão
Forma dos relatórios	Balanço Patrimonial, Demonstração dos Resultados, Demonstração dos Fluxos de Caixa e Demonstração das Mutações do Patrimônio Líquido	Orçamentos, contabilidade por responsabilidade, relatórios de custos e desempenho. Qualquer relatório específico e necessário para o processo de tomada de decisão.
Frequência dos relatórios	Anual e trimestral	Quando necessário
Custos ou valores utilizados	Primariamente históricos (passados)	Históricos e esperados (previstos)
Base monetária de mensuração	Moeda corrente	Qualquer moeda, índices, medidas físicas etc.
Restrições às informações	PCGA Princípios Contábeis Geralmente Aceitos - Práticas Contábeis	Nenhuma, exceto as determinadas pela administração
Característica da informação fornecida	Deve ser objetiva, verificável, relevante e a tempo	Deve ser relevante a tempo, podendo ser subjetiva ou estimada. Deve-se sacrificar a exatidão para que esteja disponibilizada no momento o oportuno.
Perspectiva dos relatórios	Orientação histórica	Orientada para o futuro, incorporando metas e permitindo o controle entre o real e o planejado.

Figura 1.2. Contabilidade financeira e contabilidade gerencial.

De modo geral, a contabilidade financeira tem como referência custos históricos, ajustados para valor de mercado quando os valores históricos contábeis estão superiores ao valor justo de mercado. Apenas para determinadas situações (ativos biológicos, alguns instrumentos financeiros, propriedades para investimento) a contabilidade financeira admite ajuste dos valores históricos para mais para chegar ao valor de mercado.

O foco da contabilidade financeira são os usuários externos para a finalidade básica de avaliar o retorno do investimento dos investidores. Para tanto, a base teórica são as regras ou práticas contábeis, aplicadas uniformemente para todas as empresas.

O foco da contabilidade gerencial são os usuários internos, para os processos de tomada de decisão e avaliação de desempenho. Além disso, deve incorporar a perspectiva de futuro, já que o processo de gestão exige o planejamento econômico e financeiro para antecipar processos decisórios de períodos futuros.

Para inúmeros modelos decisórios, a contabilidade gerencial pode e deve incorporar outras mensurações quantitativas ou mesmo outras moedas, assim como pode adotar conceitos não aceitos pela contabilidade financeira. O importante é o controle econômico empresarial e suportar todas as decisões necessárias para todo o processo de gestão empresarial.

Estrutura da controladoria

A Figura 1.3 mostra as funções/atividades de controladoria. Ela deve ser responsável pelo sistema de informações de relações com investidores e pelo monitoramento das informações gerenciais constantes em todos os subsistemas de informação, além de fazer parte ativa do controle interno.

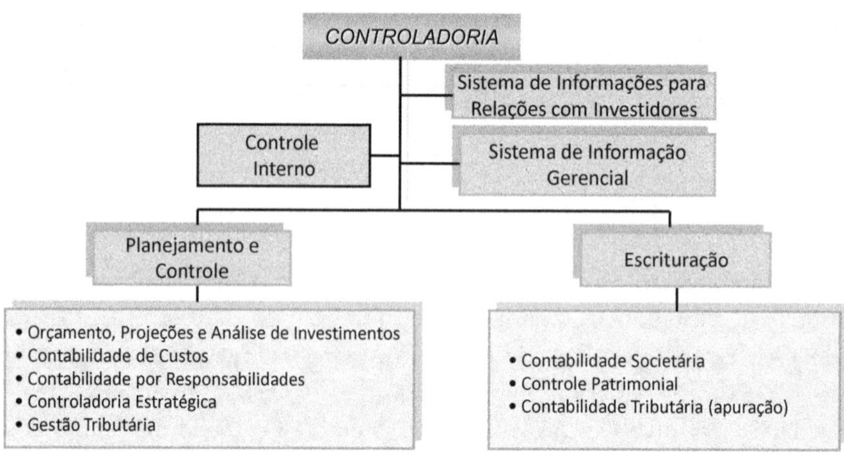

Figura 1.3. Estrutura da controladoria.

A controladoria, por meio do *controller*, deve ter o domínio – e entendemos que também responsabilidade hierárquica – da contabilidade financeira e tributária, uma vez que a estrutura do sistema de informação contábil financeiro é a base de todo o sistema de informações da empresa.

As atividades e os sistemas de custos, orçamento, projeções, análises de investimentos, informação de controladoria estratégica[2] e gestão tributária são integrantes da estrutura de controladoria. Como menção final, cabe à controladoria estruturar o sistema de informação de contabilidade por unidades de negócio, que faz parte do conceito genérico de contabilidade por responsabilidade.

1.2. Premissas para a gestão econômica

Gestão econômica é uma gestão baseada em resultados, medidos economicamente em unidades monetárias. Os resultados economicamente medidos dependem, naturalmente, da mensuração correta de todos os elementos patrimoniais do ativo e passivo, suas consequências e inter-relacionamentos com os dados de receitas e despesas.

De forma simples, o foco da gestão econômica é a obtenção do lucro planejado. O arcabouço da gestão econômica está representado nas demonstrações contábeis básicas: balanço patrimonial, demonstração do resultado e fluxo de caixa.

A premissa fundamental é que *o lucro é a melhor medida da eficácia empresarial*. Assim, o desempenho da empresa deve ser medido pela realização do lucro planejado. Assim, se a empresa projetou um lucro de $ 100 milhões e obteve $ 90, dizemos que a empresa foi 90% eficaz. Se a empresa obteve $ 100, vamos dizer que foi 100% eficaz; se obteve $ 110, foi 110% eficaz.

Portanto, só existe controladoria se houver planejamento do lucro. Para tanto, é fundamental que ele seja corretamente medido. O lucro corretamente medido depende de duas variantes: do conhecimento técnico e do comportamento ético do contador, uma vez que há muitos interessados na mensuração do lucro.

O lucro planejado, por sua vez, e em condições normais, deve ter um montante que iguale ou supere o custo de oportunidade de capital dos

[2] Para aprofundamento, ver PADOVEZE, Clóvis Luís. *Controladoria Estratégica Aplicada*. São Paulo, Cengage, 2016.

sócios ou acionistas, para cobrir o risco empresarial. A seguir, veja as demais premissas da gestão econômica[3].

O lucro é maior ou menor segundo o grau de competência empresarial

Esta premissa deixa claro que é necessário conhecimento técnico e administrativo, bem como um modelo de gestão que permita obter o lucro. Uma boa administração pode transformar uma empresa deficitária em lucrativa, assim como o inverso; uma má administração pode transformar uma empresa lucrativa em deficitária. A competência empresarial, por sua vez, não é estática. Os cenários mudam, as pessoas mudam, as pessoas não são as mesmas etc. Assim, o modelo de gestão deve privilegiar a permanente atualização dos gestores.

A empresa é uma reunião de especialidades humanas

Esta premissa indica que as atividades exercidas na empresa, sejam operacionais, sejam de gestão, devem ficar a cargo de pessoas especializadas, com suas respectivas formações técnicas, ou que tenham o conhecimento técnico indispensável para operar ou gerir a atividade específica.

Os gestores são responsáveis pela geração do lucro

Fundamento indispensável e que leva à necessidade da contabilidade por responsabilidade, centros de lucros e unidades de negócio. Quem gera o lucro são os gestores responsáveis pelas receitas e pelos gastos de sua área. Este conceito de gestão deve ser incorporado necessariamente no sistema de gestão de contabilidade por unidades de negócio.

---

[3] Adaptado de CATELLI, Armando (coord.). *Controladoria*. São Paulo, Atlas, 1999.

Os empreendimentos empresariais são investimentos

Esta premissa deixa claro que não há investimento sem risco. Portanto, o gerenciamento do risco faz parte da gestão, bem como assumir efeitos econômicos e financeiros de riscos não previstos e administráveis.

Dificuldade de mensuração da previsibilidade do mundo real

Toda entidade vive de seu futuro. Assim, faz parte da gestão econômica o exercício da mensuração da previsibilidade do mundo real futuro. Por outro lado, é impossível vislumbrar com exatidão ou precisão o que deverá ou poderá acontecer e seus impactos econômicos e financeiros. Essa é uma dificuldade natural e óbvia da gestão; contudo, isso não pode impedir o processo de planejamento.

O planejamento é necessário

Se o primeiro fundamento da gestão econômica é que o lucro é a melhor medida da eficácia da empresa e que a eficácia se mede pelo alcance do lucro planejado, impõe-se o processo de planejamento empresarial (estratégico, operacional e orçamentário). Dessa forma, independentemente da dificuldade de mensuração da previsibilidade do mundo real, o planejamento é indispensável.

Mensuração do valor econômico da empresa

A mensuração do valor econômico da empresa é o processo de avaliação de seu valor possível de venda. A contabilidade financeira não tem essa incumbência nem está preparada para tal procedimento. Contudo, cabe à controladoria, periodicamente, mensurar o provável valor da empresa, como forma de confrontá-lo com o valor contábil, bem como para dar base para a incorporação do custo de oportunidade de capital para a mensuração do lucro planejado.

Lucro como diferença de patrimônios líquidos

É um complemento da premissa anterior. A partir da mensuração periódica do valor econômico da empresa, obtém-se o lucro como diferença de patrimônios líquidos final e inicial de cada período. Essa diferença é denominada *lucro econômico*, ou seja, o aumento do valor da empresa.

Nível ótimo de informação

Há necessidade de informação para a gestão. Como todo recurso custa, e a informação é um recurso, deve-se buscar o nível ótimo de informação, considerando a relação custo-benefício de tê-la e os benefícios de sua utilização.

1.3. Contabilidade por responsabilidade

Denomina-se *contabilidade divisional* ou *contabilidade por responsabilidade* o conjunto de conceitos contábeis gerenciais que permitem a identificação, mensuração, acumulação, decisão e informação dos eventos econômicos e atividades específicas para cada um dos gestores dentro da empresa.

Os fundamentos da contabilidade divisional, em linhas gerais, são os mesmos da gestão econômica do sistema empresa, só que aplicados a cada segmento particular da companhia identificado como gerador de resultados.

Dessa maneira, a contabilidade divisional ou setorial expressa-se em segmentar os resultados da empresa em suas partes geradores de resultado, apurando o resultado para cada um dos segmentos identificados e, concomitantemente, permitindo a avaliação de desempenho de cada gestor da empresa responsável pelos segmentos identificados.

A contabilidade por responsabilidade é o sistema de informação que mensura os efeitos econômicos da descentralização da gestão. O objetivo é avaliar o resultado dos produtos e serviços de cada segmento de responsabilidade, bem como permitir a avaliação do desempenho dos gestores responsáveis por essas áreas de responsabilidade.

1.4. Avaliação de resultados, desempenho e *accountability*

Conceitua-se *accountability* como a responsabilidade individual ou departamental ao desempenhar certa função. Essa responsabilidade pode ser determinada ou implicada por lei, regulamentos ou acordo. Assim, é uma responsabilidade de prestação de contas pelos atos que lhe foram conferidos desempenhar.

Dentro da empresa, os gestores setoriais têm uma responsabilidade delegada e devem responder por ela. Em termos de gestão econômica, o gestor é encarregado pelo lucro das atividades sob sua responsabilidade. A avaliação de desempenho do gestor deve ser feita, então, pela controladoria, levando-se em conta os resultados esperados das atividades sob o comando de um gestor.[4]

Por *desempenho* entende-se a realização de uma atividade ou de um conjunto de atividades. O termo *avaliação* refere-se ao ato ou efeito de atribuir valor, sendo que valor pode ser entendido em sentido qualitativo (mérito, importância) ou quantitativo (mensuração).

Avaliar um desempenho é um meio para tomar decisões adequadas. Constitui um processo complexo que incorpora, além das características informativas necessárias para julgar adequadamente um desempenho, requisitos essenciais para serem integrados ao processo de gestão, em suas fases de planejamento, execução e controle. Portanto, a avaliação de desempenho inclui a avaliação e o controle dos resultados das atividades, requerendo a mensuração ou quantificação de um desempenho planejado e um realizado.

A informação contábil tem como sua principal característica a mensuração econômica, ou seja, a expressão das atividades em valor econômico. Além dessa característica, fundamental para a avaliação de desempenho e resultados das operações das entidades, a informação contábil deve possibilitar o apoio ao processo de gestão, incorporando outras características necessárias à boa informação, como conteúdo, precisão, frequência, adequação à decisão, confiabilidade, oportunidade, motivação etc.

Considerando a necessidade de avaliação dos resultados e desempenho e as características da informação contábil, os relatórios contábeis devem

---

[4] CATELLI, Armando (coord.). *Controladoria*. São Paulo, Atlas, 1999.

ser apresentados dentro de modelos decisórios que incorporem todas essas necessidades e características.

A avaliação de resultados centra-se na obtenção do valor do resultado positivo ou negativo da realização dos eventos de produção e disponibilização dos produtos ou serviços. A avaliação de desempenho parte da apuração do resultado das atividades de uma área de responsabilidade e incorpora os demais gastos necessários para gerir e realizar essas atividades.

Como a avaliação de desempenho deve ser incorporada ao processo de gestão, que inclui a fase de planejamento e controle, os dados reais obtidos pelos modelos de mensuração e informação devem ser confrontados com os dados planejados ou desejados. Normalmente, os dados planejados são obtidos do sistema orçamentário, e os dados desejados são obtidos pelo sistema de padrões. O modelo geral de avaliação de resultados e desempenho pode, então, ser resumido em uma estrutura de modelo decisório, apresentada a seguir de forma resumida.

Área de Responsabilidade	Real	Orçado	Padrão	Variações
Receita das atividades (–) Custos diretos/variáveis das atividades Resultado operacional (avaliação de resultados) (–) Custos específicos da área de responsabilidade resultado econômico (avaliação de desempenho)				

Figura 1.4. Modelo genérico de avaliação de resultados e desempenho.

O modelo permite identificar o resultado dos produtos e serviços que são realizados por determinada área de responsabilidade, bem como identificar o resultado final da área, constituindo-se em um modelo de avaliação de desempenho.

Avaliação de resultados e avaliação de desempenho

Basicamente, a avaliação de resultados está ligada à mensuração da margem de contribuição gerada pelos produtos, e a avaliação de desempenho está ligada à responsabilidade de um gestor por uma área dentro da empresa, ou mesmo pela empresa como um todo.

A avaliação de desempenho tem como objeto a segmentação da empresa em unidades administrativas organizadas dentro do subsistema formal: os setores, departamentos e divisões, que se expressam dentro da contabilidade gerencial ou de custos sob os conceitos de centros de custos, de resultado ou de investimento. A avaliação de resultado tem como objeto as atividades internas e as saídas do sistema empresa por meio de seus produtos e serviços gerados no processo de transformação de recursos.

A seguir, na Figura 1.5, apresentamos uma representação esquemática do processo geral das avaliações extraída de CATELLI.[5]

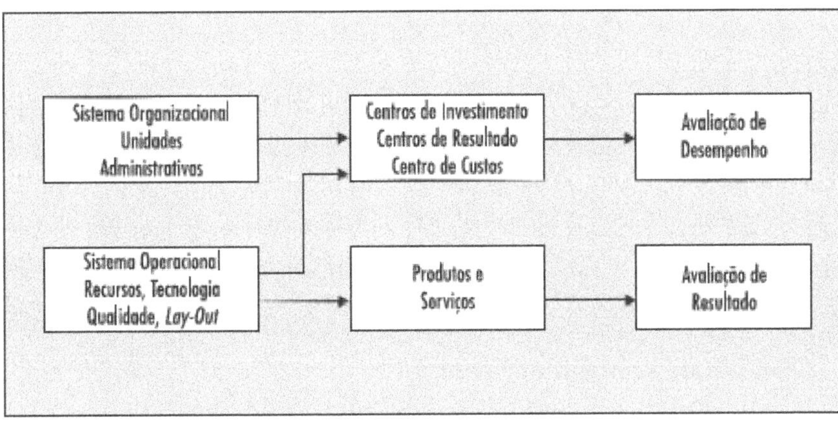

Figura 1.5. Avaliação de resultado e avaliação de desempenho.

A avaliação de desempenho sob a óptica econômica implica, necessariamente:

- desassociar os resultados financeiros das operações, avaliando separadamente os resultados na condição de operações como se fossem transacionadas à vista dos efeitos financeiros das transações efetuadas a prazo;
- avaliar o resultado alcançado em relação aos investimentos existentes para operacionalizar as atividades sob a responsabilidade do gestor;
- considerar na avaliação de desempenho que as condições operacionais foram totalmente atendidas (prazos, qualidade, eficiência na utilização dos recursos etc.).

[5] CATELLI, Armando (Coord.). *Controladoria*. São Paulo: Atlas, 1999.

Contabilidade por responsabilidade e controlabilidade

A base para execução da Contabilidade por responsabilidade é o conceito de controlabilidade. Em princípio, só devem ser contabilizados como eventos econômicos e elementos patrimoniais para um responsável, desde que ele tenha condições e poderes para tomada de decisão sobre eles.

Só pode existir avaliação de desempenho sobre elementos e fatores de domínio do gestor. Dessa maneira, critérios de rateio de despesas e receitas, distribuição ou alocação de ativos e passivos não devem compor o conjunto de elementos contábeis para gestores específicos. Só devem ser considerados os eventos e elementos patrimoniais de inteira responsabilidade do gestor.

Deve-se acompanhar, controlar e cobrar com base em responsabilidades atribuídas e definidas anteriormente pela alta administração da companhia, uma vez que a empresa só poderá exigir de seus gerentes divisionais o que se atribuiu e definiu previamente com clareza.

Motivação

Além dos aspectos puros de acompanhamento e segmentação de resultados, o ponto-chave é o elemento motivador. Todo sistema de gerenciamento contábil setorial deve privilegiar esse aspecto. Um sistema que só possibilita encontrar números, mas não dá retorno aos responsáveis em termos motivacionais, perde quase toda a sua finalidade.

A questão da recompensa financeira aos gestores é um dos fatores que podem compor o conjunto de elementos motivadores, mas não necessariamente o único.

1.5. Descentralização da gestão

Decidir entre centralização e descentralização em uma organização envolve a análise de muitas variáveis. Normalmente, a descentralização é mais vantajosa quando as unidades (divisões) forem independentes.

O conceito de independência envolve os seguintes princípios: não há concorrência com outras subunidades no que se refere ao uso de recursos escassos na organização, como dinheiro, pesquisa e desenvolvimento e profissionais habilitados; não fornece produtos ou serviços para outras subunidades e delas não depende para seus insumos básicos; não compete e não compra no mesmo mercado de outras subunidades; pode tomar decisões sem se preocupar com os objetivos e metas das outras subunidades (IUDÍCIBUS, 1998).

Com relação ao fornecimento de produtos ou serviços para outras subunidades, essa prática é uma realidade em muitas organizações e não limitaria o estabelecimento de unidades de negócio; no entanto, demandaria a determinação de critérios adequados de preços de transferência.

A estrutura organizacional de uma empresa é o resultado de muitos fatores. Quando o volume de vendas cresce e as linhas de produtos se diversificam, a forma divisionalizada da organização se torna lógica (SOLOMONS, 1965). No entanto, um aspecto crítico para as organizações é garantir que, em um cenário de descentralização, as unidades de negócio possam ser monitoradas a fim de permitir um balanceamento entre a fluência necessária para a gestão das operações e o controle das decisões de modo que possam seguir a orientação estratégica de toda a organização.

Corado (1988) e Rodniski e Diehl (2012) afirmam que a centralização é desejável em um pequeno negócio operado pelo proprietário, pois a supervisão próxima assegura que o negócio funcione da maneira que o proprietário deseja. No entanto, em empresas maiores com ambientes mutáveis, a centralização pode ser um entrave, principalmente pela demora no processo de tomada de decisão e a distância existente entre o gestor tomador de decisão e o fato ocorrido.

Assim, visando melhorar o processo de tomada de decisão, muitas empresas optam por estruturas organizacionais (processo chamado de descentralização) em que o poder de decisão é atribuído aos gestores das unidades de negócio.

As vantagens da descentralização são:

- uma estrutura divisional torna relativamente fácil para uma companhia combinar divisionalização e unidade (SOLOMONS, 1965);
- a divisionalização faz com que talentos criativos sejam encorajados a adquirir mais responsabilidade, autoridade e dignidade para a tomada de decisões (SOLOMONS, 1965; KAPLAN; ATKINSON, 1989).

A responsabilidade adicional e a competência para tomar decisões levam ao aumento da satisfação profissional, tornando o trabalho mais interessante e proporcionando maiores incentivos para as pessoas desempenharem suas atividades da melhor forma (GARRISON; NOREEN, 2001);

- a divisionalização oferece o primeiro treinamento para que as pessoas possam assumir posições na alta administração (SOLOMONS, 1965);
- O objetivo principal é a maximização da contribuição em longo prazo para toda a organização (SOLOMONS, 1965);
- os gerentes de níveis mais baixos geralmente dispõem de dados mais detalhados e atualizados sobre as condições das suas áreas do que os gerentes da alta administração. Assim, as decisões frequentemente estão baseadas em melhores informações (GARRISON; NOREEN, 2001). A *expertise* dos gerentes locais pode levar a aproveitar oportunidades de mercado, possibilidades de produção, capacidade de motivação da força de trabalho e conhecimento dos fornecedores locais. Assim, na descentralização, as decisões são tomadas onde a informação relevante é adquirida, arquivada, acessível e processada, e há uma capacidade de resposta mais rápida de forma local no processo de tomada de decisões;
- em uma organização descentralizada, o tempo da unidade central pode ser focado em decisões estratégicas, pois decisões mais operacionais são delegadas a gerentes locais (KAPLAN; ATKINSON, 1989).

Por outro lado, as desvantagens da descentralização são:

- pode ser mais cara em termos de administração de talentos e duplicação de autoridade (SOLOMONS, 1965). Os gestores de organizações descentralizadas tendem a duplicar os serviços que podem ser menos dispendiosos quando centralizados, como contabilidade, propaganda e pessoal (KAPLAN; ATKINSON, 1989);
- os gerentes de níveis mais baixos podem tomar decisões sem pleno conhecimento do contexto geral da organização; pode haver falta de coordenação entre os gerentes autônomos (KAPLAN; ATKINSON, 1989);

- os gerentes dos níveis mais baixos podem ter objetivos diferentes das metas da organização, por exemplo, focando mais na expansão de seus próprios departamentos do que na empresa como um todo (KAPLAN; ATKINSON, 1989);
- gestores das unidades descentralizadas podem desperdiçar tempo negociando com outras unidades a respeito de bens ou serviços que fornecem às outras (KAPLAN; ATKINSON, 1989).

Tais dificuldades podem ser contornadas pela criação de sistemas de controle gerencial com avaliação de desempenho que motivem os gerentes a tomar decisões que sejam de interesse da companhia, possibilitando, assim, um alinhamento de objetivos (GARRISON e NOREEN, 2001; HORNGREN *et al.*, 2014).

Portanto, a descentralização demanda ajustes no sistema de informação de controle gerencial para apurar a contribuição das diversas áreas para o resultado global, além de influenciar o comportamento e as decisões dos gestores dos níveis hierárquicos inferiores, por meio de um adequado sistema de avaliação de desempenho (FREZATTI *et al.*, 2009).

A estruturação das organizações em unidades de negócio traz benefícios como agilidade, especialização, maior *empowerment*[6] e motivação do corpo gerencial. As dificuldades apontadas – como a falta de convergência entre os objetivos dos gestores das unidades de negócio e estratégia corporativa, a duplicação de esforços e as dificuldades para negociação do preço de transferência – podem ser minimizadas a partir da estruturação de um pacote para controle gerencial de unidades de negócio.

1.6. Tipos de centros de responsabilidade

Entendem-se por centros de responsabilidade as unidades contábeis criadas para acumulação dos dados das transações e elementos patrimoniais da empresa. De modo geral, seguem a estrutura hierárquica da companhia.

[6] *Empowerment*: empoderamento ou delegação de autoridade e autonomia parcial na gestão da empresa; significa também promover o empreendedorismo interno, como caminho para avaliação de desempenho pela meritocracia.

A base para a acumulação das informações contábeis é o conceito de custos e receitas controláveis.

Os principais conceitos de centros de responsabilidade para acumulação das informações contábeis e contabilidade por responsabilidade são: centros de custos, centros de lucros e centros de investimentos.

Centros de custos (centros de despesas, de gastos)

Conceito antigo também denominado *departamentalização*. São unidades contábeis de acumulação utilizadas para acumular os gastos por setor, atividade ou departamento. Em geral, segue a estrutura organizacional da empresa, de acordo com a configuração de responsabilidades da hierarquia.

Os centros de custos acumulam, em um primeiro momento, apenas os gastos por setor, atividade ou departamento, não havendo preocupação com possíveis receitas de cada um desses centros de responsabilidade.

Centros de lucros (centros de resultados)

Evolução natural do conceito de centros de custos. São utilizados principalmente para acumular as informações contábeis das receitas das atividades, dos produtos e dos serviços. As receitas podem ser de origem externa (clientes e consumidores finais) ou interna (transferência de serviços e produtos).

Os centros de lucros focam as receitas de determinado produto ou serviço final, seja vendido externamente, seja transferido para outro centro de lucro. Apesar de todo centro de custo produzir alguma atividade, normalmente não é necessário identificar a receita de cada centro de custo, uma vez que, em geral, em uma empresa vários centros de custos são organizados para produzir um produto ou serviço.

Dessa maneira, um centro de lucro congrega mais de um centro de custo. Em outras palavras, as receitas de um centro de lucro são o produto da atividade de vários centros de custos, o que pode ser visualizado na Figura 1.6.

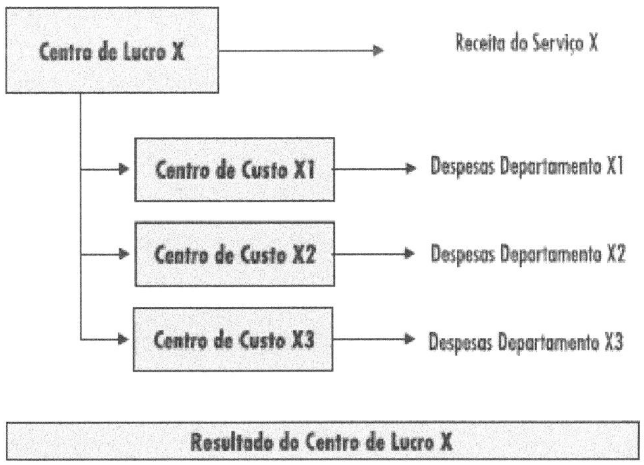

Figura 1.6. Centro de lucro e centros de custos.

A Figura 1.6 ilustra um centro de lucro (Centro de Lucro X) que congrega três centros de custos (Centros de Custos X1, X2 e X3). As despesas de cada um desses centros são apuradas separadamente, porém, os três centros fazem parte de um conjunto de atividades denominado Centro de Lucro X, o qual se caracteriza por produzir um produto final – no nosso exemplo, o Serviço X. Portanto, a receita desse centro de lucro é a somatória das vendas do Serviço X, que pode ser vendido tanto para setores dentro da empresa como para consumidores finais fora dela.

Ao somar os gastos dos três centros de custos, temos o total de gasto do centro de lucro. Confrontando com a receita do Serviço X, temos o resultado (lucro ou prejuízo) do Centro de Lucro X.

Centros de investimentos ou unidades de negócios

A diferença entre centros de lucros e de investimentos está na autonomia que a administração central confere ao responsável pela unidade de negócio. Se a administração delegar a responsabilidade pela decisão de investimento para o gestor, o centro de responsabilidade será caracterizado como centro de investimento. Nesse caso, o gestor, além de ser responsável pelas despesas e receitas, será também responsável e terá autonomia pelos investimentos a serem feitos em sua unidade de negócio.

Esse tipo de centro de responsabilidade não é muito comum, dado que a administração central tem reservado para si a decisão de investir em todas as unidades de negócio. Eventualmente, delega ao gestor apenas decisões sobre alguns investimentos de manutenção das atuais operações. A decisão de investimento em unidades de negócios tem sido, no mais das vezes, uma decisão da administração corporativa.

Convém salientar que, mesmo nos casos em que não se caracterize claramente o centro de responsabilidade como unidade de negócio, e sim como centro de lucro, a avaliação do retorno do investimento deverá ser feita da mesma forma.

1.7. Estratégia e liderança para a formação de unidades de negócio

A estratégia é o principal fator propulsor do arranjo organizacional das empresas, ou seja, a definição das unidades de negócio e sua interação devem ser condizentes com a estratégia pretendida pela organização para que possa responder aos fatores ambientais, como concorrência. A utilização de unidades de negócios estratégicas vem sendo uma prática comum em grandes empresas. Uma implicação dessa prática para executivos de nível corporativo é que a empresa diversificada deve ser vista não como uma mistura de unidades comerciais similares, mas sim como um portfólio de negócios com diferentes contextos estratégicos.

Porter (1979) determina que as organizações devem possuir processos para identificar as forças que afetam a competição e suas causas, bem como suas capacidades e fraquezas. Assim, podem elaborar um plano de ação para posicionar a companhia para que suas capacidades sejam a melhor defesa contra as forças competitivas; influenciar o balanceamento entre as forças por meio de movimentos estratégicos, melhorando a posição da companhia; antecipar mudanças nas forças competitivas e responder a elas. Neste sentido, gerentes corporativos têm direcionado sua atenção para definir seus negócios como um processo crucial para formação da estratégia, no qual as unidades de negócio são partes fundamentais.

Bonn e Fischer (2011) salientam que a estratégia corporativa preocupa-se com o escopo geral da organização e com a forma como o valor é adicionado por cada unidade de negócio. A divisão da estratégia por unidade de negócio (conhecida também como unidade de negócio estratégica) foca em competir efetivamente em um segmento da indústria ou de mercado.

Uma decisão crítica nesse processo é escolher em nível de unidade de negócio qual produto ou serviço oferecer ao mercado. O escritório corporativo de uma empresa diversificada não produz lucros por ela mesma. Lucros e receitas são gerados de unidades de negócio. As estratégias de unidades de negócios são gerenciadas de modo a criar e manter vantagem competitiva em cada uma das indústrias das quais a empresa escolhe participar. A estratégia da unidade de negócio depende de dois aspectos relacionados: 1) sua missão (quais são os objetivos gerais); 2) vantagem competitiva (como as unidades de negócio competem na indústria para cumprir sua missão (ANTHONY; GOVINDARAJAN, 2007)). As unidades de negócio podem ter as estratégias demonstradas na Figura 1.7:

Figura 1.7. Missão da unidade de negócio – Boston Consulting Group.
Fonte: Adaptado de Anthony, Govindarajan (2007, p.63).

A estratégia de construir (*build*) implica no crescimento de participação de mercado, mesmo a custo de ganhos de curto prazo e fluxo de caixa. A estratégia de esperar (*hold*) significa a missão estratégica para proteção da participação de mercado da unidade de negócio e posição competitiva. Já a colheita (*harvest*) tem o objetivo de maximizar de lucros de curto prazo e fluxo de caixa, mesmo a custo de participação de mercado. Já a estratégia de desinvestir (*divest*) indica a decisão de retirar o negócio ou a opção por um processo de baixa liquidação ou venda. Empresas que caem no quadrante "vaca leiteira" são as fontes primárias de caixa para empresas com alta participação de mercado e alta lucratividade. Já as que estão no quadrante "cachorro" têm uma estrutura competitiva fraca em indústrias não atrativas (Anthony; Govindarajan, 2007).

Um fator relevante envolvendo as unidades de negócio é a partilha de recursos para promover as estratégias individuais e principalmente a estratégia corporativa. A partilha de recursos pode levar à maior eficiência e competitividade da organização, mas para isso deve ser executada adequadamente, de forma a promover essas estratégias e a não transferir ineficiências entre as unidades. Govindarajan e Fisher (1990) estudaram estratégias de liderança e diferenciação de custos, a extensão da partilha de recursos entre unidades de negócio estratégicas e o uso de controles. O compartilhamento de recursos refere-se ao compartilhamento de recursos funcionais por duas ou mais unidades dentro de uma única empresa, e pode incluir o uso de forças de vendas comuns e instalações comuns de pesquisa e desenvolvimento. Eles argumentaram que o potencial de benefícios sinérgicos da partilha de recursos varia em contextos estratégicos, e que a realização desses benefícios potenciais depende da eficácia com que as ligações entre as unidades de negócio são gerenciadas.

A partilha de recursos aumenta o grau de interdependência da unidade de negócios estratégica com outras unidades. Assim, o gerente da unidade de negócios pode afetar o desempenho de outras unidades por meio de decisões e ações, o que demanda que o gerente da unidade de negócios avalie cuidadosamente as consequências de sua decisão sobre outras unidades envolvidas. Além disso, um potencial ponto negativo do compartilhamento de recursos é incorrer em maiores custos relativos aos esforços de coordenação e de resolução de conflitos (Govindarajan, 1989). A partilha de recursos é um modo de colaboração entre unidades de negócios, a qual é uma atividade coletiva por duas ou mais unidades de negócios dentro de uma organização com vários negócios para criar valor (Martin; Eisenhardt, 2010). Para isso, executivos corporativos são fundamentais para fomentar essa atitude colaborativa entre as unidades de negócios.

Outro ponto que afeta o desempenho das unidades de negócio são as decisões de investimento. Se uma unidade de negócios não receber fundos de investimento adequados da corporação, não poderá explorar eventuais oportunidades de investimento e, como resultado, terá um desempenho inferior ao dos concorrentes que receberem o financiamento necessário. Isso pode se traduzir em perda de participação de mercado em relação aos rivais que estão buscando as oportunidades de crescimento disponíveis.

Por outro lado, alocar capital em excesso para investimentos com expectativas mais baixas de retornos futuros provavelmente terá um efeito negativo no desempenho subsequente da unidade de negócios, visto que aumentará os ativos da unidade sem um aumento proporcional nos retornos unitários. Portanto, como as empresas operam em ambientes mais competitivos, a competência de alocação de capital desempenha um papel cada vez mais importante na unidade de negócios e, por extensão, no desempenho da empresa (Arrfelt *et al.*, 2015).

Já a visão baseada em recursos ajuda a explicar como as corporações obtêm vantagens competitivas canalizando recursos para o desenvolvimento de novos produtos, processos e assim por diante. A inovação é um meio de manter uma unidade de negócios estratégica, seja como resposta a mudanças que ocorrem em seu ambiente interno ou externo, seja como uma medida preventiva para influenciar um ambiente. Portanto, o *ranking* da unidade estratégica de negócio é uma questão importante para a participação de gerentes e CEOs, já que ele pode ser usado na alocação de orçamentos, no gerenciamento de melhorias, no adequado alinhamento estratégico, na melhoria do desempenho dos negócios (Noori, 2015) e na sua competitividade, além de poder servir como contribuição para moldar a alocação de prêmios e planos de incentivo (Noori, 2015b).

Os autores apresentam que as decisões de investimento devem ser baseadas em fatores como o alinhamento estratégico das unidades de negócio, seu potencial de inovação e, consequentemente, sua competitividade. Essas características são essenciais para guiar as decisões de investimento das organizações.

Outro aspecto relevante para a estruturação das unidades de negócio é a estratégia de marketing. Slater *et al.* (2012) destacam que a criatividade e a efetividade da estratégia de marketing estão positivamente associadas com o alcance dos objetivos das unidades de negócio. Já Krush *et al.* (2015)

indicaram que a capacidade de resposta ao cliente serve como um caminho entre a influência de marketing percebida e o desempenho da unidade de negócios. Para Zahay e Griffin (2010), o desempenho baseado no cliente inclui foco em sua retenção, valor da vida útil e participação da carteira e é influenciado por ações de marketing tomadas no nível da unidade de negócios.

Theodosiou *et al.* (2012) destacam que unidades de negócios que operam em um mercado mais turbulento são requeridas a alterar sua estratégia de acordo com as demandas dos clientes. Esse processo pode resultar em aumento de custo para a companhia e consequentemente a queda do resultado, o que requere um controle de custos ainda mais robusto. Já Zahay e Griffin (2010) citam a estratégia competitiva de Porter (1980) e destacam que as unidades de negócios podem adotar as seguintes estratégias: baixo custo para minimizar sua estrutura de custos e repassar essas economias aos clientes em forma de preços baixos; diferenciação no sentido de oferecer algo único (produto, componente de serviço, localização geográfica etc.) que resulta em um prêmio de preço.

Para efetivamente implantar múltiplas estratégias de negócios dentro da mesma empresa, há um interesse crescente por parte dos acadêmicos, bem como dos profissionais, em vincular os conceitos de estratégia das unidades de negócios com os associados à gestão de recursos humanos – especificamente, combinando o perfil gerencial com a estratégia (GOVINDARAJAN, 1985). Estes incluem a combinação apropriada de componentes salariais e não salariais dentro das recompensas, o potencial para vincular recompensas tanto ao desempenho da unidade de negócios quanto ao desempenho corporativo e a frequência de medição de desempenho e pagamentos de bônus (LANGFIELD-SMITH, 1997).

Outro fator para promover a estratégia corporativa são as características do gerente geral das unidades de negócio, as quais devem estar alinhadas à estratégia da organização. Gupta e Govindarajan (1984) destacam que a efetividade da implementação de unidades de negócios estratégicas dependem de três fatores: a característica do gerente geral, a organização interna da unidade de negócios e a natureza do controle corporativo sobre a unidade de negócios. Para as unidades de negócio que possuem estratégia de diferenciação, para criar a percepção de que é exclusiva, exige que o gerente da unidade de negócio seja criativo e inovador em seus esforços para manter uma posição única em relação aos seus concorrentes. Já para unidades de negócio com estratégia de custo, uma estratégia de baixo custo – que foca em redução de custos em todas as áreas e eficiência produtiva em larga escala – exige atenção pessoal do gerente da unidade de negócios com relação às atividades de controle de custos e supervisão intensa do trabalho (GOVINDARAJAN, 1989).

Em outra pesquisa sobre o perfil do gerente de unidades de negócio, Crossley *et al.* (2013) e Davis *et al.* (1995) salientam que a maior confiança no gerente da unidade de negócio leva à maior aceitação de objetivos desafiadores pelos seguidores e, consequentemente, impactam os resultados das unidades de negócio. Gupta (1987) destaca a necessidade de abertura de comunicação entre o gerente da unidade de negócio e a administração corporativa, bem como uma avaliação de desempenho pautada em critérios adequados. O critério de avaliação de desempenho é determinado com base em uma fórmula rigorosa, como certa porcentagem dos lucros operacionais da unidade de negócio, uma avaliação puramente subjetiva por superiores corporativos ou alguma combinação dos dois. As fórmulas objetivas têm o mérito de precisão e especificações *a priori* detalhadas, mas sofrem de uma incapacidade de vincular recompensas a dimensões de desempenho difíceis de quantificar, ainda que importantes, como pesquisa e desenvolvimento ou gerenciamento de recursos humanos. Já as abordagens subjetivas para a determinação de bônus têm a qualidade oposta; uma combinação apropriada dos dois geralmente é superior a uma abordagem baseada em uma fórmula única.

Portanto, a literatura de unidades de negócio vem pesquisando as características que levam as empresas a se organizar dessa forma, como estratégia competitiva, capacidade de inovação e estratégia de marketing. Os fatores propulsores para o sucesso da unidade de negócio com relação aos objetivos estratégicos da organização são as políticas de gestão de recursos humanos – como avaliação de desempenho – e o perfil do gerente da unidade de negócio que seja capaz de colocar a estratégia em prática.

1.8. A empresa como uma estrutura de atividades[7]

Podemos definir atividade como a menor unidade organizacional que produz internamente um produto ou serviço. Como qualquer produto ou serviço tem um valor econômico, traduzido pelo preço de venda, qualquer atividade pode ser mensurada em termos de custos e receitas e, portanto, resultado (lucro ou prejuízo). Dessa forma, não existe nenhuma atividade empresarial que apenas tenha custos. Todas as atividades têm seus custos, mas têm também sua receita, que pode ser medida pelo valor econômico da produção de seus produtos ou serviços. Portanto, o melhor modelo de gestão econômica, para fins de avaliação de desempenho, é o modelo de apuração do resultado de cada atividade. As principais atividades de uma empresa são:

- compra;
- estocagem de materiais;
- estocagem e expedição de produtos acabados;
- manutenção da empresa;
- planejamento e controle da produção;
- produção;
- vendas;
- assistência técnica e serviços pós-venda;
- garantia de qualidade;
- engenharia de desenvolvimento e de fábrica;
- contabilidade;
- assessoria jurídica;
- administração financeira;
- administração dos recursos humanos;
- administração de tecnologia de informação;
- logística etc.

De modo geral, é normal a apuração dos resultados dos produtos e serviços quando de sua saída da empresa, para os clientes, por meio da venda e expedição dos produtos acabados. Contudo, uma série de atividades foi

---

[7] CATELLI, Armando (Coord.). *Controladoria*. São Paulo, Atlas, 1999.

desenvolvida anteriormente para que os produtos e serviços estivessem à disposição das vendas, que têm valor econômico e devem ser mensuradas em termos de resultados.

O fato de essas atividades fornecerem seus produtos e serviços internamente não significa que tenham só custos. Os produtos e serviços produzidos e entregues internamente também têm um valor econômico, que pode ser mensurado por um preço de venda (interno), para apuração do resultado de cada atividade. O preço de venda interno é denominado *preço de transferência.*

Reconhece-se que pode haver alguma dificuldade de mensuração da receita dos produtos e serviços de algumas atividades, principalmente as atividades de apoio (tecnologia de informação, contabilidade, recursos humanos etc.). Porém, isso não é justificativa para afirmar que apenas acarretam custos; elas também têm sua receita e podem e devem ser avaliadas em termos de resultados. Avaliando as atividades em termos de resultados, temos a condição de, conjuntamente, fazer a avaliação do desempenho do gestor de cada atividade.

O resultado da empresa como o somatório do resultado das atividades

A empresa escolhe e determina quais atividades quer processar internamente, para alcançar a maior eficácia empresarial. O parâmetro referencial deve ser sempre o mercado, já que as atividades internas também podem ser desenvolvidas externamente por terceiros. Assim, há possibilidade de que os gestores de todas as atividades internas confrontem o valor dos produtos e serviços gerados por suas atividades com um referencial de mercado. Com isso, a empresa tem condições de decidir, permanentemente, se as atividades devem continuar sendo desenvolvidas ou não internamente.

O resultado final da empresa será o somatório do resultado de cada atividade. Dessa forma, o melhor resultado de cada atividade conduzirá ao melhor resultado da empresa e à máxima eficácia empresarial. Como as atividades são responsáveis pelos eventos econômicos e estes são operacionalizados pelas transações, a eficácia e o maior resultado de cada transação redundarão na maior eficácia de toda a empresa. Esse fluxo pode ser visto na Figura 1.8.

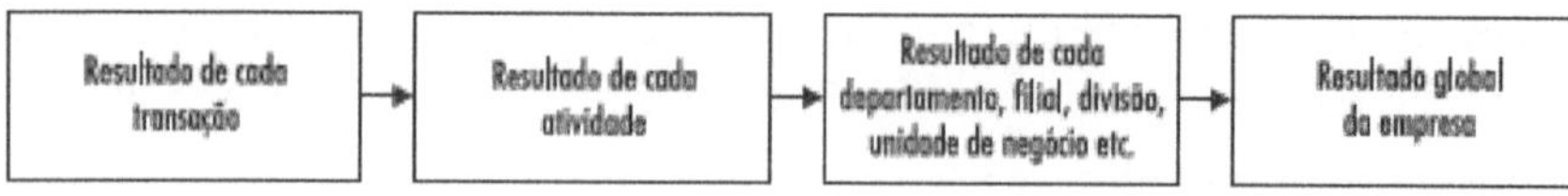

Figura 1.8. Fluxo do sistema de gestão econômica por atividades.

Atividades e microatividades: limites da contabilidade divisional

O conceito de atividade pode ser apresentado de forma mais detalhada, caminhando para o conceito que denominamos *microatividade*. Por exemplo, a atividade de compras pode ser encarada como uma atividade básica. Contudo, sabemos que o setor de compras desempenha outras atividades menores, para auxílio à atividade básica de comprar, tais como manutenção do cadastro de fornecedores, desenvolvimento de fornecedores, obtenção de cotações e listas de preços, colocação de pedidos, negociações[8] etc.

Assim, os limites para estruturar um sistema de contabilidade divisional estão apresentados no fluxo da Figura 1.8. O sistema de informação de gestão econômica pode ser estruturado desde o conceito de microatividade, em seu extremo detalhe, até o conceito da empresa como um todo. Em nosso entendimento, o conceito de atividade como apresentamos neste tópico é o conceito ideal para a estruturação de um sistema de contabilidade divisional. Ele está consagrado na visão que se dá para a apuração de resultados por centros de lucros e unidades de negócios.

Cada empresa é organizada de uma forma, mas a estrutura deve seguir, em linhas gerais, a estruturação do sistema de contabilidade divisional. Podemos resumir os principais modelos existentes de apuração dos resultados divisionais, considerando as organizações existentes, da seguinte forma:

1. Contabilidade divisional pelo conceito de Centros de Lucros ou Resultados, em que cada centro de lucro é uma unidade organizacional que congrega vários departamentos, os quais, por sua vez, podem congregar mais de uma atividade.

---

[8] O conceito de atividade em seu maior detalhamento (microatividade) é o conceito adotado pelos defensores do Custeamento ABC.

2. Contabilidade divisional pelo conceito de Divisões, em que cada divisão representa, por exemplo, uma fábrica ou uma filial ou um grande departamento.
3. Contabilidade divisional pelo conceito de Unidades de Negócios, em que cada unidade pode congregar várias divisões ou fábricas que produzem ou filiais que vendem ou revendem produtos similares.
4. Contabilidade divisional pelo conceito de Atividades, cujo foco está em apurar o resultado de cada atividade do fluxo operacional e administrativo da empresa.

1.9. Visão setorial multidimensional

O sistema de gerenciamento contábil setorial é muito flexível e depende totalmente da visão que a empresa tem de seus negócios e de sua estrutura organizacional. Assim, podemos fazer uma contabilidade para gerenciamento por divisões ou unidades de negócios e também por produtos ou linhas de produtos. Podemos também fazer a contabilidade setorial por atividades e/ou processos e por estabelecimentos, pontos de venda ou plantas fabris. Tudo depende de como a empresa vê e estrutura seus negócios, como quer atribuir responsabilidades e como cobrará desempenho.

Além disso, é possível que a empresa desenvolva um sistema de contabilidade divisional combinando diversos aspectos setoriais, como: contabilidade por produtos dentro de divisões, contabilidade por atividades dentro de unidades de negócio, contabilidade por produtos por filiais de venda etc., caracterizando uma visão multidimensional dos negócios e resultados.

Em linhas gerais, podemos ter a contabilidade divisional por:

- unidades de negócios;
- divisões;
- centros de lucros;
- produtos e linha de produtos;
- atividades;
- processos fabris e comerciais;
- processos administrativos e de apoio às operações;
- filiais de venda;
- plantas fabris etc.

A contabilidade divisional, em resumo, induz à estruturação de um sistema de informação contábil que abarca mais de uma dimensão de visualização de resultados. De modo geral, as empresas necessitam das informações do resultado de seus negócios e de sua organização, apresentadas em pelos menos três dimensões: divisões, processos e produtos.

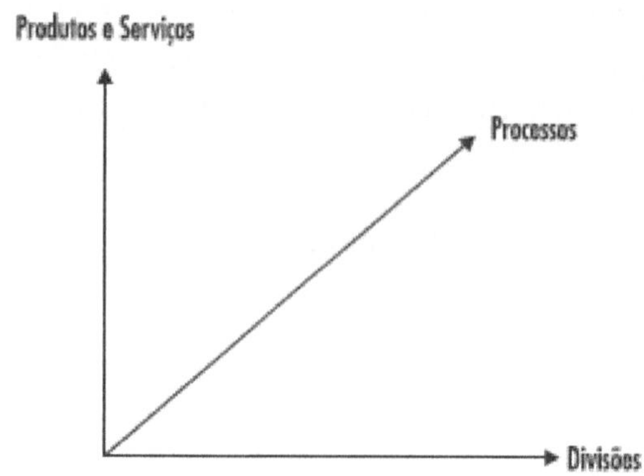

Figura 1.9. Visão tridimensional da contabilidade divisional.

Dentro dessa visão, os processos normalmente representam os departamentos ou atividades. As divisões representam os centros de lucros, filiais, divisões ou fábricas, e dentro de cada um deles estão os produtos e serviços produzidos e vendidos, interna e externamente. Assim, podemos estruturar uma contabilidade divisional que apresente o resultado de cada atividade dentro de uma fábrica, com o resultado de seus produtos e serviços internos, ao mesmo tempo que podemos ter o resultado dos produtos e serviços vendidos aos clientes, sendo a somatória o resultado da fábrica.

1.10. Identificação dos centros geradores de resultados

Este é o ponto principal da contabilidade divisional. A segmentação da empresa em centros geradores de resultados (centros de lucros, centros de investimentos) compreende um processo de análise de toda a empresa, seus processos, produtos, setores etc., uma vez que a empresa não é necessariamente estruturada em divisões claramente distintas. Muitos centros geradores de resultado estão dentro de uma mesma planta, fábrica ou divisão e merecem controle contábil específico. Além disso, há centros de resultados que não apresentam uma evidenciação física clara, mas é necessário que tenham os resultados segregados, tais como: os resultados financeiros para os acionistas e os setores de apoio (manutenção, suprimentos, controle de qualidade, engenharias), administrativos (controladoria, recursos humanos, tecnologia de informação) e comerciais (marketing, atendimento ao cliente).

O processo de identificação dos centros geradores de resultados sempre apresentará problemas de definição em relação à sua extensão. Partindo do pressuposto de que todo funcionário gera resultado e todo equipamento tem potencial de geração de serviços, seria possível estruturar um sistema de centros de resultados considerando cada um desses elementos como geradores de receitas. Contudo, isso apresenta inúmeras dificuldades em termos de sistemas de informação.

Por outro lado, um sistema de contabilidade divisional com centros de resultados de grande agregação pode não contribuir para uma visão eficaz do desempenho setorial. Dessa maneira, há de se fazer um meio-termo entre a extrema proliferação de centros de resultados e a extrema sintetização. Além disso, deve-se sempre considerar o conceito de multidimensionalidade da visão de resultados. Como os resultados segmentados podem ser vistos por vários ângulos (processos, produtos, divisões, atividades etc.), é importante uma segmentação que não seja parcimoniosa nem exagerada em termos de quantidade de centros de resultados.

Dessa maneira, é essencial uma análise que leve em conta o seguinte:

- identificação clara dos produtos e serviços que permitam a mensuração correta da receita;
- vinculação desses produtos e serviços a uma unidade organizacional geradora de resultados;
- vinculação da unidade organizacional a um gestor responsável.

A questão da mensuração correta da receita é o ponto-chave, uma vez que o sistema de contabilidade divisional compreende unidades geradoras de resultado que podem transferir seus produtos e serviços unicamente dentro da organização, exigindo a adoção de preços de transferências internas gerenciais.

Produtos e serviços produzidos internamente

Podemos dizer que o grande potencial informativo da contabilidade divisional está em identificar os centros geradores de resultados que produzem bens e serviços internamente, transferindo-os para outros centros de resultados dentro da própria empresa.

O objetivo da mensuração desses resultados consiste na possibilidade de comparação do resultado dos produtos e serviços produzidos internamente, em relação a possíveis fornecedores potenciais dos mesmos produtos e serviços que atuem fora da empresa. Essa possibilidade de comparação com preços externos caracteriza a adoção do conceito de custo de oportunidade de preço de mercado e é o ponto referencial para uma eventual decisão de terceirização (*outsourcing*).

Dessa forma, o conceito de contabilidade divisional para atividades ou divisões que produzem e fornecem produtos e serviços dentro da própria empresa é ponto fundamental para a análise de desempenho de seus responsáveis, incorporando para a gestão divisional parâmetros externos de avaliação e permitindo, tanto ao responsável pelo centro transferidor como ao responsável pelo centro recebedor do produto ou serviço produzido internamente, um referencial de valor econômico da atividade prestada e recebida.

Os produtos e serviços produzidos internamente e transferidos dentro da própria empresa podem ser identificados nos macroprocessos produtivos ou comerciais. Exemplos:

- atividade agrícola ou pecuária fornecedora de matéria-prima para usinas de produtos finais (lavoura de cana-de-açúcar para produção de álcool ou açúcar, criação de gado leiteiro para produção de laticínios etc.);
- atividades de manufatura, fornecedoras de peças e conjuntos para montagem final (fundição fornecendo para indústria de autopeças, fabricação de componentes fornecendo para montagem de veículos ou bens duráveis etc.);

- atividades de serviços complementares, fornecedoras para produtos finais (setores de pintura fazendo o acabamento de produtos e de embalagem e expedição, concluindo a apresentação final do produto, etc.).

Produtos e serviços de apoio

Internamente, há também a produção de bens e serviços de apoio às principais atividades operacionais. As unidades produtoras desses serviços também podem ser caracterizadas como centros de resultados.

Como exemplos desses serviços de apoio, podemos citar os setores de:

- recursos humanos, que presta serviços de treinamento, recrutamento e seleção para as demais áreas operacionais da empresa;
- assistência técnica, que presta serviços para a área de comercialização;
- tecnologia de informação, que presta serviços para todas as áreas da empresa;
- manutenção, que pode tanto prestar serviços específicos para a área industrial como para as demais áreas da empresa;
- suprimentos, que presta serviços para todas as áreas da empresa etc.

A dificuldade de obtenção de preços de venda para esses serviços tem sido o principal argumento para a não adoção do conceito de centros de lucros para os setores de apoio. Contudo, todos esses serviços têm um preço de mercado e, portanto, podem ser objeto de contabilidade divisional.

A eventual dificuldade na obtenção de preço de mercado e, consequentemente, da mensuração da receita dessas atividades de apoio não deve ser o empecilho para não considerá-las como centros de resultados. A questão principal é a relevância ou não dessas atividades no conjunto das operações da empresa. Se elas forem significativas e impactarem os resultados das demais atividades, deverão ser incluídas no conjunto da contabilidade divisional da empresa, uma vez que atendem aos três requisitos fundamentais: têm serviços identificáveis, os serviços são vinculados a uma unidade organizacional e há um gestor responsável pela unidade.

A solução que muitas empresas têm adotado é a implementação de uma unidade separada para um conjunto de serviços de apoio para toda a organização, denominada *centros de serviços compartilhados* ou *shared services*. Esse tema será tratado no Capítulo 4.

Centro de lucro para resultados financeiros

Um conceito de contabilidade divisional deve adotar o conceito de lucro residual. Nesse sentido, é fundamental a criação de um centro de lucro para apurar os resultados financeiros para qualquer sistema de contabilidade setorial. Esse centro de lucro teria como função:

- incorporar o conceito de lucro residual (ou EVA - *Economic Value Added*), cobrando um custo de oportunidade de capital das demais unidades de negócio ou centros de lucros de apoio pelo investimento e utilização de seus ativos operacionais;
- separar claramente o resultado das operações das atividades operacionais dos resultados financeiros da empresa;
- visualizar o resultado dos acionistas ou investidores na empresa e a contribuição do valor adicionado de cada unidade de negócio no valor adicionado total da empresa;
- se for o caso, alocar os ativos de contas a receber e outros direitos, bem como os passivos de contas a pagar e outras obrigações, para um centro de resultado separado das unidades de negócio ou atividades de apoio, liberando a gestão das unidades de negócio apenas sobre os investimentos em estoques e imobilizados.

O centro de lucro de resultados financeiros deve ser responsável pelas despesas financeiras com financiamentos e outras, pelas receitas financeiras (de aplicações e outras) e pelos encargos financeiros sobre compras e vendas a prazo. Deve ser responsável também pela gestão do custo de oportunidade dos acionistas e pela análise da rentabilidade final das unidades de negócios.

1.11. O processo de geração de lucro por meio das atividades

A empresa é um sistema que processa recursos de terceiros que entram no sistema e entrega produtos e serviços para o mercado consumidor. O preço de aquisição dos recursos de terceiros é dado pelo mercado, e o preço de venda dos produtos e serviços produzidos pela empresa também é dado pelo mercado. A diferença entre esses dois preços é o valor agregado dado pelos produtos e serviços, conforme pode ser visto na Figura 1.10.

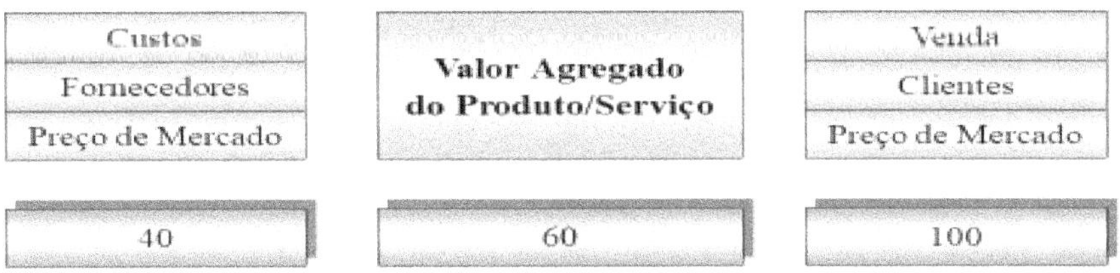

Figura 1.10. Valor agregado do produto ou serviço.

O valor agregado dado pelo produto ou serviço também pode ser definido como o lucro máximo que um produto ou serviço pode propiciar para a empresa. Quando a empresa decide lançar um produto ou serviço no mercado, ela tem uma ideia do preço que obterá de seus consumidores. No mesmo momento, ela tem uma noção de quanto deverá pagar pelos recursos de terceiros. Dessa maneira, quando a empresa opta por um produto ou serviço, ela já tem conhecimento do lucro máximo que esse produto ou serviço pode lhe dar.

Contudo, para que o produto ou serviço seja gerado e entregue aos seus clientes, é necessário que a empresa desenvolva as atividades necessárias para esse processo. Dentro das atividades, tanto na sua formatação maior como na formatação de microatividades, são realizadas as tarefas necessárias para todos os processos e microprocessos operacionais, comerciais e administrativos.

O desenvolvimento dessas tarefas pelas pessoas alocadas nas atividades, mais os demais gastos necessários, são os recursos indispensáveis para realizar as atividades e que provocam o custo de cada atividade. Contudo, nenhuma atividade acarreta apenas custos. Toda atividade produz um produto ou serviço que tem valor econômico, o qual é a receita da atividade.

As atividades fazem parte do conjunto de processamento do sistema empresa, que interna recursos de terceiros; as atividades processam esses recursos e o resultado final é a entrega dos produtos e serviços para o mercado consumidor, como pode ser visto na Figura 1.11.

Figura 1.11. O processo de geração de lucro por apropriação do valor agregado.

Fica claro, então, que o processo de geração de lucro é um processo de *apropriação do valor agregado* pelo produto ou serviço. O que se deve buscar é a máxima apropriação do valor agregado dado pelos produtos ou serviços, uma vez que todo produto ou serviço tem dois pontos limítrofes, ambos dados pelo preço de mercado: o custo de preço de mercado que se paga aos fornecedores dos recursos de terceiros e o preço de mercado que a empresa recebe pela venda dos seus produtos e serviços.

Portanto, o modelo de gestão de qualquer empresa deve ser direcionado para a obtenção da maior eficiência e eficácia das atividades internas, a fim de capturar o máximo do valor agregado dado pelos produtos e serviços.

2
Sistema de informação

A contabilidade por unidades de negócio é parte integrante da estrutura contábil implantada pela empresa dentro do conjunto de seus sistemas de informações. Uma vez que o conceito de unidades de negócios é claramente um conceito gerencial, a estrutura contábil a ser implantada na empresa tem que ter como referência a implementação de um sistema de informação contábil dentro de uma abordagem gerencial.

De modo geral, as empresas têm adotado como solução básica para estruturação do seu sistema de informação gerencial a tecnologia de informação denominada ERP (*Enterprise Resource Planning*), que pode ser traduzido como *sistema integrado de gestão empresarial* (SIGE)[1]. Adotaremos neste capítulo a estruturação do sistema de informação contábil dentro do ERP.

2.1. Estruturação do sistema contábil no ERP[2]

A estruturação do sistema contábil gerencial compreende, fundamentalmente, a definição e a determinação de três estruturas informacionais básicas:

a) a estrutura da conta contábil, a ser aplicada em todas as contas contábeis, sejam elas de ativo, passivo, despesas, receitas ou gerenciais;
b) a definição dos planos de contas contábeis e gerenciais;

---

[1] Alguns ERPs bastante conhecidos são SAP, Oracle, TOTVs etc.

[2] Adaptado de PADOVEZE, Clóvis Luís. *Sistemas de Informações Contábeis*. 8ª. Ed., São Paulo, Atlas, 2019.

c) a definição das estruturas de classificação por setores ou divisões, decorrentes da hierarquia de organização, por meio da codificação de cada setor pelo conceito de centros de custos.

Além desse conjunto básico de estruturas, outras classificações poderão ser inseridas na estrutura da conta contábil, a fim de alcançar outros objetivos de informações e relatórios gerenciais futuros.

A Figura 2.1 mostra um modelo conceitual para estruturação do sistema de informação contábil dentro do ERP, considerando a abordagem gerencial. É importante ressaltar que o sistema contábil deve ser estruturado dentro da abordagem gerencial, nunca dentro da abordagem societária ou tributária.

Um sistema de informação contábil estruturado dentro da abordagem gerencial seguramente permitirá atender a todas as necessidades legais das práticas contábeis brasileiras, bem como às necessidades tributárias da legislação fiscal.

Já o inverso não é verdadeiro. Um sistema de informação contábil estruturado restritamente dentro de uma abordagem legal e tributária não atenderá às necessidades de informações gerenciais da empresa, como contabilidade de custos, por unidades de negócio, orçamentação etc.

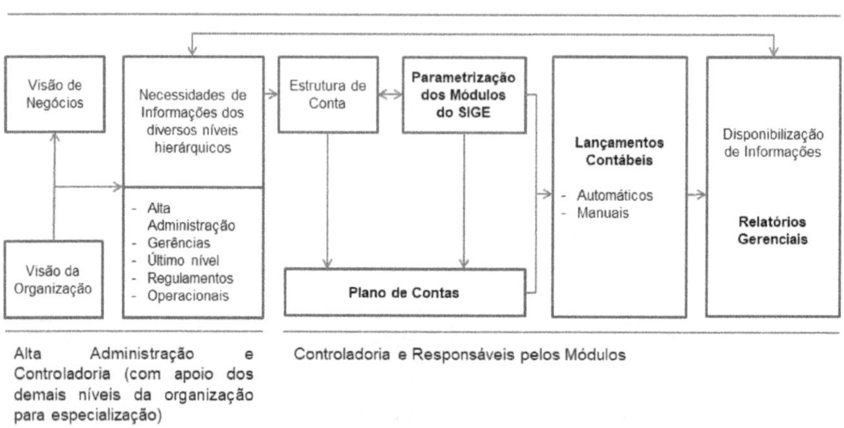

Figura 2.1. Modelo conceitual de estruturação dos sistemas de informação contábil gerencial.

A questão inicial é a definição da estrutura da conta contábil a ser utilizada no ERP. Para alcançar o objetivo de ter uma estrutura de conta contábil gerencial, são necessárias três etapas: obter a visão de negócios, obter a visão da organização e obter o conjunto de necessidades de informações dos diversos níveis hierárquicos da organização.

O diagnóstico da visão dos negócios tem como referência os produtos e serviços produzidos pela corporação, considerando os processos existentes e as estruturas operacionais – industriais, comerciais, administrativas –, clientes, fornecedores etc.

O diagnóstico da visão da organização compreende entender sua estrutura organizacional, funcional e hierárquica, as estruturas físicas existentes, seus organogramas etc.

A terceira etapa consiste em capturar as necessidades de informações gerenciais. É um processo de pesquisa e entrevistas que se inicia com a definição das necessidades de informações da alta administração da companhia. Com as linhas mestras definidas pela alta administração, faz-se uma pesquisa, por meio de entrevistas, com a linha da gerência. Em seguida, pelo mesmo processo, com a linha de chefia ou supervisão. Finalmente, verificam-se as necessidades de informações para atender aos quesitos legais e, por último, as necessidades da própria área de controladoria.

Feito esse processo, define-se a estrutura da conta contábil, que será a base para a parametrização de todos os demais módulos do ERP. A estrutura da conta contábil deverá absorver todas as necessidades de informações gerenciais detectadas nas etapas dos três diagnósticos efetuados. Um exemplo de estrutura de conta contábil que contém essas características está evidenciado na Figura 2.2.

Figura 2.2. Modelo de estrutura de conta contábil no ERP.

As estruturas dos principais ERPs no mercado permitem que a conta contábil seja partilhada em vários segmentos. Cada segmento tem sua própria estruturação digital, normalmente no formato de acumulação, via relacionamentos.

Cada lançamento contábil, manual ou automatizado, deverá conter a escrituração para todos os segmentos da conta contábil. Esse modelo permite, posteriormente, uma série de acumulações de informações gerenciais e, subsequentemente, relatórios gerenciais, além de estar preparada para ser base de sistemas de apoio à decisão de visão multidimensional, ou de cubo, como BI (*Business Intelligence*).

2.2. Estrutura de centros de custos

Em linhas gerais, a estrutura do sistema contábil para atender ao gerenciamento por unidades de negócio parte da estruturação da tabela de centros de custos, para depois ser consolidada ou aglutinada para unidades de negócio, uma vez que uma unidade de negócio normalmente congrega uma redução de setores, atividades ou departamentos, representados pela estrutura informacional do conceito contábil de centros de custos.

O conceito contábil de centros de custos[3] é o conceito de acumulação de gastos de um setor, normalmente também denominado *departamento*, razão pela qual esse tipo de acumulação de informações do sistema contábil é também chamado de *departamentalização*.

O objetivo básico do centro de custos é segmentar os gastos do plano de contas de custos e despesas por setor, denominado genericamente de *centro de custo*. O conceito de centro de custo por ser também desdobrado em subcentro de custo ou atividade, dependendo do nível de detalhamento que a empresa quer ter para ver os gastos setorialmente.

Dependendo da empresa e sua atividade, é possível que um centro de custo também permita acumular as receitas geradas especificamente por esse centro de custo, como pode ser visto na Figura 2.1:

Elementos de receita e gastos	Centros de custos			Total
	X1	X2	X3	
Receita de produtos ou serviços	1.000	1.000	1.000	3.000
(–) Custos dos produtos e serviços	500	500	500	1.500
(–) Gastos do setor	300	300	300	900
= Lucro do centro de custo	200	200	200	600

Tabela 2.1. Centros de custos com receitas específicas.

Nessa formatação, o centro de custo também é, automaticamente, um centro de resultado ou centro de lucro. A coluna do total representaria a unidade de negócio.

Também é comum que em determinada empresa ou atividade a receita seja gerada por vários centros de custos, não havendo possibilidade de vincular a receita a um centro de custo específico, como pode ser visto na Tabela 2.2:

Elementos de receita e gastos	Centros de custos			Total
	X1	X2	X3	
Receita de produtos ou serviços →				3.000
(–) Custos dos produtos e serviços	500	500	500	1.500
(–) Gastos do setor	300	300	300	900
= Lucro do centro de custo	-800	-800	-800	600

Tabela 2.2. Centros de custos de uma unidade de negócio

[3] Outros termos podem ser centros de gastos ou centros de despesas, mas tem-se convencionado utilizar centros de custos. Apesar da nomenclatura, um centro de custo também pode acumular receitas.

sem receitas específicas.

Nessa formatação, os centros de custos acumulam unicamente gastos. As receitas não têm vínculo específico com os centros de custos, devendo ser apresentadas unicamente na coluna de total. Nesse formato, o centro de resultado ou de lucro consolida os gastos dos diversos centros de custos. O centro de lucro pode ser ou não uma unidade de negócio.

O caminho natural para definição e codificação dos centros de custos de uma organização é a utilização do organograma da empresa. Um exemplo hipotético de uma empresa do ramo comercial está apresentado na Figura 2.3.

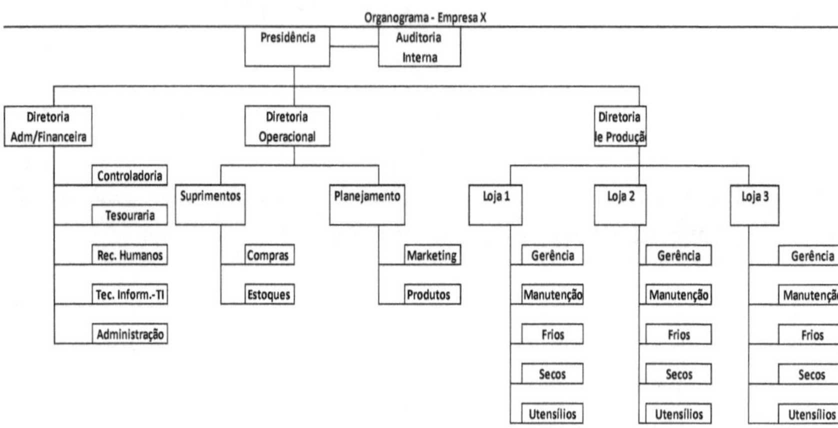

Figura 2.3. Exemplo de organograma empresarial.

Tendo como referência a estrutura organizacional e hierárquica representada pelo organograma empresarial, passa-se à codificação dos setores para a estrutura contábil dos centros de custos. A Figura 2.4 mostra um plano de centros de custos codificado a partir da figura anterior.

Tabela de Centros de Custos e de Receitas	
Código do centro de custo	**Setor**
1	**Administração**
11	Presidência
111	Presidência
112	Auditoria Interna
12	Diretoria Administrativa e Financeira
121	Diretoria Administrativa e Financeira
122	Controladoria
123	Tesouraria
124	Recursos Humanos
125	Tecnologia de Informação
126	Administração Geral
2	**Diretoria Operacional**
21	Diretoria Operacional
211	Diretoria Operacional
212	Suprimentos
212.01	Compras
212.02	Estoques
213	Planejamento
213.01	*Marketing*
213.02	Produtos
3	**Diretoria de Produção**
31	Diretoria de Produção
311	Diretoria de Produção
312	Loja 1
312.01	Gerência
312.02	Manutenção
312.03	Frios
312.04	Secos
312.05	Utensílios
313	Loja 2
313.01	Gerência
313.02	Manutenção
313.03	Frios
313.04	Secos
313.05	Utensílios
314	Loja 3
314.01	Gerência
314.02	Manutenção
314.03	Frios
314.04	Secos
314.05	Utensílios

Figura 2.4. Estrutura codificada de centros de custos.

Este exemplo é aplicável a qualquer organização de qualquer porte. O sistema de codificação já está preparado para o primeiro processo de consolidação ou sumarização das informações contábeis por setores.

2.3. Estrutura de produtos e serviços

Dependendo do negócio da empresa e da variedade ou quantidade de produtos ou serviços oferecidos, é possível que seja necessário criar uma estrutura codificada para as diversas linhas de produtos e serviços.

Esse tipo de estrutura codificada tem por objetivo, além da parametrização dos demais módulos do ERP, permitir com maior facilidade a análise da lucratividade das diversas linhas de produtos e serviços, bem como da lucratividade individual de cada produto ou serviço.

Outro objetivo é possibilitar a vinculação da receita e dos custos de venda de cada produto ou serviço, para os diversos centros de resultados e unidades de negócio. A metodologia de construção desse tipo de estruturação codificada é similar à da estruturação codificada dos centros de custos.

2.4. Planos de contas

O plano de contas é a relação, estruturada e codificada, das contas contábeis para a elaboração do balancete, do balanço patrimonial e da demonstração do resultado.

Da mesma forma que a estrutura de centros de custos, o plano de contas deve ter uma abordagem gerencial, de forma que permita refletir todas as necessidades de informações gerenciais, por tipos de receitas, gastos e elementos patrimoniais ativos e passivos.

O plano de contas é a espinha dorsal do sistema de informação contábil. Ele deve ter o grau de detalhamento mínimo para atender a todas as necessidades gerenciais futuras, como informações para o custeamento dos produtos, do plano orçamentário etc. Assim, além das contas necessárias, pode incluir contas contábeis gerenciais, como quantidade de produção e vendas, quantidade de funcionários etc.

Os atuais sistemas de ERP permitem também a criação de outros planos de contas gerenciais, que não precisam estar vinculados às necessidades legais e fiscais. Assim, pode-se estruturar planos de contas específicos para relatórios gerenciais, partindo da base de dados do plano de contas contábil básico. Como exemplo, pode-se criar contas contábeis para planos de contas alternativas, que permitam contabilizar as transferências internas entre as unidades de negócio, sem afetar o plano de contas básico da empresa.

2.5. Parametrização dos módulos do ERP

A partir da definição da estrutura da conta contábil e do plano de contas básico da empresa, todos os cadastros, processos e módulos do ERP serão parametrizados, tendo como referência a obediência rígida da estrutura contábil definida. A Figura 2.5 mostra exemplos do impacto da estrutura contábil na parametrização de diversos módulos do ERP.

Módulo do ERP	Parametrização contábil
Fornecedores e itens de compra	conta contábil de despesa
	contas de estoque
	contas de controle de tributos
	projetos
	recursos
Faturamento e pedidos de clientes	contas de clientes
	contas por tipo de receita
	código de produto ou serviço
	contas de controle de tributos
	unidade de negócio
	quantidade vendida
Estrutura do produto	código de produto ou serviço
	conta contábil de materiais diretos
Roteiro de fabricação	centro de custo e subcentro de custo
	fábrica ou divisão
	definição do tipo de recurso:
	. mão de obra
	. equipamentos utilizados
	. serviços de terceiros
Ordens de produção	código de produto ou serviço
	centro de custo e subcentro de custo
	contas de estoque
Estoques	código de produto ou serviço
	contas de estoque
Folha de pagamento	centro de custo e subcentro de custo
	contas de despesas de mão de obra
	contas de encargos sociais
	unidade de negócio
	funcionário como recurso
	número de funcionários
	quantidade de horas pagas
Controle patrimonial	centro de custo e subcentro de custo
	unidade de negócio
	contas de despesas
	contas de ativo
Projetos	projetos
Custos	centro de custo e subcentro de custo
	unidade de negócio
	contas de estoque
	contas de custo das vendas
Contas a receber	contas de clientes
	contas de receitas e despesas de
	juros e descontos
Contas a pagar	contas de fornecedores
	contas de receitas e despesas de
	juros e descontos
Livros fiscais	contas de receitas e despesas
	código de produto ou serviço
	código de itens
	contas de estoque
	contas de clientes e fornecedores

Figura 2.5. Exemplos de parametrização de módulos do ERP com estrutura contábil

Essas parametrizações permitirão automatizar ao máximo a captura de informações para o sistema de contabilidade por unidades de negócio.

2.6. Informações e sistemas abastecedores

A Figura 2.6 mostra os diversos tipos de informações dos módulos do ERP que são transferidas para o sistema de contabilidade por unidade de negócios.

Informações	Sistemas abastecedores
Transferências de produtos e serviços entre unidades de negócio	Sistema de entradas e compras
	Sistema de saídas e faturamento
	Livros fiscais
	Estoque de materiais
	Estoque de produtos acabados
Receitas dos produtos ou serviços	Sistema de saídas e faturamento
	Livros fiscais
	Estoque de produtos acabados
Custo das vendas	Estoque de produtos acabados
	Sistema de ordens de produção
Consumo de materiais	Sistema de entradas e compras
	Estoque de materiais
Custos de fabricação	Contabilidade societária
Despesas administrativas	Contabilidade societária
Despesas comerciais	Contabilidade societária
Despesas financeiras	Contabilidade societária
Outras receitas e despesas	Contabilidade societária
Depreciação por unidades de negócio	Controle patrimonial
Juros nas vendas a prazo	Sistema de ajuste a valor presente
Juros nas compras a prazo	Sistema de ajuste a valor presente
Ativos das unidades de negócio	Controle patrimonial
	Estoque de materiais
	Estoque de produção em processo
	Estoque de produtos acabados
Quantidade vendida	Sistema de saídas e faturamento
Quantidade produzida	Sistema de ordens de produção
	Estoque de produtos acabados
Número de funcionários	Folha de pagamento
Horas trabalhadas/pagas	Folha de pagamento

Figura 2.6. Sistemas abastecedores de informações para unidades de negócio.

Podemos afirmar que a adequada estruturação da conta contábil e do plano de contas, permitindo a parametrização dos módulos do ERP obedientes à estrutura contábil, facilita sobremaneira a captura de informações da forma mais automatizada possível para o sistema de contabilidade por unidades de negócio.

Para a obtenção dos juros nas vendas e compras a prazo, caso isso seja recorrente e de relevância na empresa, será necessário desenvolver um sistema de cálculo dos juros cobrados, constantes das notas fiscais junto com os produtos e serviços comprados e vendidos, que denominamos *sistema de ajuste a valor presente*. Isso porque, dentro do conceito adequado de apuração de resultados por unidades de negócio, os efeitos financeiros devem ser segregados dos resultados operacionais, uma vez que os resultados operacionais devem ser avaliados na condição de à vista.

2.7. Exemplo de estrutura de centros de resultado e unidades de negócio

Desenvolvemos a seguir um exemplo hipotético das várias possibilidades de estruturação de unidades de negócio, dentro de uma abordagem de desdobramento de responsabilidade, divisões, fábricas e processos operacionais. A Figura 2.7 mostra um exemplo de uma corporação que tem duas áreas de negócio distintas, com duas fábricas para cada área de negócio, bem como duas logísticas para cada área de negócio.

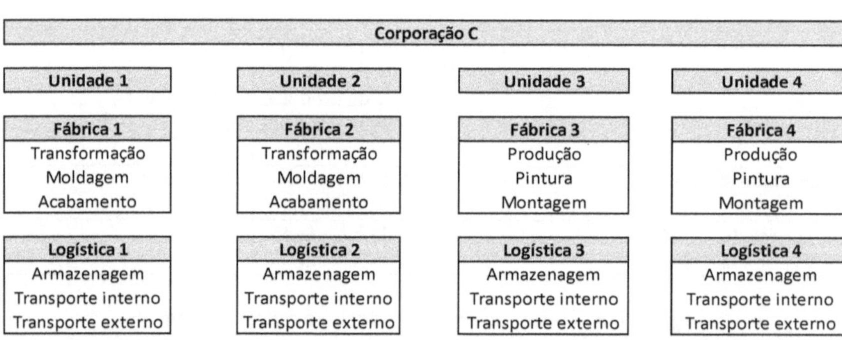

Figura 2.7. Exemplo de estrutura de unidades de negócio.

O primeiro desdobramento, divisionalização ou setorização por unidades de negócio consiste em criar as duas áreas de negócio que consolidem o resultado das unidades 1 e 2 na unidade de negócio 10, e o resultado das unidades 3 e 4 na unidade de negócio 20, como mostra a Figura 2.8.

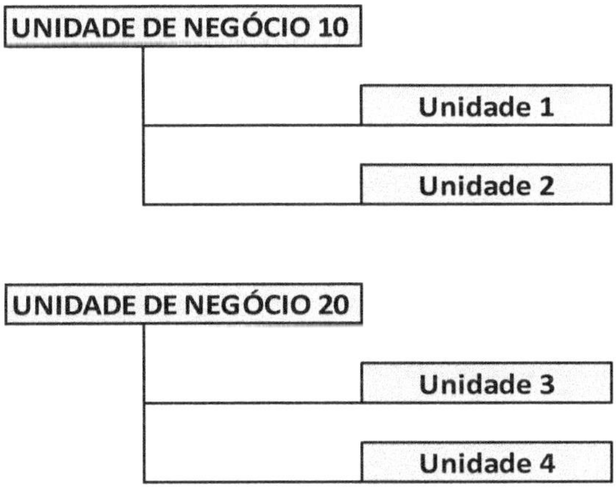

Figura 2.8. Consolidação por unidades operacionais.

Um desdobramento e consolidação em unidades de negócio pode ser feito para obter o resultado por atividades básicas, conforme mostra a Figura 2.9.

A Unidade 11 representa a somatória do resultado das fábricas 1 e 2 e a Unidade 12 representa a somatória do resultado das logísticas 1 e 2.

A Unidade 21 representa a somatória do resultado das fábricas 3 e 4, e a Unidade 22 representa a somatória das logísticas 3 e 4.

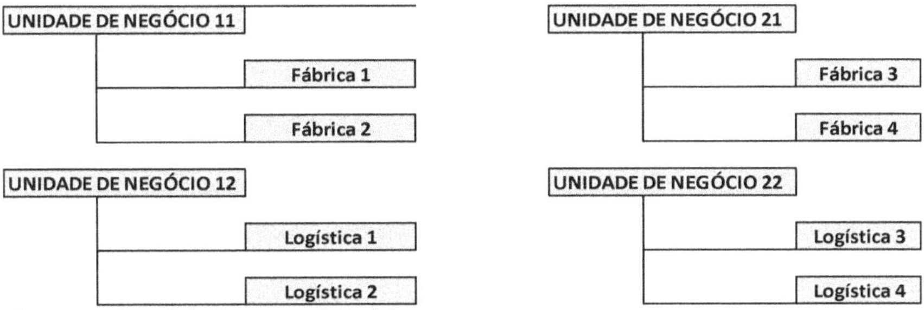

Figura 2.9. Consolidação por atividades básicas.

A Figura 2.10 mostra a possibilidade de transformar em unidades de negócios os principais processos fabris e logísticos. Tomamos como exemplo apenas os processos das Unidades de Negócio 10, 11 e 12.

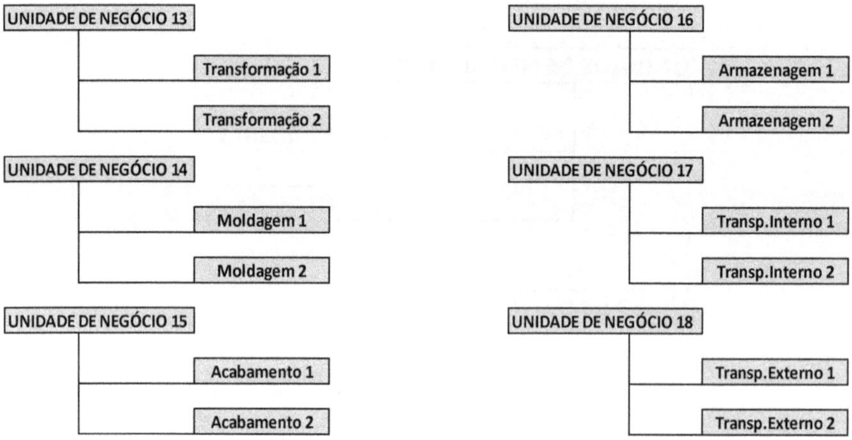

Figura 2.10. Unidades de negócio por processos.

Esse mesmo desdobramento pode ser feito para as Unidades 20, 21 e 22. Nessa dimensão de contabilidade divisional, o foco são os processos básicos fabris e logísticos. Esse desdobramento permite a comparação com os resultados das outras unidades da corporação que possam ter os mesmos processos internamente.

Outro desdobramento natural para obter o resultado de unidades de negócio seria o detalhamento para apurar a lucratividade dos diversos produtos e serviços de cada unidade fabril e de logística. Ao mesmo tempo que se apura o resultado de cada produto ou serviço de cada unidade física, pode-se também apurar o resultado de todos os produtos e serviços de todas as unidades fabris e de logística de toda a corporação.

Neste exemplo teórico, não entramos no mérito das atividades de apoio, sejam elas operacionais, administrativas ou comerciais, que também poderiam ser objeto de tratamento como unidades de negócio.

3

Preços de transferências gerenciais

Os preços de transferência estabelecem os valores de produtos e serviços transferidos entre duas unidades de negócio. É o valor pelo qual são transferidos bens e serviços entre as atividades e áreas internas de uma organização.

Esse é um fator essencial do sistema de controle gerencial em empresas descentralizadas, pois um critério adequado de cálculo de preços de transferência pode estimular as unidades de negócio a serem mais eficientes. É a correta definição dos preços de transferência que determinará a correção dos resultados das atividades e áreas internas da organização.

Além desse impacto gerencial, a determinação de preços de transferência para fins fiscais requer um controle dos preços cobrados para garantir o cumprimento da legislação fiscal aplicável (PwC, 2015).

Dessa maneira, temos três modalidades básicas de preços de transferência no mundo dos negócios:

a) preços de transferências gerenciais, utilizados internamente para mensuração das transferências entre unidades de negócio da mesma organização, com o objetivo único de avaliação do desempenho dos gestores divisionais, sem vínculo com procedimentos fiscais, decorrente dos conceitos gerenciais adotados pela empresa;
b) preços de transferência entre unidades fiscais separadas da organização – estabelecimentos ou filiais – para valorização das notas fiscais de transferências de mercadorias e produtos, para atendimento da legislação fiscal de tributos brasileiros sobre as vendas (IPI, ICMS);
c) preços de transferência de mercadorias e serviços transferidos entre subsidiárias de uma organização multinacional, de um país para outro, denominados normalmente *transfer pricing*, que são objeto de

regulamentação específica para fins dos tributos sobre o lucro, nas transações internacionais entre empresas relacionadas ou vinculadas direta ou indiretamente.

Este livro não abordará os preços de transferências entre estabelecimentos da mesma empresa no Brasil. Neste capítulo, serão abordados os preços de transferências gerenciais. Os preços de transferência internacionais serão abordados no Capítulo 10.

3.1. Conceito e objetivo

Preço de transferência é um "conceito que emerge naturalmente da adoção de uma contabilidade setorial" (Padoveze, 2006, p. 166). Os motivos para a existência de preços de transferência são: orientar os gestores a tomar as melhores decisões possíveis com relação a comprar ou vender produtos e serviços dentro ou fora da organização total (Horngren *et al.*, 2004); maior autonomia divisional, maior motivação dos gerentes, melhor avaliação de desempenho e maior congruência com as metas da organização (Garrison; Noreen, 2001).

Na identificação e segmentação dos centros geradores de resultados, serão encontrados centros de resultados que prestam serviços internamente, ou produzem e transferem produtos dentro da própria empresa, ou seja, seus clientes são internos, não externos.

Assim, o ponto fundamental para apuração dos resultados dos centros que prestam serviços ou transferem produtos internamente é o preço a ser adotado para mensuração de suas receitas. A questão sempre está na mensuração das receitas, uma vez que a obtenção do valor das despesas é geralmente suprida pela contabilidade das despesas por setores ou departamentos através dos centros de custos.

Preço de transferência é o valor obtido pelo método de mensuração da receita dos produtos e serviços transferidos internamente. A adoção de critérios inadequados provocará forte instabilidade no sistema de informação de contabilidade divisional, pois da mensuração da receita obter-se-ão a mensuração do resultado e a consequente avaliação de desempenho dos gestores. Critérios inadequados conduzirão fatalmente ao descrédito em todo esse sistema de informação. Além da própria incorreção da mensuração dos resultados setoriais, critérios inadequados afetarão totalmente os gestores e a motivação, um dos aspectos mais importantes do Sistema de Contabilidade Setorial.

3.2. Tipos de preços de transferência

Garrison e Noreen (2001) citam que os chefes de divisão devem ter autoridade para definir o preço de transferência nessa divisão e que não devem ser forçados a tomar uma atitude que entendem não ser a melhor. Caso os administradores de alto nível tivessem que tomar a decisão, estes teriam conhecimento de todos os detalhes da operação. A falta de conhecimento pleno dos administradores de alto nível é uma das razões da descentralização. O Quadro 3.1 apresenta as abordagens dos preços de transferência existentes:

Quadro 3.1. Resumo das abordagens de preços de transferência

Medida usada	Baseado no mercado	Baseado no custo	Negociado	Administrado
Medida usada	Preço de mercado	Custo do produto	Negociações diretas	Aplicação de uma norma
Vantagem	Se o preço de mercado existe, ele é objetivo e provê incentivos econômicos apropriados.	Geralmente, é fácil que isso ocorra porque as medidas de custos estão, frequentemente, já disponíveis no sistema contábil.	Reflete os princípios de responsabilidade e de controlabilidade inerente dos centros de responsabilidade.	É simples de usar e evita confrontações entre as duas partes nos relacionamentos de preço de transferência.
Problemas	Pode não haver mercado ou pode ser difícil identificar o preço de mercado apropriado porque o produto é difícil de classificar.	Há muitas possibilidades de custos, mas qualquer outro custo além do custo marginal não fornecerá o significado econômico.	Esse pode levar a decisões que não fornecem os melhores benefícios econômicos.	Tende a violar o espírito de abordagem de responsabilidade.

Fonte: Atkinson *et al.* (2015, p. 383).

Os tópicos seguintes detalham os diversos tipos de transferências, metodologia de cálculo e seus pontos fortes e fracos.

3.3. Preços de transferência baseados em custo

A literatura identifica vários tipos de transferência baseados em custos, conforme mostra o Quadro 3.2.

Quadro 3.2. Critérios de preços de transferências – abordagem de custos.

BASEADOS EM CUSTO			
Base	**Metodologia**	**Pontos fortes**	**Pontos fracos**
Custo real por absorção	O produto/serviço é transferido pelo valor resultante do somatório dos custos industriais reais incorridos (fixos e variáveis, diretos e indiretos) considerando o volume de produção real, por meio das estruturas de informações da estrutura do produto e roteiro de fabricação	. Já está calculado no sistema de custos contábil por meio do critério de custo integrado e coordenado . É o mesmo custo que valoriza o estoque de produtos acabados e o custo do produto vendido	. Permite repasse das eficiências e ineficiências das áreas fabris . Assume as distorções causadas pelos critérios de rateio dos custos indiretos . Não permite a identificação do resultado gerado pelas unidades de negócio
Custo variável real	O produto/serviço é transferido pelo somatório apenas dos custos variáveis incorridos	É um custo unitário medido objetivamente	. Permite o repasse de eficiências e ineficiências dos custos variáveis . Impede a unidade transferidora de recuperar o custo médio fabril . Não permite a identificação do resultado gerado pelas unidades de negócio
Custo direto real	O produto/serviço é transferido pelo somatório dos custos variáveis mais os custos fixos diretos (mão de obra direta e depreciação direta)	É um custo unitário medido objetivamente com boa acurácia	. Permite o repasse de eficiências e ineficiências dos custos variáveis . Impede a unidade transferidora de recuperar o custo médio fabril . Não permite a identificação do resultado gerado pelas unidades de negócio
Custo integral real	O produto/serviço é transferido pelo somatório de todos os custos industriais mais as despesas administrativas e comerciais, com critérios de rateio para os custos indiretos e as despesas	Nenhum	. Permite repasse das eficiências e ineficiências de todas as áreas . Assume as distorções causadas pelos critérios de rateio dos custos indiretos e das despesas . Não permite a identificação do resultado gerado pelas unidades de negócio
Custo ABC real *(Activity Based Costing)*	O produto/serviço é transferido pelo somatório de todos os custos industriais mais as despesas administrativas e comerciais, com alocação dos custos indiretos e despesas, por meio das atividades e direcionadores de custos e despesas de cada atividade	Nenhum	. Permite repasse das eficiências e ineficiências de todas as áreas . Assume as prováveis distorções causadas pelos critérios de alocação das atividades . Não permite a identificação do resultado gerado pelas unidades de negócio
Custo variável/direto padrão	O produto/serviço é transferido pelo somatório dos custos variáveis ou o somatório dos custos variáveis mais custos diretos alocados, calculado pela metodologia do custo padrão, que é o custo que deveria ser cientificamente calculado	. É um custo unitário medido objetivamente com boa acurácia . Tende a impedir a transferência de ineficiências do custo real	. Impede a unidade transferidora de recuperar o custo médio fabril . Não permite a identificação do resultado gerado pelas unidades de negócio
Custo-padrão por absorção	O produto/serviço é transferido pelo valor resultante do somatório dos custos industriais pela metodologia científica do custo que deveria ser (fixos e variáveis, diretos e indiretos) considerando o volume de produção padrão, por meio das estruturas de informações da estrutura do produto e roteiro de fabricação	. Já está calculado no sistema de custos gerencial caso a empresa adote este tipo de custo para fins de controle das variações . É um custo unitário medido objetivamente com boa acurácia . Tende a impedir a transferência de ineficiências do custo real	. Não permite a identificação do resultado gerado pelas unidades de negócio
Custo-padrão mais margem	O produto/serviço é transferido pelo valor resultante do somatório dos custos industriais pela metodologia científica do custo que deveria ser (fixos e variáveis, diretos e indiretos) considerando o volume de produção padrão, por meio das estruturas de informações da estrutura do produto e roteiro de fabricação, mais uma adição arbitrada de margem de lucro	. Já está calculado no sistema de custos gerencial caso a empresa adote este tipo de custo para fins controle das variações . É um custo unitário medido objetivamente com boa acurácia . Tende a impedir a transferência de ineficiências do custo real . Dá um grau adicional de motivação para quem transfere	. Não permite a identificação do resultado gerado pelas unidades de negócio, uma vez que a margem arbitrada pode ter falhas de cálculo

Adaptado de Garrison (2001), Atkinson et al(2000), e Catelli (2001).

De modo geral, qualquer critério baseado em custos não é recomendável. As principais observações são apresentadas a seguir.

Custo real por absorção

É um critério de preço de transferência, mas não é recomendado. Transferir produtos e serviços internamente mensurando sua receita pelo custo real não traz nenhuma vantagem informacional ou motivacional. Se a unidade transferidora puder repassar todo seu custo, ela ficará à vontade para custos maiores e indevidos. A unidade recebedora, por outro lado, fica totalmente à mercê do custo da outra unidade.

Além disso, a adoção do conceito de custo real não permite, em princípio, a obtenção de um lucro, já que o total da receita será igual ao dos gastos. Portanto, não permite uma avaliação de eficiência operacional nem eficácia em termos de lucro.

Custo-padrão

É uma variação do preço de transferência baseado em custo, e menos problemático que o custo real, porém com a possibilidade de conter riscos semelhantes. Se os padrões forem construídos buscando realmente os custos que deveriam ser, em condições de competitividade externa, este critério poderá, ao menos, medir a eficiência operacional.

Caso a unidade transferidora consiga custos ainda menores que o custo-padrão, ela apresentará um resultado. Não há muitos inconvenientes, neste critério, para a unidade recebedora.

Custo-padrão mais margem de lucro

É uma variação do critério de custo-padrão, acrescentando ao custo uma margem-padrão de lucratividade, buscando aspectos adicionais de motivação. É um dos critérios mais utilizados, pois a incorporação de uma margem de lucro integra o aspecto motivacional, visto que a unidade transferidora deverá, em princípio, apresentar essa margem-padrão de lucro como resultado global.

Custo variável e custo direto

Por serem compostos de apenas alguns componentes do custo dos produtos e serviços, a mensuração das transferências fica totalmente abaixo de qualquer mensuração que permita à unidade transferidora obter lucro, inviabilizando a questão da apuração do resultado da unidade de negócio e, consequentemente, da aderência ao aspecto motivacional.

Custo integral e custo ABC

Similarmente ao custo real por absorção, não traz segurança à avaliação da eficiência da unidade transferidora dos produtos e serviços, uma vez que, se há ineficiência de custos, ela é transferida. Mesmo que haja eficiência de custos, o fato de transferir pelo custo também não permite a incorporação do aspecto motivacional.

Conforme Atkinson *et al.* (2000), os problemas relacionados à escolha dessa abordagem são:

- a utilização dos custos como base para preços de transferência exige precisão no cálculo de custos, porém qualquer imprecisão pode afetar os preços e, consequentemente, a decisão sobre eles;
- não provê a direção econômica apropriada quando as operações apresentam capacidade comprometida, pois nesse caso o preço de transferência deveria ser o custo marginal (custo total de produção originário da variação da quantidade produzida) adicionado do custo de oportunidade.

Muitas empresas adotam o critério de mensurar as receitas dos produtos e serviços fornecidos internamente por preços de custo (custo real, custo-padrão, custo-padrão mais margem arbitrada), partindo da premissa de que são atividades internas e há dificuldades de obter referencial externo ou de mercado. Todos os preços baseados em custo trazem o problema central de transferência de ineficiência e, portanto, não devem ser utilizados. Entendemos que o melhor critério é a adoção de preços de mercados, pelo conceito de valor realizável líquido, pois, com raríssimas exceções, todas as atividades internas têm referencial externo, pois podem ser desempenhadas fora da empresa.

3.4. Preços de transferência por decisões administrativas

Enquadram-se nesta abordagem preços de transferência negociados e preços de transferência arbitrados, conforme mostra o Quadro 3.3.

Quadro 3.3. Critérios de preços de transferências – abordagem de decisões administrativas.

BASEADO EM PROCEDIMENTOS DE GESTÃO			
Base	**Metodologia**	**Pontos fortes**	**Pontos fracos**
Preço negociado	O produto/serviço é transferido com base em valor negociado e aceito pelas partes (gestores) envolvidas na transação, seja ou não a partir de parâmetros de referência (custo ou mercado)	. Permite aos gestores atitudes de donos do negócio dentro do aspecto motivacional	. Pode dar uma falsa ideia do resultado efetivo áreas de negócio para a alta administração . O valor do produto/serviço é influenciado pela habilidade de negociação entre os gestores . O valor do produto/serviço é influenciado pelo poder "político" dos gestores
Preço arbitrado	O produto/serviço é transferido com base em valor decidido pela alta administração	. É de fácil obtenção porque não necessita de nenhuma metodologia ou procedimento de cálculo	. Pode dar uma falsa ideia do resultado efetivo áreas de negócio para a alta administração . Tende a violar o espírito da abordagem de responsabilidade do sistema . Pode provocar ruídos no aspecto motivacional dos gestores

Adaptado de Garrison (2001), Atkinson *et al*. (2000), e Catelli (2001).

Preço negociado

Quando existir algum problema grave para obtenção de preço de mercado, a alternativa poderá ser a negociação entre as partes envolvidas de um preço de transferência. Como base, poderia ser utilizado o custo-padrão.

O problema potencial está na habilidade de negociar. Se o gestor de um dos dois lados for mais hábil que o outro, poderá haver um acordo de preços que também não seja adequado para a empresa.

Preço arbitrado

Eventualmente, um produto ou serviço intermediário pode não ter preço de mercado (um produto inédito, por exemplo) ou, então, é determinado pela alta administração que seja executado internamente. Se não se conseguir o preço de transferência com nenhum dos critérios supracitados, a alta administração poderá arbitrar o preço e valorar as transferências.

Adicionalmente, Garrison e Noreen (2001) definem o preço de transferência negociado como o preço acertado entre a divisão que compra e a que vende. As vantagens dessa abordagem são:

- preserva a autonomia das divisões e é coerente com o espírito da descentralização;
- os gerentes das divisões provavelmente têm informações muito melhores sobre os custos e benefícios potenciais da transferência que outros gerentes;
- o preço real acertado pelos gerentes das duas divisões pode ficar entre os dois limites (mínimo aceitável para cada divisão).

Os autores destacam que negociações abertas e transparentes permitem aos gestores tomar decisões ótimas, visto que gestores de segmentos bem treinados e informados, que entendem os custos de oportunidade e os custos fixos e variáveis, frequentemente tomarão melhores decisões do que os gestores da alta direção.

De qualquer forma, deve-se evitar qualquer um desses dois critérios de preços de transferência.

3.5. Preços de transferência baseados no mercado

Não há dúvida de que os preços baseados em mercado são os que devem ser adotados. O Quadro 3.4 mostra os principais critérios baseados em mercado.

Quadro 3.4. Critérios de preços de transferências – abordagens de mercado.

BASEADO EM PREÇOS DE MERCADO			
Base	**Metodologia**	**Pontos fortes**	**Pontos fracos**
Preço de concorrentes de mercado	O produto/serviço é transferido pelo preço vigente no mercado, que pode ser um preço médio	. Os custos não exercem influência na determinação do preço . Ineficiências do custo não são transferidas . É imparcial, pois é dado pelo mercado . Permite a identificação adequada do resultado gerado pelas áreas de negócio	. Pode desconsiderar alguns custos comerciais da empresa que são diferentes dos das empresas concorrentes
Preço de mercado ajustado	O produto/serviço é transferido pelo preço vigente no mercado, que pode ser um preço médio, ajustado pela exclusão de eventos que não são incorridos pela empresa	. Os custos não exercem influência na determinação do preço . Ineficiências do custo não são transferidas . É imparcial, pois é dado pelo mercado . Permite a identificação adequada do resultado gerado pelas áreas de negócio	. Incorpora eventuais falhas de identificação e mensuração dos ajustes efetuados no preço de mercado
Preço de mercado praticado aos clientes da empresa	O produto/serviço é transferido pelo preço médio de venda para os clientes da empresa	. Os custos não exercem influência na determinação do preço . Ineficiências do custo não são transferidas . É imparcial, pois é dado pelo mercado . Permite a identificação adequada do resultado gerado pelas áreas de negócio	Nenhuma, pois a empresa tem domínio da composição dos preços de venda praticados para seus clientes
Custo-Meta ou Custo-Alvo *(Target cost)*	O produto/serviço é transferido pelo preço médio de venda para os clientes menos a margem desejada	. Os custos não exercem influência na determinação do preço . Ineficiências do custo não são transferidas . É aderente ao sistema de custo-meta adotado pela empresa	. Não permite a identificação do resultado gerado pelas unidades de negócio . O fato de não existir margem de lucro prejudica o aspecto motivacional do sistema . Implica em aceitar o método de custeamento integral ou ABC, com os riscos de falhas nos procedimentos de rateio

Adaptado de Garrison (2001), Atkinson *et al*. (2000), e Catelli (2001).

Preço de mercado praticado aos demais clientes da empresa

É o critério mais indicado. Praticamente qualquer produto ou serviço, seja intermediário, seja final, tem um preço de mercado. É o preço que seria pago caso fosse adquirido de um fornecedor externo à empresa.

Este é o critério que deve ser utilizado, pois tem todas as vantagens e nenhuma desvantagem:

- é objetivo, pois é aferido pelo mercado;
- evita discussões, pois é dado por entidades externas à empresa;

- incorpora competitividade, pois dá referencial externo às atividades internas da empresa.

Preço de transferência de concorrentes do mercado

Caso a unidade transferidora não faça venda para terceiros, a adoção de preços de transferência de concorrentes do mercado também é recomendável, fazendo os ajustes necessários para eventuais diferenças de comercialização identificadas entre os concorrentes e a própria empresa.

A adoção do conceito de transferência pelo custo-meta apresenta os mesmos pontos fracos de qualquer preço de transferência baseado em custos.

3.6. Impacto no resultado dos preços de transferência

O Quadro 3.5 apresenta um exemplo sintético do impacto dos preços de transferências entre divisões ou unidades dentro da mesma empresa ou grupo corporativo.

Quadro 3.5. Preços de transferência entre unidades de negócio.

	Divisão 1	Divisão 2	Total
Receitas de vendas a terceiros	1.000	20.000	21.000
Custos e despesas específicas	-15.000	-4.000	-19.000
Resultado antes das transferências	-14.000	16.000	2.000
Transferências internas	17.400	-17.400	0
Resultado depois das transferências	3.400	-1.400	2.000

O resultado da empresa é $ 2.000. Se considerássemos apenas as receitas de vendas a terceiros e os custos e despesas específicos de cada divisão, a Divisão 1 estaria apresentando um prejuízo de $ 14.000, e a Divisão 2, um lucro de $ 16.000.

Como a Divisão 1 trabalha sobretudo para fornecer internamente produtos e serviços para a Divisão 2, esse esforço deve ser mensurado economicamente, e é a razão de ser da contabilidade divisional. Verifica-se que o valor dos produtos e serviços produzidos e transferidos internamente tem valor de $ 17.400, que passa a ser uma receita de transferência da Divisão 1 e custo de transferência da Divisão 2.

Verifica-se que, no caso desse exemplo, a Divisão 1 é a que mais contribui para o resultado geral da empresa, com um lucro de $ 3.400, enquanto a Divisão 2 apresenta, no período analisado, um prejuízo de $ 1.400.

Fica claro nesse exemplo que a adoção do preço de transferência adequado (que é o preço de mercado) determinará o resultado correto das atividades de áreas internas da organização.

Frezatti *et al.* (2009) definem que o preço de transferência baseado no preço de mercado é o modelo que mais se aproxima da visão de unidades de negócio independentes, as quais devem ser competitivas em relação ao mercado estabelecido. Horngren *et al.* (2004) destacam que, caso haja mercado competitivo para os produtos ou serviços que estão sendo transferidos internamente, usar o preço de mercado poderá levar a uma congruência entre as metas e o esforço desejado.

3.7. Preço de transferência como custo de oportunidade

Pereira e Oliveira (2001, p. 389) apontam que o "custo de oportunidade corresponde ao valor de um determinado recurso em seu melhor uso alternativo. Representa o custo da escolha de uma alternativa em detrimento de outra capaz de proporcionar maior benefício [...]". Os autores citam que o modelo de transferência, utilizado no sistema de gestão econômica, baseia-se no conceito de custo de oportunidade.

Conforme Catelli (2001), todas as atividades (unidades de negócio) devem ser avaliadas pelo mercado, que representa o custo de oportunidade de manter determinada atividade. Assim, os preços de transferência baseados em mercado devem ser utilizados para avaliar os produtos e serviços produzidos pelas atividades internas.

Dessa maneira, o valor dos produtos e serviços transacionados entre as unidades deveria refletir o valor do benefício que possa ser obtido na melhor alternativa econômica. Nesse ponto de vista, a unidade transferidora precifica o produto transferido correspondente ao benefício que seria gerado pela melhor alternativa preterida. Segundo os autores, esse método é o que reúne as melhores condições para dar sustentabilidade às transações internas entre as atividades da organização, de modo a promover seus resultados econômicos.

3.8. *Case*: Caterpillar[1]

Como a Caterpillar mundial reorganizou seu DNA empresarial?

Como se faz para criar uma estrutura melhor em uma empresa?

Qual o caminho para eliminar a entropia[2] e recuperar a saúde e a lucratividade de uma organização?

Até 1982, a Caterpillar desfrutou uma duradoura trajetória de lucros e liderança no setor. Mas, de repente, quase saiu do mercado devido a investidas imprevistas da concorrência. Conseguiu recuperar-se em um prazo razoavelmente curto, passando em poucos anos de uma condição pré-falimentar para um quadro de lucros.

O sucesso da Caterpillar se deve ao foco deliberado neste conjunto de princípios organizacionais:

- máxima descentralização de todas as decisões estratégicas e operacionais e atribuição aos gestores de autonomia suficiente para resolver os problemas de suas unidades;
- exigência de responsabilidade pelos resultados das unidades. As linhas rentáveis da Caterpillar deixaram de subsidiar as deficitárias, e os gestores de cada unidade passaram a responder pelos resultados individuais;
- *uso de preços de transferência baseados no mercado* para as muitas transições entre as unidades. Os preços de transferência baseados nos mercados externos passaram a ser negociados entre as unidades, de

---

[1] Extraído e adaptado de *Uma máquina de resiliência*. HSM Management 55, março-abril 2006, p.38/48.

[2] Conceito decorrente de uma lei da natureza que determina que todas as formas de organização caminham para a desorganização e a morte. Sendo as empresas uma forma de organização, estão sujeitas ao processo entrópico, ou seja, caminham rumo a seu próprio fim.

modo que as falhas associadas ao desempenho se manifestaram nas unidades problemáticas, em vez serem passadas adiante;

- criação de um resultado unificado, atribuição de custos plenos a cada unidade e delegação do acesso aos mecanismos para aumentar a produtividade e gerenciar o desempenho. A combinação desse sistema com a adoção dos preços de transferência baseados em mercado resultou em um demonstrativo de lucros e perdas para cada unidade, sob responsabilidade dos gestores. A soma dos lucros e das perdas de todas as unidades leva ao resultado da empresa como um todo;
- estímulo para que os gestores das unidades de negócio mantivessem uma visão ampla da Caterpillar;
- nenhuma concessão. As linhas de produtos que não conseguiram se manter foram vendidas;
- *todas as unidades passaram a ser sujeitas à avaliação de desempenho com base na lucratividade e no retorno do investimento* (ativos). Se uma divisão não atingisse o ROI de pelo menos 15%, poderia ser extinta.

4

Centro de serviços compartilhados

A concorrência acirrada e seu reconhecimento pelas empresas têm, ao longo das últimas décadas, induzido os negócios a ações estratégicas e operacionais, com o objetivo de torná-los competitivos e colocá-los em condições de uma continuidade sustentável. Faz parte dessas ações a criação do Centro de Serviços Compartilhados (CSC), também conhecido como *Shared Services Center*, o qual é um mecanismo de redução de desperdícios e de aumento da eficiência e da eficácia na execução das atividades organizacionais (Souza; Machado Correa, 2011). Minnaar e Vosselman (2013) conceituam o CSC, que se tornou popular em meados dos anos 1990, como uma unidade organizacional bastante independente que fornece serviços para várias outras unidades organizacionais. A lógica é a redução de custos por meio de economias de escopo (Martin; Eisenhardt, 2010)[1].

Conforme Araújo (2010), "o conceito de CSC surgiu como resultado desse processo de criatividade e busca permanente por soluções para questões internas". Para Schulman (2001), "o conceito de CSC é a junção de processos de suporte a atividades não estratégicas em uma organização separada que, por sua vez, tratará estes processos e atividades como seus próprios negócios. Basicamente, seu objetivo principal é concentrar a empresa em sua atividade-foco, o *core business*". Também se busca com isso uma redução de custos operacionais. Conforme pesquisa desenvolvida pela empresa Deloitte em 2007, 80% ou mais das empresas entrevistadas afir-

---

[1] Extraído de Prado, Eduardo Vieira do. *Estruturação de pacote integrado para controle gerencial de unidades de negócio: uma proposta a partir de um estudo de caso em uma empresa multinacional do setor de autopeças*. Tese (Doutorado em Administração) – Faculdade de Gestão e Negócios, Universidade Metodista de Piracicaba. Piracicaba, 2018.

mam que o principal fator para centralizar suas atividades administrativas, ou seja, implantar um CSC, é a redução de custos[2].

4.1. Características

Em linhas gerais, o CSC se caracteriza por ser uma unidade administrativa que presta serviços de apoio às áreas operacionais de negócio de uma organização, que tem a responsabilidade de compartilhar os custos do CSC.

Bain & Company (2017) afirmam que na criação do CSC cada área funcional, subsidiária, filial, unidade de negócio é dividida entre atividades-fim e atividades de suporte, transacionais ou administrativas. Estas últimas são centralizadas em uma estrutura administrativa própria, tipicamente chamada de Diretoria de Serviços Compartilhados, Centro de Serviços Compartilhados, Plataforma de Serviços ou ainda Centro de Suporte Administrativo. No núcleo permanece a condução estratégica da empresa e as atividades decisórias de cada área funcional, sendo que o CSC executa as rotinas administrativas, e as unidades, filiais, plantas e subsidiárias, por sua vez, concentram-se em vendas, produção e distribuição.

Efetivamente, podemos afirmar que temos um CSC quando temos: pessoas executando serviços, de forma única e padronizada, para clientes internos (unidades de negócio, filiais, empresas do grupo etc.), utilizando o mesmo processo e o mesmo sistema de suporte, o que, portanto, permite otimizar recursos de forma eficiente, preferencialmente em um único local e sob uma mesma organização[3].

Um ponto essencial é o envolvimento da área de tecnologia da informação (TI) desde o início da concepção do projeto para promover uma união harmoniosa entre as unidades de negócios, possibilitando melhorias contínuas nos processos. Quanto mais diversificada e despadronizada é a

---

[2] Extraído de ZANCO, Luiz Gustavo. *Atividades realizadas e preços de transferências adotados em Centros de Serviços Compartilhados: um estudo multicaso*. Dissertação (Mestrado Profissional em Administração) – Faculdade de Gestão e Negócios, Universidade Metodista de Piracicaba. Piracicaba, 2013.

[3] MAGALHÃES, Carlos. *Passo a Passo para Planejamento, estruturação, estratégias e processos de um Centro de Serviços Compartilhados*. Treinamento profissional, São Paulo, Dezembro, 2015.

TI utilizada, maior é a dificuldade na prestação de serviços. Nesse sentido, o uso de um sistema de TI único, mesmo com a utilização de sistemas periféricos, mas integrados a um principal, demonstra-se como a forma mais eficiente para atendimento da gama de serviços a serem prestados (Herbert; Seal, 2012).

A Figura 4.1, extraída de Prado, mostra um exemplo de arranjo organizacional com CSC.

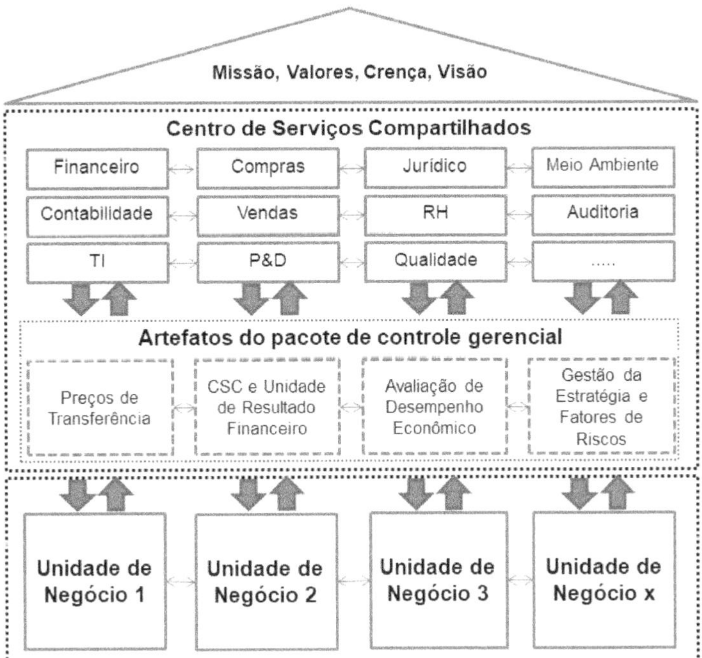

Figura 4.1. Arranjo organizacional descentralizado com centro de serviço compartilhado.

Fica claro que o principal objetivo do CSC é tirar das unidades de negócio as tarefas de características administrativas, para que seus gestores se dediquem integralmente à missão específica de cada unidade de negócio e à geração dos seus resultados operacionais.

4.2. Tipos de CSC

Souza e Machado Correa (2011) definem que o CSC pode variar de um centro de custo até uma empresa independente que fatura seus serviços a preços de mercado. Além disso, a organização de um CSC pode variar em função de sua abrangência, ou seja, local (o CSC está instalado em um país para atendimento com uma legislação específica e requer um estreito relacionamento com os clientes), regional (exigindo competências especializadas, como a língua utilizada nos países) e global (normalmente reservado para os serviços altamente padronizados e transacionais, devido à sua natureza, e instalado em qualquer país visando atender a unidades localizadas em todos os países que desenvolvam operações).

Com relação à empresa independente, Araújo (2010) destaca que empresas que não fazem parte de um mesmo grupo econômico formalizam seus acordos comerciais por meio de um contrato de prestação de serviços, com o objetivo de refletir claramente os direitos e as obrigações das partes envolvidas (como revisões e métricas), evitando, assim, possíveis desentendimentos e conflitos futuros. A utilização das métricas para medição de resultados representa um avanço, porém, é fundamental a consciência dos gestores de que as metas sejam de acordo com o grau de preparo e evolução da estrutura da empresa.

Estudos realizados pela SAP (2004) apontam algumas variáveis importantes para um CSC, sendo elas: modelo básico, de mercado, avançado de mercado e de unidade de negócio independente.

- **Modelo básico:** seus principais objetivos são as reduções de custo e a manutenção dos níveis de qualidade estáveis enquanto os processos de negócios são padronizados.
- **Modelo de mercado:** inicia-se pelo básico, porém, visando crescimento. Seus principais objetivos ainda partem da redução de custos, mas com alto nível de qualidade nos serviços prestados. Algumas vezes, o CSC aumenta o escopo de seus processos e oferece serviços profissionais e de consultoria além do processamento transacional puro.
- **Modelo avançado de mercado:** muito parecido com o que a organização receberia de um prestador de serviços externos por

meio de um acordo *outsourcing*. Seu objetivo é deixar que as unidades de negócios possam escolher os prestadores de serviços mais eficientes, de forma que o CSC venha a competir com fornecedores externos. O CSC poderá, ainda, fornecer seus serviços externamente, mas somente com sua capacidade excedente.
- **Modelo de negócio independente:** são negócios completamente independentes. Seu objetivo é gerar receitas e lucros pela entrega de serviços sob condições de concorrência. O preço cobrado é o de mercado, com os lucros sendo retidos pelo CSC.

Entende-se, então, que na criação de um CSC por meio das definições de modelo, objetivo, cultura organizacional e integração sistêmica, os processos decorrentes tendem a ser facilitadores para as áreas, divisões, filiais etc., e até mesmo em fusões e aquisições que poderão ocorrer.

A existência de um instrumento de controle e medição de qualidade dos serviços prestados pelo CSC – como contrato, *service-level agreement* (SLA), indicadores ou metas – também é imprescindível para o adequado funcionamento e desempenho do modelo, devendo constituir-se não somente de metas quantitativas, mas também de normas de gerenciamento qualitativas como parte de uma estrutura de governança (Minnaar; Vosselman, 2013). Para o monitoramento desses SLA, Souza *et al.* (2015) destacam que os CSC podem utilizar o BSC adaptado às suas necessidades para o acompanhamento de suas prioridades estratégicas, as quais diferem das prioridades de unidades que englobam atividades operacionais.

A Deloitte (2017) realizou uma pesquisa global de centros de serviços compartilhados com 333 participantes de uma ampla variedade de setores. Seus principais achados foram:

- a consolidação de CSC e o estabelecimento de novos centros está no horizonte de curto prazo de muitas organizações, sinalizando uma necessidade de otimizar ainda mais sua atual presença;
- funções de *back office* tradicionais, como finanças, recursos humanos e tecnologia da informação, continuam a ser mais frequentemente incluídas no CSC;
- processos transacionais, como contas a pagar e receber, continuam a ser os processos de finanças mais comumente citados dentro do

CSC. Para todos os processos de finanças, a estrutura regional é a mais utilizada, seguida da global;

- com relação à necessidade de clientes do CSC, ou seja, as unidades de negócio, os participantes consideram o custo de serviços como o fator mais importante para clientes da unidade de negócios. Na sequência, foi citada a tempestividade da resposta;
- conforme o apetite por automação cresce (como melhorias de produtividade, especialmente em robótica e espaço de automação cognitiva), a interação de tecnologias emergentes levará a mudanças fundamentais à forma como os negócios operam e entregam serviços aos clientes;
- *Data Analytics* é mais comumente utilizado para fornecer dados em nível empresarial, e um grupo menor de participantes indica o uso em ações preditivas e/ou de otimização.

Com relação ao CSC e ao impacto no sistema de controle gerencial, Feuser *et al.* (2015) demonstraram em sua pesquisa que a implantação do CSC teve implicações diretas e indiretas nas funções da contabilidade gerencial, visto que foi necessário alterar várias de suas funções, atividades, divisionalizações e até mesmo profissionais para que possam atender às necessidades das unidades de negócio, como redução de custos e melhoria de qualidade da informação. Esse aspecto também é percebido por Herbert e Seal (2012), que afirmam que, liberados do tédio do processamento de transações, que foi movido para o centro de serviços compartilhados, os contadores gerenciais nas unidades de negócios agora podem se concentrar em fornecer suporte para a tomada de decisões de gerenciamento, apresentando-se como parceiros de negócios. Além disso, existem novos papéis para os contadores de gestão no gerenciamento da relação entre o centro de serviços compartilhados e divisões: os contadores gerenciais se tornaram especialistas em *design* de sistemas e gerenciamento de processos.

Dessa forma, o *design* do CSC é necessário para que a organização possa servir às unidades de negócio de acordo com a estratégia da corporação, tendo em vista a maior eficiência e qualidade dos serviços. Por outro lado, os riscos jurídicos e fiscais devem ser considerados com especial atenção para que essa estrutura não acarrete perdas financeiras e danos à imagem e reputação da organização. Assim, o CSC é um elemento relevante para organizações descentralizadas, bem como para o desenho dos sistemas de controle gerencial para gestão das unidades de negócio.

4.3. Benefícios e cuidados

Os benefícios principais são diretamente ligados ao processo de redução de custos por meio de ganhos de escala, padronização dos processos administrativos e melhoria do nível de serviços, almejando melhorar continuamente e tornar a empresa mais enxuta e competitiva, permitindo, com isso, que as unidades de negócios tenham foco na atividade principal.

Entre vários fatores que influenciam direta e indiretamente um CSC, Schulman, Harmer e Lusk (2001) destacam:

I. diferenciar as competências centrais da organização das atividades de serviços de apoio;
II. reduzir custos;
III. aumentar a confiança e a consistência das informações;
IV. melhorar o nível de qualidade do serviço;
V. criar uma plataforma para o crescimento e a mudança. Esses fatores se relacionam com os benefícios, segundo o mesmo autor, conforme quadro a seguir.

Quadro 4.1. Benefícios tangíveis e intangíveis do CSC.

BENEFÍCIOS	
Tangíveis	**Intangíveis**
Redução de despesas	Melhoria dos serviços aos parceiros (clientes)
Aumento da produtividade	Processos padronizados e grupo de recursos
Economias de escala	Abordagem "uma empresa"
Alavancagem da tecnologia	Transição mais rápida focando-se em "valor agregado"
Maior controle	Manutenção mais eficaz dos padrões do "bloco de códigos"
Aumento do capital de giro	Melhoria da acuracidade e da unifomidade das informações
Alavancagem das compras pela consolidação de fornecedores	Melhor alavancagem da curva de aprendizado

Fonte: Adaptado de Schulman; Harmer; Lusk; 2001.

Já os alertas seriam o comprometimento da direção e alta gerência da empresa no apoio ao processo de implantação do CSC (ARAÚJO, 2010), problemas jurídicos, falta de preparação tecnológica ou de competência em processo (FARIA; GONÇALVES, 2010) e o risco de perda de controle dos custos de implementação (como infraestrutura, realocação de funcionários, contratação, treinamento, tecnologia, informática, viagens e despesas legais) (BAIN & COMPANY, 2017).

Com relação aos pontos que necessitam de controles mais eficazes, a empresa de consultoria Bain & Company (2004) elenca que um deles é a perda de controle dos custos de implementação. Despesas como infraestrutura, realocação de funcionários, contratação, treinamento, tecnologia, informática, viagens e despesas locais são facilmente subestimadas e dificilmente controladas. Outro risco é a ausência de comprometimento do CSC em garantir os recursos necessários quanto às unidades e à utilização dos serviços.

Silva, Santos e Santos (2006) afirmam que os efeitos desfavoráveis normalmente apresentam-se no início efetivo das operações em Serviços Compartilhados, sendo minimizados à medida que estas entram em um fluxo normal, e que o tempo para que sejam minimizados depende do quão bem planejado foi o processo de transição.

Knol *et al.* (2014) citam os seguintes desafios para o CSC: eficiência (maximizar a eficiência minimizando o custo por transação/produção); custos (padronização envolvendo processos, tecnologia e pessoal); governança e estratégia de implementação do CSC (manter a qualidade do nível do serviço; indicadores de desempenho); sobrevivência de longo prazo da organização (alinhamento e adaptação ao ambiente e integração do conhecimento).

Outros pontos de atenção na estruturação do CSC são questões jurídicas e fiscais. Zanco (2013) destaca que a criação de um CSC com a abertura de uma empresa jurídica que passa a incorporar o grupo corporativo e a prestação de serviços desse CSC devem ser objetos de análise aprofundada em relação às questões tributárias, visando à minimização de riscos administrativos e tributários. Assim, deve ser analisado o impacto tributário das transferências de serviços do CSC para as demais empresas da organização.

Ao tratar de questões sobre transferências de serviços do CSC para clientes do mesmo grupo empresarial, encontra-se a emissão de cobrança para as unidades de negócios por meio de instrumentos como nota de débito e nota fiscal. Algumas empresas optam pela emissão de documentação não formal, interna, denominada normalmente Nota de Débito para a cobrança de serviços. Outras entendem que têm um risco fiscal desses tributos e optam pela formalização da cobrança, por meio de emissão de Nota Fiscal.

Outro aspecto de destaque envolvendo o CSC é a definição dos preços de transferência de serviços. Segundo Padoveze (2012), a dificuldade de estabelecer preços de venda para esses serviços tem sido um argumento relevante para a adoção de centros de lucros no CSC. Portanto, todos esses serviços podem ter preços de mercado comparáveis e, assim, podem ser objeto de contabilidade divisional. Caso os serviços tenham relevância em termos de custos, podem ser considerados como uma unidade, pois atendem a três quesitos fundamentais: têm serviços identificáveis, os serviços são vinculados a uma unidade organizacional e há um gestor responsável pela unidade. Araújo (2010) também destaca que o preço de mercado é o método que vai ao encontro da maximização da riqueza, porque as unidades, ao defenderem seus próprios interesses e resultados internos, estão automaticamente favorecendo os interesses e resultados globais da organização.

4.4. Escopo de serviços do CSC

Uma pesquisa realizada pela empresa de consultoria Deloitte (2007) em 89 empresas – em sua maioria instaladas na Região Sudeste do Brasil (74%) e na Região Sul (17%) – apresenta graficamente como se encontram as consolidações de funções que um CSC concentra atualmente (Figura 4.2). Essa mesma pesquisa também revela que algumas empresas terceirizam determinadas funções, conforme representa a Figura 4.3.

Figura 4.2. Processos atendidos por meio de CSC.

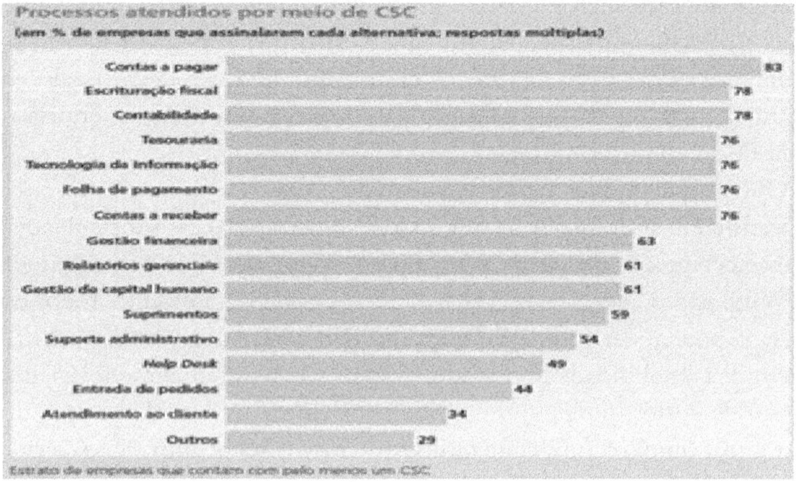

Fonte: Deloitte, 2007.

Processos atendidos: a maioria das atividades administrativas são centralizadas nos CSCs; apenas quatro atividades são apontadas com percentual abaixo de 50%.

Figura 4.3. Processos terceirizados.

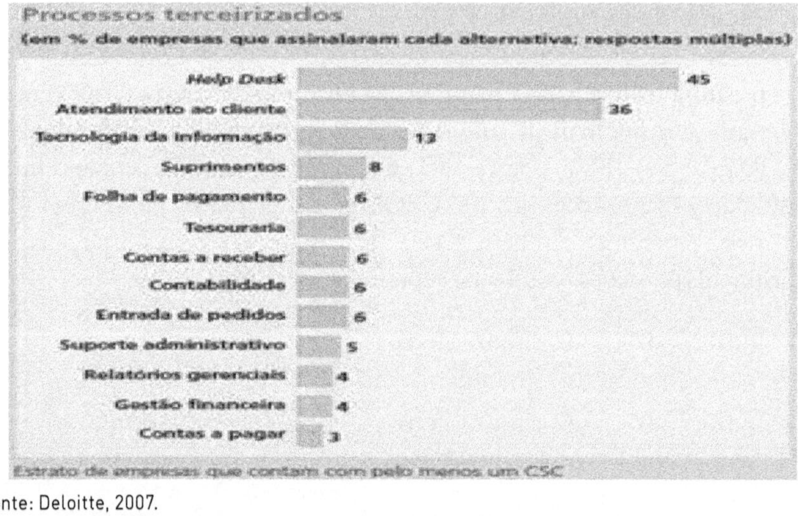

Fonte: Deloitte, 2007.

Processos terceirizados: destaca-se um alto percentual na terceirização de serviços como *Help Desk* (45%) e atendimento ao cliente (36%). A empresa de consultoria Deloitte (2007) relata que esse índice pode ser explicado por fatores como a maturidade das indústrias de *call center*, que possui diversos casos de sucesso na obtenção de resultados em redução de custos.

O Quadro 4.2 mostra diversas áreas que podem ser atendidas pelo CSC e os principais serviços prestados.

Quadro 4.2. Áreas e serviços gerais mais atendidos pelo CSC.

Área	Serviços atendidos
Contabilidade e auditoria	Contabilidade financeira
	Contabilidade gerencial
	Planejamento operacional
	Atendimento a auditoria externa
	Demonstrações financeiras
	Controle patrimonial
	Recebimento fiscal
	Livros fiscais
	Relacionamento com o fisco
	Auditoria interna
Tesouraria	Contas a receber
	Contas a pagar
	Análise de crédito
	Aplicações financeiras
	Controle de financiamentos
	Gestão do fluxo de caixa
Recursos humanos	Folha de pagamento
	Seleção e recrutamento
	Gestão de cargos e salários
Tecnologia de informação	Disponibilidade de recursos de TI
	Administração dos contratos de TI
	Cadastros do ERP
Compras e logística	Desenvolvimento de fornecedores
	Cotações e pedidos
	Gestão dos estoques
	Gestão de fretes de entrada e saída
Administração de gastos administrativos	Despesas de viagens
	Hospedagens
	Eventos

Jurídico	Assessoria societária
	Assessoria tributária
	Assessoria cível
	Elaboração e gestão de contratos
Infraestrutura	Gestão das instalações
	Aluguéis
	Serviços de manutenção
	Água e energia elétrica
Segurança e ambiente	Gestão ambiental
	Saúde dos funcionários
	Segurança do trabalho
Relacionamentos externos	Ouvidoria
	SAC (Serviço de Atendimento ao Cliente)
	Relacionamento com o governo
	Relações com investidores

Como se pode verificar, os serviços do CSC são serviços gerais de apoio que atendem a todas as unidades operacionais. A característica dos serviços prestados pelo CSC é que são atividades que todas as empresas têm, e seu desenvolvimento permite uma padronização para qualquer unidade operacional, já que têm características de serviços administrativos.

4.5. Métricas para cobrança dos serviços

As métricas para cobrança dos serviços têm como referência básica o tipo de CSC. Caso o CSC seja do modelo básico, ou seja, se tiver como conceito apenas o compartilhamento de custos, sem obtenção de lucro, os critérios para cobrança podem ser:

a) um percentual único de rateio do custo total do CSC, arbitrado para cada unidade de negócio, sem qualquer referencial para o rateio;
b) um percentual único de rateio do custo total do CSC, arbitrado para cada unidade de negócio pela receita líquida;
c) um percentual único de rateio do custo total do CSC, arbitrado para cada unidade de negócio pela quantidade de funcionários;
d) diversos percentuais de rateio por tipo de gastos do CSC, utilizando métricas diferentes para cada tipo de gasto do CSC, relacionando

cada tipo de gasto com algum referencial das diversas unidades de negócio etc. O Quadro 4.3 mostra um exemplo deste critério de cobrança.

Quadro 4.3. Critérios possíveis para alocação dos gastos do CSC – modelo básico.

Tipo de gasto do CSC	Critérios de alocação ou rateio
Folha de pagamento	
Contabilidade e auditoria	Percentual da receita líquida da unidade de negócio
Tesouraria	Percentual da receita líquida da unidade de negócio
Recursos humanos	Quantidade de funcionários das unidades de negócio
Tecnologia da informação	Equipamentos de TI das unidades de negócio
Compras e logística	Quantidade de itens de compra das unidades de negócio
Gastos administrativos	Quantidade de funcionários das unidades de negócio
Jurídico	Percentual da receita líquida da unidade de negócio
Infraestrutura	Metros quadrados das unidades de negócio
Segurança e ambiente	Quantidade de funcionários das unidades de negócio
Relacionamentos externos	Percentual da receita líquida da unidade de negócio
Energia elétrica	Percentual da receita líquida da unidade de negócio
Água e esgoto	Percentual da receita líquida da unidade de negócio
IPTU	Percentual da receita líquida da unidade de negócio
Telecomunicações	Ramais e celulares das unidades de negócio
Aluguéis de imóveis	Percentual da receita líquida da unidade de negócio
Aluguéis de equipamentos	Percentual da receita líquida da unidade de negócio
Depreciações	Percentual da receita líquida da unidade de negócio
Material de expediente e cópias	Apontamentos ou alocação direta ou quantidade de funcionários das unidades de negócio
Fretes, malotes e correios	Apontamentos ou alocação direta
Despesas de treinamento	Percentual da receita líquida da unidade de negócio
Despesas bancárias	Alocação direta
Despesas judiciais	Alocação direta
Licenças de softwares	Quantidade de funcionários das unidades de negócio ou percentual da receita líquida da unidade de negócio
Manutenção predial	Percentual da receita líquida da unidade de negócio
Despesas de viagens	Alocação direta

Caso o CSC seja do tipo de modelo de mercado avançado ou modelo independente, as métricas para cobrança dos diversos serviços devem estar alinhadas com os preços de mercado. Caso seja o modelo de mercado, a cobrança deveria ser por preços equivalentes aos cobrados pelo mercado. Caso seja do modelo de negócio independente, os preços cobrados deveriam ser negociados com cada unidade de negócio que receberá os serviços, e os preços cobrados devem conter a margem de lucro desejada para dar a independência financeira desse tipo de CSC.

O Quadro 4.4 mostra exemplos de métricas para precificação dos serviços do CSC para os modelos de CSC independente ou de mercado.

Quadro 4.4. Métricas para os serviços atendidos – modelo independente ou de mercado.

Serviços atendidos	Métricas possíveis
Contabilidade financeira	Quantidade de lançamentos
Contabilidade gerencial	Quantidade de relatórios mensais
Planejamento operacional	Tempo estimado anual, percentual da receita
Atendimento a auditoria externa	Tempo estimado anual
Demonstrações financeiras	Tempo estimado anual, percentual da receita
Controle patrimonial	Quantidade de itens imobilizados
Recebimento fiscal	Quantidade de notas fiscais recebidas, por transações
Livros fiscais	Quantidade de notas fiscais recebidas, por transações
	Quantidade de notas fiscais emitidas, por transações
Relacionamento com o fisco	Tempo estimado mensal de transmissão
	de informações, guias e relatórios
Auditoria interna	Tempo estimado anual, por gestão, horas trabalhadas
Contas a receber	Quantidade de títulos, quantidade de transações
Contas a pagar	Quantidade de títulos, quantidade de transações
Análise de crédito	Quantidade de clientes, percentual da receita
Aplicações financeiras	Tempo estimado mensal, percentual da receita
Controle de financiamentos	Quantidade de contratos, percentual da receita
Gestão do fluxo de caixa	Tempo estimado mensal, percentual da receita
Folha de pagamento	Quantidade de funcionários, quantidade de transações
Seleção e recrutamento	Estimativa de *turn over*, quantidade realizada
Gestão de cargos e salários	Quantidade de funcionários, por gestão
Disponibilidade de recursos de TI	Quantidade de equipamentos dispostos, por atendimento
Administração de contratos de TI	Quantidade de contratos, por gestão
Cadastros do ERP	Número estimado de itens novos
Desenvolvimento de fornecedores	Quantidade anual estimada, quantidade realizada
Cotações e pedidos	Quantidade de itens de materiais, percentual sobre compras
Gestão dos estoques	Quantidade de itens de materiais
Gestão de fretes de entrada e saída	Quantidade de notas fiscais, percentual sobre os gastos
Despesas de viagens	Quantidade de funcionários habilitados, transações efetuadas
Hospedagens	Quantidade de funcionários habilitados, transações efetuadas
Eventos	Estimativa do preço de cada serviço, tempo despendido
Assessoria societária	Tempo ou valor acordado, horas trabalhadas
Assessoria tributária	Tempo ou valor acordado, horas trabalhadas
Assessoria cível	Tempo ou valor acordado, horas trabalhadas
Elaboração e gestão de contratos	Quantidade de contratos estimada, horas trabalhadas
Gestão das instalações	Metros quadrados, por gestão
Aluguéis	Metros quadrados, por gestão
Serviços de manutenção	Características dos prédios e instalações, por gestão
Água e energia elétrica	Estimativa do preço de cada serviço, por gestão
Gestão ambiental	Tempo ou valor acordado, por gestão
Saúde dos funcionários	Quantidade de funcionários
Segurança do trabalho	Quantidade de funcionários
Ouvidoria	Tempo ou valor acordado, quantidade de atendimentos
SAC (Serviço de Atendimento ao Cliente)	Quantidade de clientes, quantidade de atendimentos
Relacionamento com o governo	Valor acordado
Relações com investidores	Tempo ou valor acordado

4.6. Precificação dos serviços do CSC: estudo de caso nacional

O Quadro 4.5 apresenta um resumo de precificação dos serviços de CSC para dar base aos preços de transferências para as unidades recebedoras do serviço, obtido no trabalho de ZANCO[4].

Quadro 4.5. Preços de transferências.

Contas a Receber	Grupo 1 - CSC	Grupo 2 - CSC	Grupo 3 - CSC	Grupo 4 - CSC
Envio de borderô	Custo real	Arbitrado	Arbitrado	Arbitrado
Emissão de duplicatas	Custo real	Arbitrado	Arbitrado	Arbitrado
Cobrança direta	Custo real	Arbitrado	Arbitrado	Arbitrado
Envio para cartório	Custo real	Arbitrado	Arbitrado	Arbitrado
Baixas bancárias	Custo real	Arbitrado	Arbitrado	Arbitrado
Outros	-	-	-	-
Crédito	**Grupo 1 - CSC**	**Grupo 2 - CSC**	**Grupo 3 - CSC**	**Grupo 4 - CSC**
Análise de balanço	Custo real	Arbitrado	Arbitrado	Arbitrado
Análise de resultado	Custo real	Arbitrado	Arbitrado	Arbitrado
Análise de Serasa	Custo real	Arbitrado	Arbitrado	Arbitrado
Análise de liquidez	Custo real	Arbitrado	Arbitrado	Arbitrado
Análise de histórico	Custo real	Arbitrado	Arbitrado	Arbitrado
Outros	-	-	-	-
Contas a Pagar	**Grupo 1 - CSC**	**Grupo 2 - CSC**	**Grupo 3 - CSC**	**Grupo 4 - CSC**
Pagamento de boletos	Custo real	Arbitrado	Custo + Margem	Arbitrado
Pagamento de taxas	Custo real	Arbitrado	Custo + Margem	Arbitrado
Conciliações bancárias	Custo real	Arbitrado	Custo + Margem	Arbitrado
Fluxo de caixa	Custo real	Arbitrado	Custo + Margem	Arbitrado
Outros	-	-	-	-
Compras/Suprimentos	**Grupo 1 - CSC**	**Grupo 2 - CSC**	**Grupo 3 - CSC**	**Grupo 4 - CSC**
Compras de bens	Custo real	Arbitrado	Custo + Margem	Arbitrado
Contratações de serviços	Custo real	Arbitrado	Custo + Margem	Arbitrado
Negociações de entrega	Custo real	Arbitrado	Custo + Margem	Arbitrado
Negociações de prazos	Custo real	Arbitrado	Custo + Margem	Arbitrado
Outros	-	-	-	-
Tecnologia de Informação	**Grupo 1 - CSC**	**Grupo 2 - CSC**	**Grupo 3 - CSC**	**Grupo 4 - CSC**
Desenvolvimento de sistemas	Custo real	Arbitrado	Custo + Margem	Arbitrado
Administração de sistemas	Custo real	Arbitrado	Custo + Margem	Arbitrado

[4] Zanco, L.G. *Atividades Realizadas e Preços de Transferências adotados em Centros de Serviços Compartilhados*: Um Estudo Multicaso. Dissertação (Mestrado Profissional em Administração) – Faculdade de Gestão de Negócios, Universidade Metodista de Piracicaba. Piracicaba, 2013.

Manutenções de equipamentos	Custo real	Arbitrado	Custo + Margem	Arbitrado
Instruções de manuseio	Custo real	Arbitrado	Custo + Margem	Arbitrado
Outros	-	-	-	-
Cadastro	**Grupo 1 - CSC**	**Grupo 2 - CSC**	**Grupo 3 - CSC**	**Grupo 4 - CSC**
Cadastros	Custo real	Arbitrado	Custo + Margem	Arbitrado
Manutenção de dados	Custo real	Arbitrado	Custo + Margem	Arbitrado
Arquivo	Custo real	Arbitrado	Custo + Margem	Arbitrado
Outros	-	-	-	-
Recursos Humanos	**Grupo 1 - CSC**	**Grupo 2 - CSC**	**Grupo 3 - CSC**	**Grupo 4 - CSC**
Recrutamento e seleção	Custo real	Arbitrado	Negociado	Arbitrado
Planos de carreira	Custo real	Arbitrado	Custo + Margem	Arbitrado
Políticas de benefícios	Custo real	Arbitrado	Custo + Margem	Arbitrado
Políticas disciplinares	Custo real	Arbitrado	Custo + Margem	Arbitrado
Análise de indicadores	Custo real	Arbitrado	Custo + Margem	Arbitrado
Outros	-	-	-	-
Departamento Pessoal	**Grupo 1 - CSC**	**Grupo 2 - CSC**	**Grupo 3 - CSC**	**Grupo 4 - CSC**
Folha de pagamento	Custo real	Arbitrado	Custo + Margem	Arbitrado
Controle de ponto	Custo real	Arbitrado	Custo + Margem	Arbitrado
Admissões e demissões	Custo real	Arbitrado	Custo + Margem	Arbitrado
Cálculo de impostos	Custo real	Arbitrado	Custo + Margem	Arbitrado
Análise de indicadores	Custo real	Arbitrado	Custo + Margem	Arbitrado
Outros	-	-	-	-
Jurídico	**Grupo 1 - CSC**	**Grupo 2 - CSC**	**Grupo 3 - CSC**	**Grupo 4 - CSC**
Contratos	Custo Real	Arbitrado	Não tem	Arbitrado
Relatórios	Custo Real	Arbitrado	Não tem	Arbitrado
Representações	Custo Real	Arbitrado	Não tem	Arbitrado
Outros	-	-	-	-
Fiscal	**Grupo 1 - CSC**	**Grupo 2 - CSC**	**Grupo 3 - CSC**	**Grupo 4 - CSC**
Lançamentos de notas fiscais	Custo real	Arbitrado	Custo + Margem	Arbitrado
Apurações de impostos	Custo real	Arbitrado	Custo + Margem	Arbitrado
Registro de livro fiscal	Custo real	Arbitrado	Custo + Margem	Arbitrado
Orçamentos tributários	Custo real	Arbitrado	Custo + Margem	Arbitrado
Outros	-	-	-	-
Contabilidade	**Grupo 1 - CSC**	**Grupo 2 - CSC**	**Grupo 3 - CSC**	**Grupo 4 - CSC**
Conferências	Custo real	Arbitrado	Custo + Margem	Arbitrado
Apuração de resultados	Custo real	Arbitrado	Custo + Margem	Arbitrado
Apuração de balancetes	Custo real	Arbitrado	Custo + Margem	Arbitrado
Apurações de impostos	Custo real	Arbitrado	Custo + Margem	Arbitrado
Emissão de relatórios	Custo real	Arbitrado	Custo + Margem	Arbitrado
Outros	-	-	-	-

Planejamento Operacional	Grupo 1 - CSC	Grupo 2 - CSC	Grupo 3 - CSC	Grupo 4 - CSC
Orçamentos	Custo real	Arbitrado	Custo + Margem	Arbitrado
Análise de resultados	Custo real	Arbitrado	Custo + Margem	Arbitrado
Padronizações	Custo real	Arbitrado	Custo + Margem	Arbitrado
Relatórios	Custo real	Arbitrado	Custo + Margem	Arbitrado
Indicadores de desempenho	Custo real	Arbitrado	Custo + Margem	Arbitrado
Outros	-	-		-
Gestão Financeira	**Grupo 1 - CSC**	**Grupo 2 - CSC**	**Grupo 3 - CSC**	**Grupo 4 - CSC**
Orçamentos	Custo real	Arbitrado	Custo + Margem	Arbitrado
Aplicações financeiras	Custo real	Arbitrado	Custo + Margem	Arbitrado
Negociações bancárias	Custo real	Arbitrado	Custo + Margem	Arbitrado
Relatórios	Custo real	Arbitrado	Custo + Margem	Arbitrado
Indicadores de desempenho	Custo real	Arbitrado	Custo + Margem	Arbitrado
Outros	-	-	-	-
Auditoria Interna	**Grupo 1 - CSC**	**Grupo 2 - CSC**	**Grupo 3 - CSC**	**Grupo 4 - CSC**
Aferições	Custo real	Arbitrado	Custo + Margem	Arbitrado
Implantação de procedimentos	Custo real	Arbitrado	Custo + Margem	Arbitrado
Indicadores de desempenho	Custo real	Arbitrado	Custo + Margem	Arbitrado
Relatórios	Custo real	Arbitrado	Custo + Margem	Arbitrado
Outros	-	-	-	-
Serviços de Atendimento ao Cliente	**Grupo 1 - CSC**	**Grupo 2 - CSC**	**Grupo 3 - CSC**	**Grupo 4 - CSC**
Atendimentos	Custo real	Não tem	Não tem	Arbitrado
Pesquisa	Custo real	Não tem	Não tem	Arbitrado
Indicadores de desempenho	Custo real	Não tem	Não tem	Arbitrado
Relatórios	Custo real	Não tem	Não tem	Arbitrado
Outros	-	-		

4.7. Estudo de caso internacional

Este tópico apresenta o estudo de caso realizado em uma empresa multinacional fornecedora para a indústria automotiva, a qual é chamada pelo nome fictício de empresa Serviço e Tecnologia por questões de confidencialidade. A empresa objeto de estudo atua globalmente em todos os continentes e possui uma estrutura de CSC em cada região.

A Figura 4.4 apresenta a estrutura da empresa dividida por unidades de negócio e a interação com o CSC:

Figura 4.4. Estrutura da empresa pesquisada

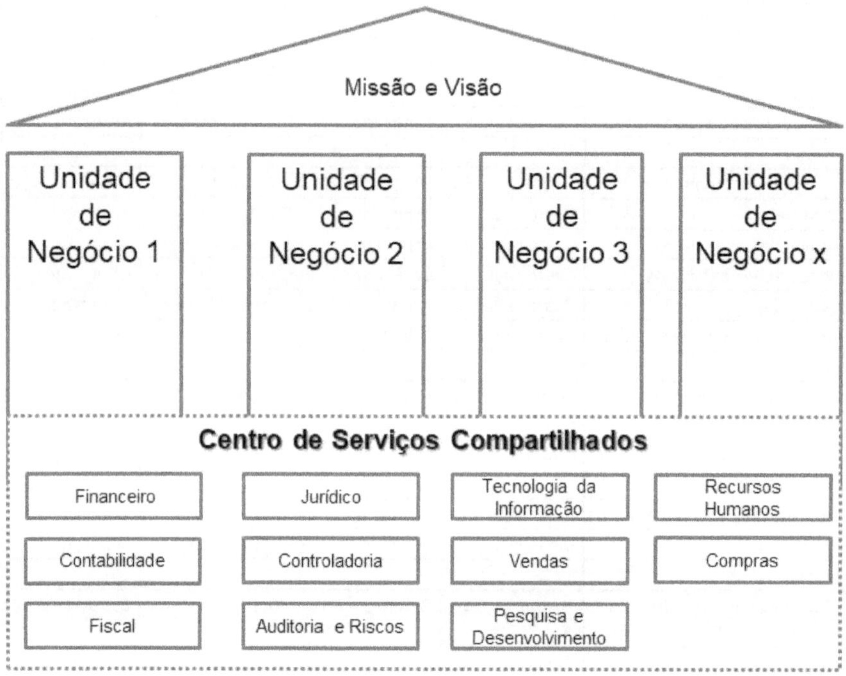

A empresa Serviço e Tecnologia possui missão e visão únicas comunicadas a todas as unidades de negócio. Dentro dessas declarações de missão e visão, a empresa busca oferecer um diferencial em tecnologia e soluções para seus clientes, que se desdobram para as unidades de negócio, as quais devem implementar seus processos de forma orientada a esses objetivos de longo prazo.

Essa orientação estratégica também vale para o CSC, o qual vem se reorganizando continuamente para atendê-la. A estrutura de CSC busca centralizar atividades transacionais e de especialidade nesses centros de serviços. As principais áreas que fazem parte desse CSC são:

- **financeiro**: contas a pagar, contas a receber e gerenciamento de caixa e instrumentos financeiros;
- **contabilidade**: elaboração das demonstrações financeiras societárias da companhia. Recolhimento de tributos diretos e preço de transferência para fins fiscais;

- **fiscal**: planejamento tributário, *compliance* tributário, recolhimento de tributos diretos e indiretos;
- **jurídico**: assessoria legal trabalhista, cível, comercial, direito econômico e *compliance*. Avaliação de contratos firmados com terceiros;
- **controladoria de serviços**: plano econômico da área de CSC, estabelecimento de critérios de rateio do CSC para as unidades de negócio, relatórios gerenciais consolidados sobre o desempenho das unidades de negócio na região;
- **auditoria interna e gestão de riscos**: revisão do processo de avaliação de riscos e controles internos, com o intuito de aprimorar as práticas de governança corporativa, riscos e *compliance*;
- **tecnologia da informação**: administração da infraestrutura, aplicações de políticas de segurança da informação, *service desk*;
- **vendas**: negociação e atendimento a clientes;
- **pesquisa e desenvolvimento**: desenvolvimento de produtos como soluções para novas oportunidades de mercado ou para melhorias de produtos já comercializados. Gerenciamento de inovações do grupo;
- **recursos humanos**: folha de pagamento, benefícios e desenvolvimento de colaboradores;
- **compras**: aquisição de materiais não produtivos.

A seguir, apresentamos um resultado do estudo de caso dividido entre os benefícios já obtidos com o CSC e os desafios para desenvolvimento futuro dessa estrutura. Com relação aos benefícios, estes são os destaques:

- **redução de custos**: a partir do momento em que atividades transacionais são centralizadas, há um ganho de escala e eficiência. No passado, por exemplo, a atividade de contas a pagar nessa organização era segregada em diversas localidades e plantas. A partir do momento em que há a centralização, é possível consolidar os recursos em uma localidade e buscar maior eficiência e, consequentemente, redução de esforços e custos;
- **melhoria da qualidade dos serviços**: a centralização também propiciou uma revisão dos processos internos da organização, levando a uma maior padronização e melhoria da qualidade dos serviços prestados às unidades de negócio.

- **minimização de riscos**: a partir de melhores processos, a organização aprimorou os controles internos e o gerenciamento de riscos de seus processos de negócios centralizados no CSC;
- **maior enfoque por parte das unidades de negócio**: a transferência de atividades transacionais e de especialidades que não estão relacionadas às operações das plantas proporciona mais tempo para que as unidades de negócio possam focar seus objetivos, como a melhoria da produção e a qualidade dos produtos.

Assim, esses objetivos suportam a estratégia da organização pelo aumento de eficiência e qualidade dos serviços proporcionados às unidades de negócio. No entanto, a administração da organização entende que há ações futuras que podem elevar o nível de eficiência e qualidade do CSC.

a) Potencial de maior centralização

A organização pode aumentar o escopo do CSC para ampliar a eficiência da organização. Atualmente, a empresa possui áreas que estão alocadas em suas plantas/unidades de negócio que poderiam ser centralizadas, por exemplo:

- RH: recrutamento e seleção e administração de pessoal;
- compras: aquisição de materiais produtivos e avaliação de fornecedores;
- logística: faturamento para clientes, gestão de fretes e comércio exterior;
- controladoria: atualmente, as áreas de controladoria são parte das unidades de negócio e realizam atividades como *reporting*, controle de custos e investimentos.

O principal fator que dificulta uma maior centralização é que as unidades de negócio entendem que podem perder poder na organização ao transferir áreas como a controladoria para o CSC. Assim, a maior centralização passa por uma adaptação cultural e maior aceitação a mudanças organizacionais.

b) Critérios de rateio

Com relação à cobrança para as unidades de negócio, os principais critérios utilizados para rateio dos custos baseiam-se em volume de vendas, esforços ou *headcount*. Para a área de TI, os custos são apurados com base no mercado. Portanto, grande parcela dos serviços não é apurada a valor de mercado; nesses casos, é definido um *mark up* para a área de Serviços, a qual é considerada como uma divisão no ERP e no sistema de informação de contabilidade gerencial.

Quanto ao faturamento dos serviços para unidades de negócio que não fazem parte da mesma entidade legal, o mesmo ocorre por meio de faturas com a apuração de impostos aplicáveis tendo como suporte um contrato jurídico entre as partes.

O rateio é realizado com base nos valores definidos no plano orçamentário. No mês de dezembro é realizado um ajuste no faturamento final com base nos valores dos custos reais apurados durante o ano. A organização calcula o *mark-up* sobre o valor apurado, o qual, além de beneficiar a divisão do CSC, visa atender à legislação aplicável de preços de transferência.

A Figura 4.5 demonstra uma visão geral do processo de alocação e rateio das despesas do CSC.

Figura 4.5. Exemplos de indicadores de desempenho aplicados.

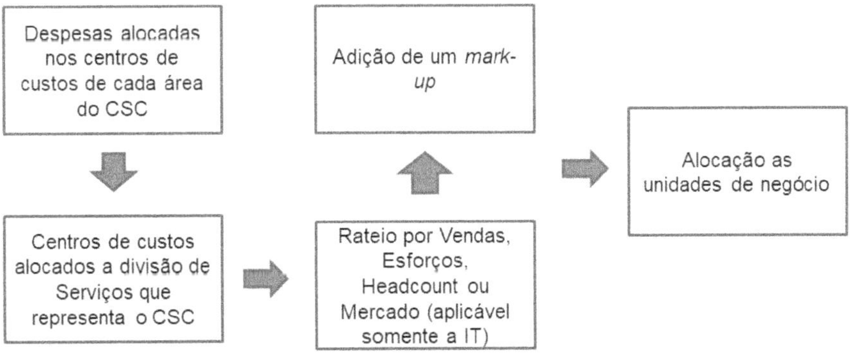

De acordo com a administração, a falta de serviços comparáveis no mercado dificulta a cobrança adicional pelo preço de mercado. No entanto, o preço de mercado pode ser adotado para outras áreas além de TI, por exemplo, a área Jurídica.

c) Mudança de enfoque de custo para qualidade dos serviços

A administração destacou que o custo ainda é o maior foco das unidades de negócio, no entanto, a qualidade dos serviços vem ganhando importância.

A área de CSC vem passando por melhorias de processos, como administração enxuta e *six sigma* e avaliação de ferramentas de robótica, no intuito de melhorar a eficiência e redução de custos nessas atividades, incluindo o sistema de controle gerencial. Essas iniciativas são globais e desdobradas para as regiões e para sua coordenação. As áreas de serviços estão criando estruturas com especialistas em *six sigma/black belt*, com o intuito de trazer melhoria contínua para os processos administrativos, assim como ocorre nos processos fabris. Por exemplo, na área de Contabilidade existiam cerca de 40 planilhas eletrônicas para consolidação das demonstrações financeiras, as quais estão sendo reduzidas para maior agilidade e segurança.

Adicionalmente, a área de CSC está avaliando a implementação de processos de Qualidade, como:

- a criação de um processo estruturado para recepção e tratamento de reclamações de clientes internos ou externos, os quais podem direcionar ações internas para a melhoria de processos e da qualidade dos serviços percebida pelas outras áreas;
- o desenvolvimento da metodologia de visualização e reuniões de seguimento, com o objetivo de demonstrar aos colaboradores de forma contínua os resultados dos indicadores de desempenho chave de cada área, discutir os desvios mais relevantes, escalar problemas de maior criticidade e buscar possíveis soluções, como atualizar a equipe de mudanças de políticas, procedimentos e atualizações da estrutura organizacional.

d) Indicadores de desempenho

Com relação aos indicadores de desempenho do CSC, alguns indicadores estão sendo mapeados como parte da melhoria contínua dos processos de maior complexidade. Todavia, não há um mapa consolidado dos indicadores de desempenho de todas as áreas alinhado às diretrizes estratégicas da companhia. Atualmente, a empresa está desenvolvendo *service-level agre-*

ements (SLA) a fim de estabelecer os principais indicadores de desempenho e objetivos com as unidades de negócio.

O Quadro 4.6 apresenta alguns exemplos de indicadores de desempenho que são monitorados por algumas das áreas que fazem parte do CSC e que poderão ser base para o estabelecimento dos SLA.

Quadro 4.6. Exemplos de indicadores de desempenho aplicados.

Área	Indicador	Descrição
Contas a Pagar	Faturas registradas	Total de faturas registradas por unidade de negócio dentro de um período, o qual é comparado com o objetivo da área de Contas a Pagar alinhado às respectivas áreas de Controladoria das unidades de negócio.
Contas a Pagar	Faturas pendentes de registro	Total de faturas pendentes de registro por unidade de negócio e motivo, por exemplo: falta de aprovação das plantas ou compras, diferenças de preços contra os pedidos de compras, falta de recebimento físico de materiais pelas plantas/áreas solicitantes, entre outros.
Contas a Pagar	Despesas de viagem	Total de despesas de viagem processadas a colaboradores e tempo médio para processamento.
Contas a Receber	Faturas vencidas	Faturas vencidas de clientes (*overdue*) por unidade de negócio e motivo, por exemplo: falta de comprovantes de entrega, falta de envio de faturas, diferenças de preços, entre outros.
Contas a Receber	Análise de crédito	Número de análises de crédito realizadas por unidades de negócio e mercado.
Tecnologia da Informação	Incidentes atendidos	Número de incidentes atendidos dentro de um período por unidade de negócio, bem como o tempo médio de atendimento a esses incidentes reportados por nível de criticidade.
Contabilidade	Ativos fixos registrados	Número de ativos fixos registrados por unidades de negócio e tempo médio.
Contabilidade	Atendimento do calendário de fechamento	Cumprimento do calendário de fechamento e entrega de relatórios à matriz.
Tesouraria	Processamento de pagamentos a fornecedores	Tempo médio de processamento de pagamentos por unidade de negócio e fornecedor.
Tesouraria	Despesas financeiras	Total de despesas financeiras por instituição bancária e unidade de negócio.
Tesouraria	Contratos de cobertura de câmbio (*hedging*)	Impacto financeiro dos contratos de *hedging* por unidades de negócio.

e) Centro de resultados financeiros

A empresa pesquisada não possui um centro de resultados financeiro para administração do custo de oportunidade, ativos e passivos financeiros, bem como para ajustes a valor presente dos preços de venda e compra a prazo. As informações são lançadas nas respectivas contas e alocadas nos custos operacionais das unidades de negócio.

A administração destacou que o centro de resultados financeiros pode aprimorar a qualidade da informação por unidade de negócio a partir da segregação do impacto financeiro das unidades de negócio para uma unidade independente abaixo de outro gestor. No entanto, as seguintes dificuldades foram apontadas:

- a implementação desse centro de resultados financeiros é altamente complexa para empresas com muitas transações, por exemplo, para realização de ajuste das compras e vendas a prazo a valor presente;
- os gerentes de planta e unidades de negócio podem monitorar e puxar as áreas de Compras e Vendas para que tenham uma melhor condição de compras e vendas. Assim, devido a essa necessidade de monitoramento contínuo, os gerentes de planta e unidades de negócio também devem ser medidos pelos encargos financeiros.

f) Sistemas descentralizados e contabilidade por responsabilidade

A Figura 4.6 demonstra que a empresa tem quatro ERPs principais organizados por região. A empresa possui um projeto em andamento com o objetivo de unificar todos os ERPs existentes em um ERP global. Cada ERP possui os principais módulos, como o de Finanças e Controladoria, bem como ferramentas de *Business Intelligence* (BI), os quais não são padronizados entre tais sistemas. De acordo com a percepção transmitida pela administração, existem prós e contras em relação a essa iniciativa:

- dentre os pontos positivos, destacam-se a centralização e padronização dos dados mestres de clientes, materiais, fornecedores e contas contábeis, que atualmente estão cadastrados nos diferentes ERPs de formas distintas; a maior rapidez para geração de dados consolidados para o grupo; a equipe de suporte de TI localizada em diferentes regiões para possibilitar um apoio em tempo integral 24 horas, 7 dias por semana;

- os pontos negativos abordados foram o possível acréscimo de custo com um novo sistema e a perda de flexibilidade, visto que todas as unidades de negócio e regiões deverão seguir requerimentos padronizados. Atualmente, as regiões e unidades de negócio têm autonomia para alterações sistêmicas sem a necessidade de envolver outras regiões e unidades de negócio. Com o novo sistema, existirá um processo padronizado de gestão de mudanças, com necessidade de envolvimento e validação das diversas unidades de negócio e funções da organização.

Figura 4.6. Visão geral dos ERPs existentes

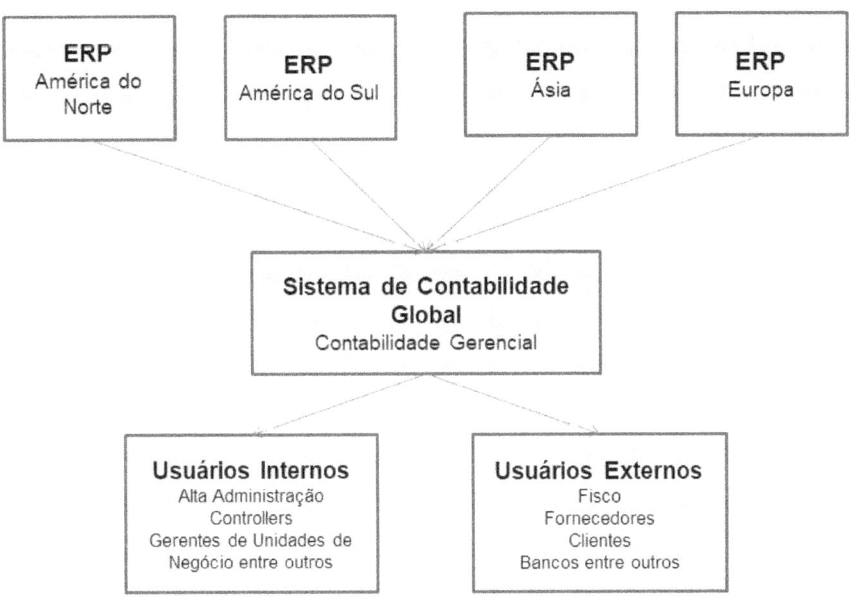

Como demonstrado na Figura 4.6, a empresa tem diversos ERPs organizados por região e unidades de negócio. Esses ERPs possuem o módulo financeiro (chamado Finanças e Controladoria), no qual as regiões e unidades de negócio têm seu plano de contas e estruturas por planta, divisão e centro de custo. Como atualmente não há uma padronização de informações contábeis nesses ERPs, a empresa optou pela criação de um sistema de informação de contabilidade global, no qual as unidades de negócio devem alimentar suas informações contábeis dentro de um padrão preestabelecido. Esse sistema foi estruturado pela área de Controladoria Corporativa alinhado às necessidades da alta administração com apoio das unidades de negócio e áreas como Finanças e Contabilidade.

O desenvolvimento do sistema foi uma combinação de recursos internos e consultores externos de tecnologia da informação (TI). As melhorias nesse sistema são discutidas por um Comitê global com representantes das Controladorias das unidades de negócio e corporativa. Caso haja a aprovação do Comitê, a Controladoria Corporativa coordena, junto com a TI, a implementação das mudanças. A depender da criticidade da mudança, a alta administração também é envolvida na discussão para validação. Atualmente, a alta administração participa principalmente da definição das medidas financeiras.

Os relatórios gerados por esse sistema podem ser classificados em duas categorias. A primeira delas é a da contabilidade financeira, na qual cada região e unidade de negócio devem converter as informações dos ERPs (que estão organizados para atender aos requerimentos locais de contabilidade) para o IFRS, para que possam ser posteriormente consolidados pela matriz. Dessa forma, cada região ou unidade de negócio tem um especialista nas particularidades entre a contabilidade local e a internacional, de tal forma que possa realizar os ajustes necessários para *report* no sistema de contabilidade global. A segunda categoria refere-se aos relatórios da contabilidade gerencial, os quais foram estruturados com o intuito de atender principalmente à alta administração, aos *controllers* e aos gerentes de unidades de negócio, demonstrando indicadores financeiros e não financeiros. O Quadro 4.7 apresenta um maior detalhamento dos principais relatórios apresentados, os quais são utilizados em âmbito global.

Quadro 4.7. Principais relatórios gerenciais existentes.

Relatório	Descrição/Dimensionalidade
Vendas	Valor de vendas conforme demonstração de resultados por linha de produto, segmento de vendas, região e clientes.
Custos de produção	a) Custos de manufatura para cálculo da margem de contribuição por linha de produto, conforme descrito no item anterior. b) Custo de manufatura por tipo de custos: custo de materiais diretos provenientes de terceiros, custo de materiais diretos provenientes de partes relacionadas, entre outros.
Despesas de vendas, gerais e administrativas e pesquisa e desenvolvimento.	a) Despesas de vendas: custo com a organização de vendas (pessoal e outros), *marketing*, patrocínios e feiras, armazéns de distribuição de produtos acabados, fretes de vendas e relacionados a embalagens, comissão a terceiros, juros, outros custos. b) Despesas gerais e administrativas: conselho de administração, diretoria e administração geral, finanças e controladoria, projetos de tecnologia da informação, recursos humanos, despesas corporativas e juros. c) Despesas de pesquisas e desenvolvimento.
Resultado operacional	a) Lucro proveniente das operações incluindo juros. b) Sumário da demonstração de resultados: vendas para partes relacionadas e terceiros, aumento ou diminuição de produtos acabados e semiacabados, custos de materiais, custos de pessoal sem considerar despesas extraordinárias de demissão, depreciação e amortização, outros custos, custos embutidos, custos extraordinários de reorganização. c) Percentual de resultado operacional sobre vendas.
Estoques	a) Valor de estoque conforme balanço patrimonial por classe de material: matéria-prima, materiais auxiliares, produção em elaboração, ferramental e máquinas produzidos internamente, produtos acabados, ferramental e máquinas produzidos externamente, produtos de revenda, adiantamento a fornecedores, adiantamento recebido de clientes. b) Dias de cobertura do estoque com base no consumo histórico.
Investimentos	a) Valor de investimentos já liberados e realizados por classe de ativo: construções e terrenos, máquinas e equipamento técnico, outros equipamentos como escritório, adiantamentos a fornecedores e equipamentos em construção. b) Investimentos já liberados, mas ainda não realizados por classe de ativo (semelhante ao item anterior).
Fluxo de caixa operacional	a) Resultado operacional não incluindo juros. b) Adições, baixas e amortização/depreciação de ativos intangíveis e tangíveis. d) Mudanças no capital de giro (estoque, contas a receber, contas a pagar, outros). e) Efeito no caixa provocado pelas provisões.

Relatório	Descrição/Dimensionalidade
Colaboradores (*Headcount*)	Quantidade de colaboradores por área funcional: finanças e controladoria, tecnologia da informação, recursos humanos, vendas, pesquisa e desenvolvimento, compras, logística de recebimento, logística de expedição, logística de produção, qualidade, inspeção de qualidade e produção.
Custo de pessoal	a) Custos com pessoal incluindo encargos sociais por tipo de colaborador: diretos, indiretos, aprendizes, colaboradores emprestados. b) Custo de pessoal incluindo custos de demissão. c) Custo com horas extras. d) Percentual do total de custo de pessoal sobre as vendas. e) Percentual de absenteísmo. f) Percentual do *turnover* de colaboradores indiretos.

Assim, a implementação de um sistema global poderia facilitar a implementação dos *reports* de contabilidade gerencial e evitar a utilização de um sistema adicional para consolidação e *reporting*.

Considerações finais do estudo de caso

O estudo de caso demonstra o caminho natural que as empresas trilham ao estruturar o CSC, visando, em um primeiro momento, realizar a centralização de atividades que não fazem parte do *core business* das unidades de negócio em uma única localidade. Essa centralização proporciona um aumento de eficiência a atividades que eram realizadas em diferentes locais e processos.

Para que o CSC possa ir além da centralização de atividades, é necessário que haja um enfoque adicional na qualidade dos serviços prestados. A melhoria da qualidade percebida pelas unidades de negócio pode levar a uma maior eficiência dos processos e à confiança de que o CSC é o melhor modelo organizacional. Essa confiança pode acarretar a expansão das atividades no escopo do CSC, o que pode ser um diferencial para maior eficiência e abrangência de serviços.

O estudo de caso demonstra que a organização pesquisada vem buscando aprimorar os processos do CSC para que haja uma melhoria na qualidade percebida por parte das unidades de negócio. É possível notar essa preocupação pelo mapeamento realizado, no qual a administração indicou diversos pontos de melhoria que estão sendo considerados para os próximos passos de desenvolvimento do CSC. Dentre essas melhorias, destacam-se o aprimoramento dos critérios de rateio visando cobranças mais próximas ao valor de mercado, a implementação de práticas para melhoria contínua, como *lean six sigma*, a implementação de indicadores de desempenho chave e *service-level agreement*, um projeto de centralização e harmonização do ERP utilizado e a revisão do sistema de contabilidade gerencial existente.

Um ponto-chave evidenciado no estudo de caso é que o CSC deve estar alinhado à estratégia da organização, para que este possa ser percebido como um parceiro das unidades de negócio e uma estrutura que pode agregar valor ao produto e serviço final produzido pela organização. Assim, a organização é capaz de superar as dificuldades que passam pela aceitação das unidades de negócio em aumentar o escopo de serviços do CSC, mesmo que isso represente uma redução de seu poder dentro da organização devido à transferência de áreas estratégicas para o CSC, como a Controladoria.

5
Avaliação de desempenho

Realizar uma avaliação de desempenho significa vincular o resultado econômico de cada unidade de negócio ao gestor responsável por ela. O objetivo da avaliação de desempenho, por meio do resultado da área de responsabilidade de um gestor, é verificar se as metas delineadas no planejamento econômico da empresa e de suas unidades de negócio foram alcançadas.

Nesse sentido, a abordagem de avaliação de desempenho básica adotada em nosso trabalho é a avaliação econômica, por meio das demonstrações contábeis. Na avaliação de desempenho, contudo, além da mensuração econômica do resultado, poderão ser incorporadas outras metas complementares de interesse da empresa.

5.1. Conceitos para avaliação de desempenho

Qualquer modelo de avaliação de desempenho parte da premissa de que há parâmetros definidos anteriormente. A avaliação do desempenho pode ser feita considerando apenas um parâmetro ou um conjunto de parâmetros predefinidos. A utilização de vários parâmetros a serem considerados na avaliação do desempenho implica, necessariamente, definir critérios de como utilizar o conjunto de parâmetros.

Em linhas gerais, qualquer sistema de avaliação de desempenho deve partir de metas e resultados planejados. Dessa maneira, são elemento básico da avaliação de desempenho os instrumentos de projeção das operações para o próximo ano, bem como dos resultados orçados para o próximo ano. Em outras palavras, a base para parametrizar os critérios de avaliação de desempenho é o plano orçamentário.

Os conceitos que fundamentam a avaliação de desempenho são os conceitos de gestão econômica, ou seja, gestão baseada em resultados (lucro ou prejuízo) mensurados economicamente, quais sejam:

- o planejamento é necessário e indispensável;
- o lucro é a melhor medida da eficácia empresarial;
- os gestores das áreas de negócio são responsáveis pela geração do lucro;
- o lucro é maior ou menor segundo o grau de competência dos gestores;
- todos os empreendimentos empresariais são investimentos e assumem riscos;
- todo investimento tem objetivo de lucro e retorno financeiro do investimento;
- todo investimento é financiado por alguma fonte de capital;
- o lucro gerado deve provocar o aumento do valor do negócio.

Os critérios básicos de mensuração dos resultados e da avaliação de desempenho são:

- o lucro básico é gerado pela venda dos produtos e serviços;
- o resultado da unidade de negócio é a margem de contribuição total de todos os produtos e serviços vendidos no período, menos os gastos fixos da unidade de negócio;
- os resultados financeiros devem ser separados dos resultados operacionais;
- os resultados operacionais devem ser avaliados na condição de pagamento ou recebimento à vista;
- os preços de transferência a serem adotados para as transferências entre as unidades de negócio devem ser baseados no mercado;
- o modelo básico de mensuração para avaliação de desempenho é o retorno do investimento (ROI – *Return on Investment*);
- Deve-se incorporar o conceito de custo de oportunidade.

Podemos resumir o conceito de custo de oportunidade nos seguintes aspectos:

- todas as atividades e unidades de negócio devem ser avaliadas pelo mercado, que representa o custo de oportunidade de manter determinada atividade;
- fundamentalmente, isso é explicado em dois conceitos de custo de oportunidade:
  1. preço de mercado e preço de transferência baseado no preço de mercado, para avaliação dos estoques e produtos finais, e dos produtos e serviços produzidos pelas atividades internas;
  2. custo de oportunidade financeiro, para mensurar e avaliar o aspecto financeiro das atividades e do custo de oportunidade dos acionistas, fornecedores de capital à empresa e às atividades;
- o custo de oportunidade dos acionistas é o lucro mínimo que eles deveriam receber para justificar seu investimento (seu custo de oportunidade, a preço de mercado).

Esses conceitos devem ser os fundamentos para a definição e estruturação dos critérios ou metodologias de avaliação de desempenho dos gestores. A linha básica é o retorno do investimento, pelo confronto do lucro operacional com os ativos à disposição das unidades de negócio. Os principais critérios de mensuração da avaliação do desempenho estão apresentados a seguir.

5.2. Elementos econômicos para avaliação do desempenho

Os elementos econômicos para avaliação de desempenho são extraídos das demonstrações contábeis básicas, a demonstração do resultado do período e o balanço patrimonial. O modelo básico para concluir a avaliação de desempenho dos gestores é a rentabilidade, o retorno do investimento.

A Tabela 5.1 mostra o modelo de demonstração de resultado a ser adotado para esse processo, indicando a responsabilidade em termos de gestão sobre os elementos de despesa e receita e, consequentemente, resultados.

Tabela 5.1. Demonstração do resultado do período.

Discriminação	$	Responsabilidade
Receita líquida dos produtos e serviços	7.500.000	Unidade de negócio
(–) Custos variáveis e diretos	-3.825.000	Unidade de negócio
= Margem de contribuição dos produtos e serviços	3.675.000	Unidade de negócio
(–) Custos e despesas fixas operacionais	-3.400.000	Unidade de negócio
= Lucro operacional	275.000	Unidade de negócio
(+) Receitas financeiras	20.000	Resultados financeiros
(–) Despesas financeiras	160.000	Resultados financeiros
= Lucro antes dos tributos sobre o lucro	455.000	Presidência da empresa
(–) Tributos sobre o lucro	-145.600	Áreas de negócio
= Lucro líquido do período	309.400	Presidência da empresa

As unidades de negócio devem ser responsabilizadas, unicamente, pela receita de venda dos produtos e serviços de sua unidade, seus custos diretos, margem de contribuição de cada produto ou serviço, bem como margem de contribuição total de sua unidade, e custos indiretos/fixos e despesas diretas de sua unidade. Isso porque a responsabilidade do gestor das unidades de negócio operacionais só tem ação efetiva sobre os elementos que compõem o resultado operacional da unidade.

Em hipótese nenhuma é recomendado responsabilizar os gestores da unidade de negócio pelos resultados financeiros – e muito menos pelo fluxo de caixa geral da companhia. O fluxo de caixa gerado pelas unidades de negócio decorre do lucro operacional; portanto, basta a responsabilidade pelo lucro operacional.

Os resultados financeiros devem ser avaliados separadamente com a criação do centro de resultado específico para apurar todos os efeitos da gestão financeira da companhia, o qual pode ser denominado *resultados financeiros*, *tesouraria* ou *banco interno*. Essa é uma responsabilidade da alta administração da companhia (presidência), que, eventualmente, pode delegá-la para o gerente, diretor ou vice-presidente administrativo financeiro (conhecido internacionalmente como CFO (*Chief Financial Officer*).

Com relação aos tributos sobre o lucro (imposto de renda), a empresa deverá decidir o modelo que quer adotar. Ela pode optar por avaliar o desempenho dos gestores da unidade de negócio até o lucro operacional, desconsiderando os tributos sobre o lucro, ou pode avaliá-lo pelo lucro operacional menos os tributos sobre o lucro. Nesse caso, haverá a necessidade de estruturar uma metodologia que consiga apurar com a maior acurácia possível as parcelas dos tributos sobre o lucro que foram, de fato, geradas pelo lucro operacional específico de cada unidade de negócio.

Os itens lucro antes dos tributos sobre o lucro e lucro líquido do período são, claramente, de responsabilidade da alta administração da companhia, porque contêm os resultados financeiros e os resultados operacionais, além dos tributos sobre o lucro. A presidência da empresa sempre será a responsável pelo lucro líquido do período.

Hierarquia de responsabilidade dentro das unidades de negócio

É comum que as unidades de negócio contenham subunidades ou sejam desdobradas em segmentos que têm responsabilidade atribuída sobre receitas e custos. Por exemplo, uma unidade de negócios de prestação de serviços de *call center* pode ter várias subunidades que trabalham com serviços ou clientes diferentes, merecendo desdobramento das responsabilidades.

Tabela 5.1a. Demonstração do resultado do período.

Discriminação	$	Responsabilidade
Receita líquida dos produtos e serviços	7.500.000	Supervisor ou gerente da subunidade
(–) Custos variáveis e diretos	-3.825.000	Supervisor ou gerente da subunidade
= Margem de contribuição dos produtos e serviços	3.675.000	Supervisor ou gerente da subunidade
(–) Custos e despesas fixas operacionais	-3.070.000	Gerente ou diretor da unidade de negócio
= Lucro operacional	605.000	Gerente ou diretor da unidade de negócio
(+) Receitas financeiras	20.000	Resultados financeiros
(–) Despesas financeiras	-160.000	Resultados financeiros
= Lucro antes dos tributos sobre o lucro	465.000	Presidência da empresa
(–) Tributos sobre o lucro	-148.800	Áreas de negócio
= Lucro líquido do período	316.200	Presidência da empresa

No exemplo da Tabela 5.1a, a responsabilidade do supervisor ou gerente da subunidade fica restrita à mensuração da margem de contribuição, não sendo responsabilizado pelas áreas de apoio onde estão os custos e as despesas fixas operacionais dos departamentos de apoio de todas as subunidades, cuja responsabilidade ficará unicamente para o gerente ou diretor da unidade de negócio como um todo.

Investimentos das áreas de negócio

Para que a avaliação de desempenho se caracterize como definitiva, é necessário confrontar o lucro do período com os investimentos realizados. Os investimentos realizados constam do balanço patrimonial da companhia. A configuração do investimento das unidades de negócio será obtida pela modificação do formato contábil do balanço patrimonial para um novo formato, que denominamos *formato financeiro* ou *gerencial.* A Tabela 5.2 mostra o balanço patrimonial resumido nos seus principais elementos dentro do formato financeiro.

Tabela 5.2. Investimento no balanço patrimonial.

Responsabilidade	Ativo	Passivo	Responsabilidade
	Capital de giro	Capital de terceiros	
Unidade de negócio	$1.800.000	$1.500.000	Resultados financeiros
	Ativo fixo	Capital próprio	
Unidade de negócio	$ 2.500.000	$ 2.800.000	Presidência da empresa
Unidade de negócio	$4.300.000	$4.300.000	Presidência da empresa

No ativo, o capital de giro a ser considerado é o capital de giro próprio, que é o valor resultante dos ativos circulantes operacionais menos os passivos circulantes operacionais, mais eventuais itens de longo prazo ligados ao giro da operação. Portanto, o capital de giro não contempla elementos de tesouraria, quais sejam, aplicações financeiras e obrigações do capital de terceiros. O capital de giro próprio também é denominado *necessidade líquida de capital de giro* (NLCG), como mostra a Tabela 5.3.

Tabela 5.3. Composição básica do capital de giro.

Elementos do capital de giro	Saldo do balanço patrimonial – $	
	Ano 0	**Ano 1**
Contas a receber de clientes	1.233.750	1.312.500
Estoques de materiais, em andamento, acabados	918.850	977.500
Adiantamentos a fornecedores	77.080	82.000
Outros realizáveis operacionais	9.400	10.000
Despesas antecipadas	4.700	5.000
(–) Contas a pagar a fornecedores	-159.800	-170.000
(–) Salários e encargos a pagar	-79.900	-85.000
(–) Tributos a recolher	-291.400	-310.000
(–) Adiantamentos de clientes	-14.100	-15.000
(–) Outras obrigações operacionais	-6.580	-7.000
= Necessidade líquida de capital de giro	1.692.000	1.800.000

O ativo fixo do balanço no formato financeiro corresponde aos valores do imobilizado e do intangível, líquidos das depreciações e amortizações, de cada unidade de negócio.

Capital de terceiros e capital próprio

O capital de terceiros compreende os elementos de tesouraria, financiamentos bancários, títulos de dívida etc., deduzidos dos valores mantidos como aplicações financeiras ou outros investimentos caracterizados como aplicações de excedentes financeiros, conforme mostra a Tabela 5.4.

Tabela 5.4. Composição do capital de terceiros.

Empréstimos e financiamentos de curto prazo	500.000
Empréstimos e financiamentos de longo prazo	1.400.000
(–) Aplicações financeiras	-400.000
= Capital de terceiros	1.500.000

O objetivo de reduzir o valor das aplicações financeiras do valor dos empréstimos e financiamentos tem como referência a teoria de que não faz sentido a empresa ter dívidas financeiras e ao mesmo tempo aplicar dinheiro no mercado financeiro. A teoria tem como base os rendimentos: as aplicações financeiras rendem sempre menos do que o custo dos empréstimos e dívidas financeiras. Assim, emprestar e, ao mesmo tempo, aplicar, provoca queda da rentabilidade do capital próprio, pois se pagará, proporcionalmente, mais juros pelo endividamento do que será recebido de rendimento das aplicações financeiras.

Em nosso país, existe a possibilidade de *refinanciamento dos tributos* devidos à Receita Federal do Brasil. Essa possibilidade inclui também os diversos programas de refinanciamento de dívidas tributárias, objeto de vários diplomas legais expedidos pelo governo federal. Em nosso entendimento, esse tipo de passivo não deve ser considerado como fonte de financiamento de capital, mas sim como apenas um endividamento decorrente de um legado de má administração financeira da companhia.

O capital próprio é representado na contabilidade pela figura do patrimônio líquido contábil, que, em essência, é composto do capital social integralizado mais os lucros acumulados retidos e não distribuídos. Em nosso país, as reservas fazem parte do valor do patrimônio líquido, que, conceitualmente, não deixam de ser, de alguma forma, também lucros não distribuídos. Assim, o valor do capital próprio já está mensurado pelos princípios contábeis e consta do balanço patrimonial.

Tabela 5.5. Composição contábil do capital próprio.

Capital social integralizado	2.000.000
Reservas contábeis	500.000
Lucros acumulados (retidos) não distribuídos	300.000
= Capital próprio	2.800.000

É possível, contudo, que o valor do patrimônio líquido contábil não reflita razoavelmente o valor do investimento dos sócios e acionistas. De modo geral, isso pode acontecer por várias razões, como:

- há elementos de ativo que podem estar subvalorizados no ativo da empresa, por força dos princípios contábeis adotados. Por exemplo, os imóveis da empresa podem estar subavaliados em relação ao preço de mercado, assim como alguns itens do estoque de materiais etc.;
- ao longo da vida da empresa, esta conseguiu desenvolver ativos intangíveis de valor de venda no mercado, não reconhecidos na contabilidade, também por força dos princípios contábeis adotados.

Intangíveis reconhecidos de valor econômico, como marca, *know-how*, localização e carteira de clientes, provavelmente não estão registrados na contabilidade.

Possibilidades como essas farão que o capital próprio contábil não reflita adequadamente o valor da empresa que cabe aos sócios e acionistas. Nesse sentido, quando isso está claro, é aceitável e até recomendável adotar o valor do capital próprio considerando um valor gerencial e não o valor contábil, como pode ser visto na Tabela 5.6.

Tabela 5.6. Composição gerencial do capital próprio.

Capital social integralizado	2.000.000
Reservas contábeis	500.000
Lucros acumulados (retidos) não distribuídos	300.000
Ativos subavaliados e *goodwill* gerado internamente	400.000
= Capital próprio	3.200.000

Os ativos intangíveis não reconhecidos na contabilidade têm a denominação genérica de *goodwill gerado internamente* e representam o valor do conjunto de intangíveis que se julga que a empresa tem. Para mensurar o *goodwill*, a metodologia recomendada é o processo de *valuation*, nome que se utiliza para o processo de avaliação do valor da empresa. A metodologia mais recomendada para o processo de *valuation* é o fluxo de caixa descontado[1].

Caso a empresa adote o conceito de capital próprio gerencial, o valor adicionado ao capital próprio no processo de avaliação de desempenho deve, também, adicionar o mesmo valor ao valor do ativo fixo no ativo do balanço patrimonial dentro do formato financeiro.

[1] Ver, por exemplo, DAMODARAN, Aswath. *Avaliação de Empresas*. 2.ª Ed., São Paulo, Pearson Prentice Hall, 2007, ou CAVALCANTE, MARTELANC e PASIN. *Avaliação de empresas*. São Paulo, Pearson, 2005.

Ativos financeiros

Há também a possibilidade de a empresa, em vez de ter capital de terceiros, ter ativos financeiros líquidos. Essa possibilidade ocorre quando o valor dos instrumentos financeiros aplicados no mercado financeiro para renda é superior ao valor dos empréstimos e dívidas financeiras. Essa estrutura caracteriza também que se trata de um valor não indispensável para as necessidades de recursos para as operações, conforme exemplo na Tabela 5.7.

Tabela 5.7. Composição do ativo financeiro líquido.

Instrumentos financeiros de aplicações para renda	900.000
(–) Empréstimos e financiamentos de curto prazo	-300.000
(–) Empréstimos e financiamentos de longo prazo	-200.000
= Ativos financeiros	400.000

A existência de ativos financeiros exclui a existência gerencial de capital de terceiros, restando, como única fonte de recurso para financiar os ativos, o valor do capital próprio. Isso implica adaptação do balanço patrimonial no formato gerencial financeiro, conforme mostra a Tabela 5.8.

Tabela 5.8. Investimento no balanço patrimonial com ativos financeiros líquidos.

Responsabilidade	Ativo	Passivo	Responsabilidade
	Ativos financeiros		
Resultados financeiros	$400.000		
	Capital de giro	Capital próprio	
Unidade de negócio	$1.800.000		
	Ativo fixo	$ 4.700.000	Presidência da empresa
Unidade de negócio	$ 2.500.000		
Presidência da empresa	$4.700.000	$4.700.000	Presidência da empresa

Essa estrutura de ativos e passivos determina uma adaptação na análise de rentabilidade da empresa, uma vez que esta terá dois conjuntos de ativos que merecem rentabilidade: a) os ativos fixos e o capital de giro, que são ativos operacionais; b) os ativos financeiros líquidos.

Também em decorrência dessa estrutura não haverá a mensuração do custo do capital de terceiros, que será substituída pela mensuração da rentabilidade dos ativos financeiros. A responsabilidade sobre o resultado dos ativos financeiros será do gestor designado para gerir a unidade de negócio de resultados financeiros.

Mensuração do retorno do investimento

O retorno do investimento, sob qualquer ótica, é a confrontação do resultado obtido no período (lucro ou prejuízo) com o valor do investimento do início do período. O critério mundial de análise da rentabilidade é a rentabilidade anual, partindo do lucro do exercício.

Há uma discussão a respeito do valor do investimento a ser adotado na fórmula, se deve ser o valor do investimento inicial, o final ou o valor médio do ano. Em linhas gerais, entendemos que o adequado é o valor do investimento inicial, uma vez que o conceito de retorno do investimento é o resultado obtido após um ano de atividades sobre o valor do investimento inicial feito.

Contudo, é absolutamente normal que a empresa faça investimentos, tanto em capital de giro quanto em ativos fixos, durante o ano. Caso sejam valores relevantes no ano e que tenham relação imediata com novos lucros, poderia ser feita uma ponderação. De forma geral, isso é dispensável, uma vez que os acréscimos de investimentos no período tendem a ter relação mais próxima com os exercícios futuros.

Esse mesmo tipo de raciocínio deve ser empregado para o valor do capital próprio, que segue, em linhas gerais, o valor do capital próprio do início do período. Caso haja variações do capital próprio no período – novas entradas ou redução do capital social –, poderá ser adotado o critério de ponderação, desde que sejam valores relevantes.

A Tabela 5.9 mostra o modelo básico de retorno do investimento de uma unidade de negócio, tendo como base o lucro operacional e o ativo total da unidade de negócio.

Tabela 5.9. Avaliação do desempenho da unidade de negócio.

Lucro operacional do período antes do IR (a)	605.000
Ativos da divisão (b)	4.300.000
Rentabilidade do investimento (a/b)	14,1%

O retorno do investimento da unidade de negócio no período foi de 14,1%. Esse percentual deverá ser confrontado com o percentual que foi definido no plano orçamentário da unidade de negócio.

O retorno do investimento do sócio ou acionista, os donos do capital próprio, é a confrontação do lucro líquido do período com o valor do capital próprio, conforme exemplo da Tabela 5.10.

Tabela 5.10. Avaliação do desempenho do capital próprio.

Lucro líquido do período (a)	316.200
Capital próprio (b)	2.800.000
Rentabilidade do sócio/acionista (a/b)	11,3%

Esses modelos de avaliação de desempenho por resultados econômicos serão expandidos neste capítulo nos próximos tópicos.

Rentabilidade do investimento e parâmetros de custo de oportunidade

A avaliação final do desempenho das unidades de negócio por meio do retorno do investimento se dá pela conclusão da aceitação do retorno obtido, como bom ou não, em relação a algum parâmetro referencial.

O primeiro parâmetro referencial é o retorno do investimento previsto no plano orçamentário. Alcançado ou superado, será qualificado como bom, muito bom ou ótimo. Não alcançado poderá ser qualificado como ruim, fraco, regular ou aceitável, dependendo dos critérios que tenham sido estipulados pela empresa no conjunto da definição das metas para os gestores de cada unidade de negócio.

Para a definição dos parâmetros a serem utilizados no modelo de gestão das unidades de negócio, a empresa poderá se valer de outros parâmetros referenciais, tais como:

a) rendimento médio das aplicações financeiras no mercado financeiro adicionando algum percentual para representar o risco das operações;
b) custo financeiro médio do capital de terceiros que a empresa captou, adicionando algum percentual para representar o risco das operações;

c) retorno do investimento médio das empresas do setor de atuação;
d) retorno do investimento médio das maiores empresas brasileiras;
e) retorno do investimento médio do mercado acionário;
f) retorno do investimento específico e desejado pelos detentores do capital próprio etc.

Em linhas gerais, em âmbito mundial, as empresas trabalham com retornos esperados entre 12% e 15%, sendo que algumas empresas admitem determinados objetivos ao redor de 10% a.a. Assim, referenciais médios mundiais estão nas seguintes faixas:

- de 10% a 12% a.a. – rentabilidade mínima e normal;
- de 12% a 15% a.a. – rentabilidade considerada muito boa;
- acima de 15% a.a. – rentabilidade considerada excelente.

Essas rentabilidades são fruto de estatísticas de rendimento das principais bolsas de valores do mundo das últimas décadas, bem como da rentabilidade das maiores empresas brasileiras nas duas últimas décadas[2].

Ativos de utilização conjunta

De modo geral, há condições objetivas de obter resultado, receitas e despesas específicos de cada unidade de negócio. O atual conjunto de tecnologia de informação à disposição das empresas permite a acumulação de dados específicos de cada unidade de negócio com grande grau de acurácia.

Por outro lado, em muitas empresas as diversas unidades de negócio compartilham ativos fixos em conjunto, como terrenos, prédios e edificações, instalações de uso comum (laboratórios, centros de pesquisa e desenvolvimento, restaurantes, áreas de lazer, parques e jardins, benfeitorias etc.), alguns equipamentos de valor relevante etc.

Dessa maneira, pode haver alguma dificuldade na identificação dos ativos específicos de cada divisão. De modo geral, os elementos do capital

[2] Ver DAMODARAN, Aswath. *Avaliação de Empresas*. 2ª. Ed., São Paulo, Pearson Prentice Hall, 2007, e Revista EXAME, Maiores e Melhores, Cadernos anuais.

de giro de cada unidade de negócio também permitem a identificação especificada com bom grau de acurácia. Novamente, a questão pode estar localizada na identificação dos ativos fixos específicos de cada unidade de negócio, uma vez que os imobilizados operacionais, como a maior parte dos equipamentos fabris e de logística, tendem a ser identificados com facilidade pelo sistema contábil de controle patrimonial. A Tabela 5.11 mostra um exemplo hipotético dessa situação, considerando a premissa de que ambas as unidades de negócio conseguem o mesmo retorno do investimento.

Tabela 5.11. Investimento e rentabilidade por unidade de negócio.

	Unidade de Negócio 1	Unidade de Negócio 2	Utilização conjunta	Total
Ativos da divisão				
Capital de giro	1.000.000	800.000	0	1.800.000
Ativo fixo	1.200.000	1.000.000	300.000	2.500.000
Soma (a)	2.200.000	1.800.000	300.000	4.300.000
Lucro operacional (b)	332.800	272.200	0	605.000
Retorno do investimento (b/a)	15,1%	15,1%	0,0%	14,1%

Verifica-se que o retorno do investimento do total da empresa de 14,1% é inferior ao retorno das unidades de negócio, de 15,1%, uma vez que há ativos de utilização conjunta.

Um caminho possível (e não recomendado) é ratear, por algum critério, os ativos fixos de utilização conjunta. Provavelmente o caminho mais adequado é fazer o estudo preliminar, comparando o retorno do investimento do total da empresa com o retorno do investimento de cada unidade de negócio, exigindo um percentual adicional de retorno do investimento específico de cada unidade de negócio, somando esse percentual adicional com o percentual do retorno médio esperado para o total da empresa.

Assim, cada unidade de negócio terá como meta um percentual adicionado de retorno de investimento com seus ativos específicos, para cobrir o retorno necessário sobre os ativos de utilização conjunta.

5.3. Avaliação pelo resultado operacional e retorno do investimento

Esse modelo de avaliação é o modelo básico. Os gestores das unidades de negócio só podem ser responsabilizados pelo resultado das operações que administram, e não por outros resultados não operacionais, como os custos financeiros das dívidas de capital de terceiros.

A empresa pode utilizar o conceito de lucro operacional bruto, sem desconto dos tributos sobre o lucro, como mostra a Tabela 5.12.

Tabela 5.12. Avaliação pelo lucro operacional bruto.

	Unidade de Negócio 1	Unidade de Negócio 2	Total
Ativos da divisão			
Capital de giro	1.000.000	800.000	1.800.000
Ativo fixo	1.200.000	1.000.000	2.200.000
Soma (a)	2.200.000	1.800.000	4.000.000
Lucro operacional bruto (b)	332.800	272.200	605.000
Retorno do investimento (b/a)	15,1%	15,1%	15,1%

Considerando esse critério, as metas de retorno também devem ser alinhadas segundo esse conceito, e os percentuais de retorno desejados devem ser suficientes para cobrir o impacto dos tributos sobre o lucro, para comparação com o retorno do investimento do capital próprio.

Resultado operacional líquido dos tributos sobre o lucro

Consideramos este o modelo mais adequado, uma vez que se alinha com a mensuração do retorno do investimento do capital próprio dos sócios ou acionistas, cujo numerador natural é o lucro líquido após os tributos sobre o lucro.

Como os resultados não operacionais – os resultados financeiros – também sofrem incidência dos tributos sobre o lucro, nos regimes de tributação do lucro real e do lucro presumido (no regime Simples, os tributos são sobre a receita bruta), há necessidade de adotar um critério para distribuição dos tributos sobre o lucro, separando a parte proporcional dos tributos sobre o lucro sobre os resultados operacionais da parte dos tributos sobre o lucro sobre os demais resultados (normalmente, os resultados financeiros). A Tabela 5.13 mostra um exemplo da aplicação do critério de alocação dos tributos sobre o lucro, considerando o critério de alíquota média.

Tabela 5.13. Avaliação pelo lucro operacional líquido dos tributos sobre o lucro.

	Unidade de Negócio 1	Unidade de Negócio 2	Resultados financeiros	Total
Lucro antes dos tributos (a)				465.000
Tributos sobre o lucro (b)				148.800
Alíquota média (c = b/a)				32,0%
Lucro antes dos tributos por área de negócio (d)	332.800	272.200	-140.000	465.000
Alocação dos tributos sobre o lucro (e = d × c)	106.496	87.104	-44.800	148.800
Lucro líquido dos tributos sobre o lucro (f = d − e)	226.304	185.096	-95.200	316.200
Ativos da divisão				
Capital de giro	1.000.000	800.000	0	1.800.000
Ativo fixo	1.200.000	1.000.000	0	2.200.000
Soma (g)	2.200.000	1.800.000	0	4.000.000
Lucro operacional líquido dos tributos sobre o lucro (h)	226.304	185.096	-95.200	316.200
Retorno do investimento (h/g)	10,3%	10,3%	0,0%	0,0%

Nesse exemplo, não entramos na discussão de eventuais ativos da área de negócio resultados financeiros, tema que será trabalhado no Capítulo 6.

Resultado operacional líquido dos tributos sobre o lucro com alíquotas diferenciadas

Tendo em vista a complexidade do sistema tributário brasileiro, também sobre os tributos sobre o lucro, é possível que, para algumas empresas, haja a necessidade de um aprofundamento do critério de alocação dos tributos sobre o lucro para obter o lucro operacional líquido desses tributos. Em linhas gerais, os principais elementos que podem tornar diferentes as alíquotas de tributos sobre o lucro das diversas unidades de negócio são:

a) unidades de negócio tributadas pelo lucro real e unidades de negócio tributadas sobre o lucro presumido;
b) unidades de negócio que têm, continuadamente em todos os exercícios tributários, adições ou exclusões permanentes para apuração do lucro real tributário.

Uma das exclusões que podem ser permanentes e apresentar valores relevantes é o incentivo fiscal de gastos com pesquisa e desenvolvimento, quando a empresa pode excluir, adicionalmente, de 60% a 80% dos gastos efetuados com pesquisa e desenvolvimento (P&D) já contabilizados como despesa.

A Tabela 5.14 mostra um exemplo hipotético, considerando uma uni dade de negócio tributada pelo lucro presumido e outra unidade de negócio tributada pelo lucro real, e que tenha a possibilidade de exclusão de gastos com pesquisa e desenvolvimento.

Tabela 5.14. Avaliação pelo lucro operacional líquido dos tributos sobre o lucro – alíquotas diferenciadas.

	Unidade de Negócio 1	Unidade de Negócio 2	Resultados financeiros	Total
	Lucro real com P&D	Lucro presumido		
Receita tributável	0	3.500.000	0	
Lucro antes dos tributos por área de negócio (a)	332.800	272.200	-140.000	465.000
(-) Exclusão de incentivo fiscal de P&D (b)	-35.153	-	-	
= Lucro real tributável (c = a – b)	297.647	280.000	-140.000	437.647
Alíquota de tributos sobre o lucro (d)	34%	34,0%	34,0%	
Tributos sobre o lucro (e = c × d)	101.200	95.200	-47.600	148.800
Lucro operacional líquido dos tributos sobre o lucro (f = a – e)	231.600	177.000	-92.400	316.200
Ativos da divisão				
Capital de giro	1.000.000	800.000	0	1.800.000
Ativo fixo	1.200.000	1.000.000	0	2.200.000
Soma (g)	2.200.000	1.800.000	0	4.000.000
Lucro operacional líquido dos tributos sobre o lucro (h)	231.600	177.000	-92.400	316.200
Retorno do investimento (h/g)	10,5%	9,8%	0,0%	0,0%

A Unidade de Negócio 1 é tributada pelo lucro real mas tem a exclusão de gastos com P&D; portanto, seu lucro real tributável é inferior ao lucro contábil. Aplicando a alíquota de 34%[3], a alíquota nominal em nosso país, temos o tributo devido de $ 101.200.

---

[3] Nominalmente, no Brasil, temos 15% de imposto de renda, mais um adicional de 10% sobre o lucro tributável anual que exceda o valor de $ 240.000, mais 9% de contribuição social sobre o lucro líquido.

Para a Unidade de Negócio 2, arbitramos uma receita tributável para o lucro presumido de $ 3.500.000. Nesse regime tributário, arbitra-se a base tributável dos tributos sobre o lucro sobre a receia operacional bruta, mas, neste exemplo, não entramos na discussão de receita bruta ou líquida. A alíquota comum que dá a presunção da base tributável para o lucro presumido, para a maioria das empresas comerciais e industriais, é 8%. Assim, no exemplo, obteve-se a base de tributação de $ 280.000, superior ao lucro contábil da Unidade de Negócio 2.

Os resultados financeiros são tributados normalmente em qualquer regime tributário, pelas alíquotas nominais dos tributos sobre o lucro; ou seja, independentemente de a empresa estar sob o regime de lucro real ou sob o regime de lucro presumido, as receitas financeiras são tributáveis. Em nosso exemplo, hipoteticamente, consideramos os resultados financeiros sob o regime de lucro real.

Comparando o retorno do investimento da Tabela 5.14 com o retorno do investimento da Tabela 5.13, o retorno do investimento da Unidade de Negócio 1, com alíquota diferenciada, é superior, e o da Unidade de Negócio 2, com alíquota diferenciada, é inferior.

5.4. Avaliação pelo EBITDA[4]

A tradução do EBITDA é *lucro antes dos juros, tributos sobre o lucro, depreciações e amortizações*. A avaliação desenvolvida no item anterior, pelo lucro operacional, é abreviada em inglês em EBIT (*Earnings Before Interest and Taxes*). Assim, o EBIT corresponde, em português, ao lucro operacional.

A característica mais importante do EBITDA é que esse modelo de avaliação de desempenho desconsidera, como despesas ou custo da unidade de negócio operacional, o valor das depreciações do ativo imobilizado e as amortizações do ativo intangível e, caso haja ativos exauríveis, a exaustão de recursos naturais operacionais utilizados pelas unidades de negócio.

---

[4] Abreviação do inglês *Earnings Before Interest, Taxes, Depreciation and Amortization.*

Apesar de ser um modelo utilizado por muitas empresas, inclusive multinacionais[5], nosso entendimento é que esse modelo carece de substância científica e gerencial e, portanto, *não deve ser utilizado*[6], como demonstraremos a seguir.

Objetivamente, a mensuração do EBITDA consiste no lucro operacional mais os valores de depreciação, amortização e exaustão do período, conforme representado no Quadro 5.1.

Quadro 5.1. Mensuração do EBITDA.

Lucro operacional
(+) Depreciações do período
(+) Amortizações do período
(+) Exaustões do período
= EBITDA

Em síntese, o valor do EBITDA é sempre superior ao valor do lucro operacional. Ao desconsiderar a depreciação, amortização e exaustão como gasto, apresenta um valor de lucro sempre maior que o lucro operacional.

Lucro operacional ou EBITDA ajustado

O EBITDA não deixa de ser uma variação do lucro operacional. Tendo como referência essas duas mensurações de lucro como avaliação de desempenho e também como possibilidade de utilizar esse referencial para a remuneração variável ou bônus adicional, é comum que empresas façam alguns ajustes para parametrizar esses procedimentos.

Alguns desses ajustes são específicos da própria empresa, e outros têm como referência conceitos de mensuração decorrentes das práticas contábeis obrigatórias, mas que podem enviesar o processo de avaliação de desempenho e base para remuneração variável ou adicional. Exemplos são:

---

[5] Uma pesquisa de 2018 da PWC demonstrou que o EBITDA é o principal indicador financeiro e o segundo critério mais utilizado para pagamento de remuneração variável a executivos, ficando atrás da avaliação individual de desempenho (João Lins; Malvessi, 2018).

[6] Ver exposição mais aprofundada sobre essa questão em Padoveze, Clóvis Luís. *Mitos e Lendas em Finanças*. São Paulo, Actual, 2020.

- avaliação a valor justo de ativos biológicos;
- avaliação a valor justo de propriedades para investimento;
- falta de contabilização dos aluguéis de imóveis e equipamentos em função do CPC 06 (Arrendamento mercantil), que os transforma em depreciação e encargos financeiros de direitos de uso e obrigações de direito de uso;
- ajuste por provisões de desvalorização de ativos (*impairment*);
- diferença de valores dos critérios fiscais e contábeis de depreciação etc.

De modo geral, há uma lógica empresarial para fazer esses ajustes, uma vez que essas práticas contábeis introduzem conceitos de mensuração não realizados, tanto pelo regime de competência quanto pelo regime de caixa, sendo os valores contábeis descolados da efetivação em caixa.

EBITDA pode distorcer a avaliação do desempenho econômico dos gestores internos

A Tabela 5.15 mostra um exemplo numérico de como a adoção do EBITDA pode distorcer significativamente a mensuração do resultado para a avaliação do desempenho dos gestores das unidades de negócio.

Tabela 5.15. Avaliação pelo EBITDA e margem EBITDA.

	Unidade de Negócio 1	Unidade de Negócio 2	Avaliação básica
Ativos da divisão			
Capital de giro	1.000.000	800.000	
Ativo fixo	1.600.000	600.000	
Soma (a)	2.600.000	1.400.000	Unidade 1 necessitou mais investimento que a Unidade 2
Receita operacional líquida (b)	**4.000.000**	**3.500.000**	Unidade 1 fatura mais que a Unidade 2
Lucro operacional bruto (c)	302.500	302.500	Desempenho similar em montante de lucro
(+) Depreciações (d)	320.000	120.000	Depreciação da Unidade 1 maior que a da Unidade 2
EBITDA (e = c – d)	**622.500**	**422.500**	*EBITDA da Unidade 1 maior que o da Unidade 2!*
Margem de lucro			
Pelo lucro operacional bruto (c/b)	7,6%	8,6%	Margem operacional da Unidade 2 melhor que o da Unidade 1
Pelo EBITDA (e/b)	15,6%	12,1%	*Margem EBITDA da Unidade 1 melhor que o da Unidade 2 !*
Retorno do investimento (ROI)			
Pelo lucro operacional bruto (c/a)	11,6%	21,6%	*Rentabilidade da Unidade 2 muito superior à da Unidade 1*
Remuneração variável – 1%			
Sobre o lucro operacional bruto	3.025	3.025	Remuneração similar para os dois gestores
Sobre o EBITDA	6.225	4.225	Remuneração do gestor da Unidade 1 muito superior à do gestor da Unidade 2

Verifica-se que o montante do lucro operacional bruto das duas unidades de negócio é similar, mesmo que a receita líquida e o investimento da Unidade 1 sejam maiores.

Pelo fato de a Unidade de Negócio 1 ter mais ativos fixos, ela gera mais depreciação contábil. Assim, o valor da depreciação da Unidade de Negócio 1 é maior que o valor da depreciação da Unidade de Negócio 2. Assim, ao somar o valor da depreciação com o valor do lucro operacional, tem-se montantes de EBITDAs bem diferentes.

O montante do EBITDA da Unidade de Negócio 1 é bem superior ao montante do EBITDA da Unidade de Negócio 2. Supondo que a remuneração variável seja de 1% do montante do EBITDA, o gestor da Unidade 1 será extremamente beneficiado, comparando com a remuneração variável que deveria ser obtida pelo lucro operacional bruto.

Tendo como referência a margem de lucro sobre a receita líquida, a margem operacional da Unidade 2 é superior à da Unidade 1. Contudo, ao considerar o EBITDA, acontece o inverso: a margem EBITDA da Unidade 1 fica bem superior à margem EBITDA da Unidade 2, *distorcendo* totalmente a análise de lucratividade.

Fica claro que a utilização do EBITDA para avaliação do desempenho dos gestores é um erro, uma vez que despreza o valor da depreciação, que é uma despesa operacional necessária, como qualquer outro gasto operacional.

EBITDA, valor do investimento, depreciação e caixa

Ao desprezar a depreciação como custo ou despesa, o modelo EBITDA despreza, automaticamente, o elemento mais importante de um empreendimento com fins lucrativos: o valor do investimento.

Parte significativa do investimento para muitas empresas é a depreciação do imobilizado, principalmente nos setores industriais. Como o EBITDA não trata a depreciação nem como custo nem como despesa, deixa de considerar um elemento de gasto na avaliação da lucratividade e da rentabilidade, o que é incorreto.

Outro argumento para utilização do EBITDA, também equivocado, é que a depreciação é uma despesa contábil que não tem efeito no caixa. Esse argumento é por demais simplista. A depreciação é apenas um critério contábil de alocar na apuração do lucro o valor investido nos ativos fixos de vida útil superior a um ano.

Obviamente, houve saída de caixa para a aquisição dos ativos fixos. De forma igualmente natural, quando da reposição necessária de cada ativo fixo depreciável, haverá novamente saída de caixa. Portanto, a depreciação tem efeito no caixa como qualquer outro gasto da empresa. A diferença é apenas temporal:na aquisição do ativo fixo, o dinheiro sai antes.

5.5. Avaliação pelo retorno do investimento pelo Método Dupont

A avaliação do desempenho pelo Método Dupont[7] é um desdobramento da avaliação de desempenho pelo lucro operacional e retorno do investimento. Nesse modelo, além do número final da mensuração do retorno do investimento, a avaliação também compreende o desdobramento considerando a margem de lucro operacional e o giro do investimento. A Figura 5.1 mostra esse desdobramento de análise do retorno do investimento.

Figura 5.1. Desdobramento do retorno do investimento – Método Dupont.

Retorno do investimento	=	Margem operacional	x	Giro do investimento

O fundamento desse modelo de análise de retorno do investimento é permitir identificar as causas que provocaram o retorno do investimento, para mais ou para menos, comparando o último retorno do investimento com o retorno do investimento:

[7] A ideia da fórmula de retorno do investimento da Dupont teve origem, pelo que se sabe, com F. Donaldson Brown (Johnson & Kaplan, 1993). F. Donaldson era graduado em engenharia elétrica e atuava como vendedor de equipamentos elétricos. A criação do modelo ocorreu quando, em 1909, foi trabalhar no departamento de vendas da Dupont e se tornou, em 1914, tesoureiro auxiliar da empresa. De acordo com Padoveze e Benedicto (2007, p. 112), somente em 1930 esse importante instrumento foi apresentado à comunidade acadêmica e empresarial dos Estados Unidos.

- de períodos anteriores da própria empresa;
- do orçamento do próximo exercício;
- das projeções econômicas das estratégias futuras;
- das diversas unidades de negócio da empresa;
- das empresas concorrentes;
- do segmento de atuação etc.

A Figura 5.2 mostra as fórmulas de cálculo para os componentes desse indicador.

Figura 5.2. Método Dupont – Fórmula de cálculo.

Retorno do investimento = Margem operacional x Giro do investimento

Fórmula de cálculo:

$$\frac{\text{Lucro operacional}}{\text{Ativo operacional}} = \frac{\text{Lucro operacional}}{\text{Receita líquida de vendas}} \times \frac{\text{Receita líquida de vendas}}{\text{Ativo operacional}}$$

Fica claro, pela fórmula, que o retorno do investimento decorre de dois grandes fatores:

a) a margem operacional, que é o percentual médio obtido de lucro operacional em cada receita de vendas;
b) a capacidade da empresa de fazer o maior montante de receita de vendas com o ativo operacional à sua disposição.

Dessa maneira, em linhas gerais, o modelo de gestão decorrente do Método Dupont indica basicamente o que deve ser feito de forma constante para otimizar os resultados:

a) aumentar a receita por meio do aumento do volume;
b) aumentar a receita por meio do aumento dos preços de venda;
c) reduzir os preços dos insumos de produção;
d) reduzir os gastos administrativos, comerciais e de pesquisa e desenvolvimento, sem que haja comprometimento da obtenção de receita de vendas;

e) otimizar os custos e despesas fixas pelo aumento do volume;
f) buscar o menor volume de dinheiro investido nos ativos operacionais;
g) reduzir ao máximo a necessidade de ativos operacionais etc.

O objetivo é fazer com que os gestores das unidades de negócio administrem, concomitantemente, todos os fatores que impactam o retorno do investimento.

Metas adicionais para avaliação do desempenho

Nesse modelo, em conjunto com as metas de retorno do investimento, a empresa poderá definir também metas adicionais para avaliação do desempenho, contidas nos fatores que impactam o resultado dos dois componentes da fórmula Dupont.

Por meio da mensuração da margem operacional, a empresa e suas unidades de negócio podem identificar os fatores que a causaram e que podem ser traduzidos em metas complementares. Basicamente, seriam:

a) melhora ou piora nos preços médios de venda dos seus produtos ou serviços;
b) melhora ou piora nos preços médios dos insumos de produção;
c) aumentos ou reduções nos custos de mão de obra;
d) aumentos ou reduções nos demais custos de fabricação;
e) aumentos ou reduções nas despesas administrativas, comerciais e de pesquisa e desenvolvimento;
f) aumento nos volumes vendidos com otimização dos custos e despesas fixas;
g) aumento nos volumes vendidos com ou sem perda de preços médios de venda etc.

O giro do investimento mede a produtividade média dos ativos operacionais à disposição da empresa e das unidades de negócio. Indica a capacidade que a unidade operacional tem de provocar mais ou menos receitas. É um indicador de vital importância para a melhoria dos resultados da empresa. Por meio desse indicador, pode identificar vários fatores que afetaram o retorno do investimento, para mais ou para menos, podendo também compor metas complementares na avaliação de desempenho, tais como:

a) excesso de ativos à disposição das unidades de negócio;
b) excesso de gastos de depreciação por excesso de ativos;
c) subutilização de ativos nos processos operacionais;
d) baixa utilização da capacidade instalada;
e) ociosidade indevida nas operações industriais e comerciais;
f) possibilidade de utilização de turnos adicionais de trabalho;
g) falhas da administração de produção e logística por falta de identificação dos gargalos ou restrições dos fluxos de produção e distribuição;
h) baixa eficiência da mão de obra fabril e de logística;
i) falhas nos projetos de layout fabril e de logística etc.

Assim, além da mensuração final do retorno do investimento, vários desses fatores podem compor metas complementares para a avaliação do desempenho dos gestores das unidades de negócio.

Exemplo numérico

Tomando como referência os ativos da divisão da Tabela 5.15 e o lucro operacional líquido dos tributos sobre o lucro da Tabela 5.13, podemos desdobrar o retorno do investimento para evidenciar o Método Dupont, conforme mostra a Tabela 5.16.

Tabela 5.16. Avaliação pelo Método Dupont com lucro operacional líquido dos tributos.

	Unidade de Negócio 1	Unidade de Negócio 2
Ativos da divisão		
Capital de giro	1.000.000	800.000
Ativo fixo	1.600.000	600.000
Soma (a)	2.600.000	1.400.000
Receita operacional líquida (b)	4.000.000	3.500.000
Lucro operacional líquido dos tributos (c)	226.304	185.096
Margem de lucro (d = c/b)	5,7%	5,3%
Giro do investimento (e = b/a)	1,538	2,500
Retorno do investimento (ROI) (d × e)	8,7%	13,2%

Verifica-se que a margem de lucro operacional da Unidade 1 (5,7%) é maior que a margem de lucro operacional da Unidade 2 (5,3%). Por outro lado, o giro do investimento ou giro do ativo da Unidade 1, de 1,538, é bem menor que o giro do investimento da Unidade 2, que é de 2,50.

A análise de conjunto dos dois fatores mostra que o retorno do investimento da Unidade 2, de 13,2%, é bastante superior ao da Unidade 1, de apenas 8,7%. Fazendo a avaliação com parâmetros mínimos de rentabilidade de 12% a.a., a Unidade 1 apresenta um retorno fraco, enquanto a Unidade 2 apresenta um retorno muito bom, acima da média.

De forma resumida, após essas constatações deve-se buscar as razões por que o giro do ativo da Unidade 1 está muito diferente do da Unidade 2, presumindo que ele pode ou deve ser melhorado.

A avaliação de desempenho por meio desse modelo implica, então, que a empresa deve estabelecer duas metas para os gestores de cada unidade de negócio:

a) meta de margem operacional líquida dos tributos;
b) meta de giro do investimento.

Os gestores deverão ser avaliados por essas duas metas e a resultante consequente, que é o próprio retorno do investimento.

5.6. Avaliação pelo lucro residual ou EVA (*Economic Value Added*)[8]

O modelo de avaliação do EVA pode ser considerado o modelo definitivo para avaliação de desempenho das unidades de negócio, já que tem como referência básica a adoção do conceito de custo de oportunidade financeiro.

Podemos definir custo de oportunidade financeiro como o retorno do investimento de outras alternativas de investimentos, disponíveis para o investidor, conhecidas e avaliadas no momento em que ele decide investir em determinado empreendimento com fins lucrativos. Assim, os possíveis retornos das alternativas abandonadas servirão como referência para avaliar o retorno do investimento da alternativa escolhida.

---

[8] VEA (Valor Econômico Adicionado ou Agregado).

Em termos práticos, adota-se um único referencial para o custo de oportunidade financeiro para o modelo do EVA, que deverá ser o maior retorno possível das alternativas abandonadas. Como opção, o investidor poderá adotar a média do retorno dos ativos avaliados antes da decisão de investimento na alternativa definitivamente escolhida.

O Valor Econômico Agregado (EVA – *Economic Value Added*) é uma marca registrada da Stern Stewart & Co. (EUA) e não deixa de ser, objetivamente, apenas uma nova semântica do conceito de custo de oportunidade utilizado há muito tempo na teoria econômica[9].

O conceito de custo de oportunidade aplicado à contabilidade gerencial, para avaliação do desempenho dos gestores das unidades de negócio, como um custo financeiro imputado como despesa financeira pela utilização dos ativos operacionais, é denominado *lucro residual*[10].

O custo de oportunidade financeiro, conforme GUERREIRO[11], também pode ser definido como a rentabilidade mínima desejada pelo investidor.

Criação ou destruição de valor

Em termos práticos, a adoção do EVA/lucro residual implica debitar como despesa financeira para cada unidade de negócio uma taxa de juros determinada pela empresa, a ser aplicada sobre os ativos à disposição das unidades de negócio. A taxa de juros aplicada é considerada como o retorno mínimo que o investidor deseja.

Fazendo isso, obtém-se a mensuração do lucro que excede o custo de oportunidade financeiro. O excedente do lucro que superar o custo de oportunidade financeiro adotado é denominado *valor econômico adicionado*, ou seja, um excedente de lucro que supera o mínimo do montante da aplicação do custo de oportunidade financeiro. Esse excedente é conceituado como *criação de valor* para o acionista, o investidor.

---

9 Conceito de custos utilizado por Alfred Marshall, economista e matemático inglês (1842-1924). In: SANDRONI, Paulo. *Novo Dicionário de Economia*. 4ª. Ed., Best Seller, 1994.

10 HORNGREN, Charles T. *Introdução à contabilidade gerencial*. 5ª. Ed. Rio de Janeiro, Prentice Hall, 1985.

11 GUERREIRO, Reinaldo. *Gestão do Lucro*. São Paulo, Atlas, 2006, p.60.

Por outro lado, se o montante do lucro obtido for inferior ao montante que resulta da aplicação da taxa de juros do custo de oportunidade financeiro sobre os ativos à disposição da divisão, significa que a unidade de negócio não conseguiu cobrir o custo de oportunidade financeiro do empreendimento naquele período. Essa resultante negativa é definida como *destruição de valor* do acionista.

Que custo de oportunidade utilizar

A teoria de finanças, em linhas gerais, recomenda utilizar como custo de oportunidade financeiro a taxa de juros utilizada quando da decisão do investimento. A taxa de juros utilizada para o processo decisório de um novo investimento mais recomendada é o custo médio ponderado de capital da empresa (CMPC; em inglês, WACC – *Weighted Average Capital Cost*).

Contudo, a empresa pode utilizar outros conceitos de custo de oportunidade, tais como:

a) rentabilidade média das empresas brasileiras;
b) rentabilidade média das empresas do segmento de cada unidade de negócio;
c) custo médio do capital de terceiros mais um percentual arbitrado pelo risco específico de cada unidade de negócio;
d) rentabilidade mínima específica desejada pela empresa etc.

A empresa pode utilizar uma taxa de juros única, que represente o custo de oportunidade financeiro, para todas as unidades de negócio, ou pode aplicar uma taxa de juros diferenciada para cada unidade de negócio em particular.

Exemplo numérico

Tabela 5.17. Avaliação pelo EVA/Lucro residual.

	Unidade de Negócio 1	Unidade de Negócio 2
Ativos da divisão		
Capital de giro	1.000.000	800.000
Ativo fixo	1.600.000	600.000
Soma (a)	2.600.000	1.400.000
Lucro operacional líquido dos tributos (b)	226.304	185.096
Custo de oportunidade financeiro (c)	11,0%	12,0%
Despesa financeira imputada (d = a × c)	286.000	168.000
Lucro residual/Valor econômico adicionado (e = b – d)	-59.696	17.096
Criação ou destruição de valor	Destruição	Criação
Retorno do investimento bruto (f = b/a)	8,7%	13,2%
Retorno residual (f – c)	-2,3%	1,2%

No exemplo numérico, arbitramos custos de oportunidade diferentes para cada unidade de negócio. No exemplo, mesmo considerando que o custo de oportunidade financeiro da Unidade 1 é inferior ao da Unidade 2, ela destruiu valor do acionista nesse período, no montante de $ 59.696, uma vez que o montante de lucro operacional obtido foi inferior ao montante imputado de custo de oportunidade financeiro. Em termos percentuais, a destruição de valor foi de 2,3% no período.

A Unidade 2 obteve valor econômico adicionado (criação de valor) porque o montante de lucro obtido excedeu o montante do custo de oportunidade financeiro imputado no período, mesmo considerando uma taxa superior à da Unidade 1. O retorno residual percentual superou em 1,2% o mínimo desejado pela empresa.

5.7. Avaliação pelo CFROI[12]

Esse método é marca registrada da HOLT Value Associates, uma unidade do banco suíço Credit Suisse que criou essa métrica com o objetivo de proporcionar uma melhor visualização para o retorno econômico de uma companhia.

---

[12] *Cash Flow Return on Investment*, ou Retorno do Investimento pelo Fluxo de Caixa, em português.

Na literatura encontram-se várias formas de cálculo do CFROI[13], todavia a mais adequada para esta pesquisa é a do CFROI para um único período desenvolvida por Assaf Neto (2014), porque a análise é feita com base na informação do fechamento anual das empresas, no decorrer dos anos, ou seja, de período em período. A formulação é a seguinte:

$$CFROI\ (\text{Período Único}) = \frac{\text{Fluxo de Caixa Sustentável}}{\text{Investimento Bruto Total}}$$

O fluxo de caixa sustentável é calculado adicionando-se ao resultado operacional líquido do imposto de renda somente os rendimentos do investimento da depreciação, ou seja:

LUCRO OPERACIONAL LÍQUIDO DO IR/CSLL (+) *Depreciação do Exercício* (=) ***Fluxo de Caixa Operacional*** (–) *Depreciação Econômica* (=) ***Fluxo de Caixa Sustentável***

No cálculo do fluxo de caixa sustentável, a depreciação econômica equivale ao valor periódico (anual) que deve ser reinvestido para que a empresa acumule, no fim da vida útil, o final do capital investido no ativo. O investimento bruto total equivale à soma de todos os investimentos realizados expressos em valor bruto, ou seja, repondo-se a depreciação, amortização e/ou exaustão acumulada. Dessa forma, se tem:

Investimento em Capital Fixo (*Líquido*) (+) *Depreciação acumulada* (+) *Investimento em Capital de Giro* (=) ***Investimento Bruto Total***

O método também prevê a atualização monetária dos ativos fixos e de capital de giro para fazer parte do valor do investimento bruto total. Entendemos que esse tipo de atualização é válido em países com períodos prolongados de inflação acima do mínimo aceitável. Empiricamente, os

---

[13] Adaptado de FERNANDES, Alexsandro Lourenço. Análise da correlação do modelo CFROI com o valor de mercado das empresas do setor de petróleo, gás e biocombustíveis negociadas na B3 de 2012 a 2016. Monografia (Conclusão do Curso de Ciências Contábeis) – Universidade Federal do Rio Grande do Norte. Natal, 2017.

economistas entendem que uma inflação anual ao redor de 2% é aceitável; assim, nesses casos, não haveria necessidade de incorporar ao critério a atualização do investimento bruto total.

Os elementos da fórmula

Para obter o valor do fluxo de caixa sustentável, faz-se o ajuste do valor da depreciação (e amortização, se houver). O método do CFROI abandona o conceito de depreciação contábil, trocando-o pelo conceito de depreciação econômica.

Para esse método, o valor da depreciação econômica é obtido pela divisão do valor do imobilizado bruto pela quantidade de períodos, normalmente em anos, em que se espera ter o retorno do investimento no projeto ou na unidade de negócio. Para esse fim, considera-se também apenas o valor dos imobilizados depreciáveis, passíveis de deterioração econômica.

O critério que diferencia, substancialmente, este método dos demais métodos ou modelos de avaliação de desempenho está em considerar o valor do imobilizado bruto em vez do valor do imobilizado líquido, constante do balanço patrimonial da companhia. Nesse sentido, o valor da depreciação e amortização acumulada, redutora do imobilizado bruto na contabilidade, é adicionado ao valor do imobilizado contábil para obter o valor do investimento bruto total.

Em resumo, esse método é uma variação do modelo de avaliação pelo lucro operacional líquido dos tributos sobre o lucro.

Exemplo numérico

A Tabela 5.18 mostra um exemplo do método de avaliação pelo CFROI. As rentabilidades mostram-se menores que a rentabilidade operacional pelo lucro operacional líquido dos tributos constantes da Tabela 5.13, uma vez que o valor da depreciação acumulada é somado ao valor do investimento total, aumentando o montante do valor do divisor.

Tabela 5.18. Avaliação pelo CFROI.

	Unidade de Negócio 1	Unidade de Negócio 2
Lucro operacional líquido dos tributos (a)	226.304	185.096
(+) Depreciação contábil (b)	160.000	60.000
(–) Depreciação econômica (c)*	-200.000	-75.000
= Fluxo de caixa sustentável (d = a + b + c)	186.304	170.096
Ativos da divisão		
Capital de giro (e)	1.000.000	800.000
Ativo fixo (f)	1.600.000	600.000
(+) Depreciação acumulada (g)**	640.000	240.000
= Investimento bruto total (h = e + f + g)	3.240.000	1.640.000
Retorno pelo CFROI (d/h)	5,8%	10,4%
*Supondo retorno do investimento em 8 anos		
**Valor arbitrário		

Uma das características positivas desse método é que ele tem consistência com o critério de avaliação para decisão de investimento do VPL ou TIR (Valor Presente Líquido ou Taxa Interna de Retorno), já que esses critérios mantêm como valor do investimento o valor gasto inicialmente, não considerando a depreciação como redução do valor do investimento.

Em termos práticos, porém, a maior parte das empresas e suas unidades de negócio, ao longo de sua vida, é uma composição de inúmeros projetos de investimentos, sendo bastante comum que novos investimentos compartilhem ativos dos projetos anteriores, o que torna muito difícil, em termos contábeis, a segregação perfeita do valor das depreciações dos diversos projetos.

5.8. Avaliação do desempenho pelo valor econômico (*valuation*)

O fundamento desse modelo de avaliação é a sintonia com o fundamento do objetivo de finanças que é o aumento do valor da empresa. Conforme VAN HORNE, "o objetivo de uma companhia deve ser a criação de valor para seus acionistas (proprietários). O valor é representado pelo valor de mercado das ações ordinárias da companhia, o qual é uma função das decisões empresariais de investimento, financiamento e dividendos (p. 3)".

Esse objetivo é claro quando a empresa é uma companhia aberta, tendo suas ações negociadas nas bolsas de valores. Para adaptação desse conceito às companhias fechadas, é necessário introduzir o conceito de avaliação do valor da empresa, conhecido pelo termo em inglês *valuation*.

A metodologia mais utilizada para calcular o valor da empresa é mensurar os fluxos futuros de benefícios, descontando-os pelo custo de oportunidade financeiro desejado, obtendo-se o valor presente dos fluxos futuros de benefícios.

Componentes do valuation pelo fluxo de caixa descontado

O método mais utilizado para mensuração do valor da empresa é o fluxo de caixa descontado, utilizando uma das duas abordagens básicas: o valor da empresa pelos retornos esperados do ativo total ou o valor da empresa pelos retornos esperados do capital próprio.

Utilizando a abordagem do valor da empresa, projetam-se os fluxos de caixa esperados decorrentes do lucro operacional, sem considerar as despesas financeiras do capital de terceiros, considerando como custo de oportunidade financeiro o conceito de custo médio ponderado de capital. Utilizando a abordagem do acionista – capital próprio –, consideram-se as despesas financeiras do capital de terceiros, utilizando como custo de oportunidade financeiro o conceito de custo do capital próprio, ou rentabilidade mínima desejada pelos proprietários da empresa.

Tabela 5.19. Exemplo de avaliação da empresa (*valuation*).

Resultados projetados para os próximos anos	Ano 1	Ano 2	Ano 3	Ano 4	Ano 5	Total
Lucro operacional líquido do imposto de renda	225.000	247.500	272.250	299.475	329.423	1.373.648
(+) Depreciações e amortizações	100.000	110.000	120.000	130.000	140.000	600.000
= Fluxo de caixa operacional projetado	325.000	357.500	392.250	429.475	469.423	1.973.648
Índice para desconto do custo de capital – 12% ao ano	1,1200	1,25440	1,40493	1,57352	1,76234	
= Fluxo de caixa descontado	290.179	284.997	279.196	272.939	266.363	1.393.673
(+) Valor residual em perpetuidade	-	-	-	-	-	2.219.691
= Valor da empresa	-	-	-	-	-	3.613.364

Os elementos básicos do *valuation* são:

a) a quantidade de períodos a serem projetados;
b) os resultados esperados para cada período projetado, considerando todas as premissas econômicas e da própria empresa necessárias para isso;

c) a taxa de juros para desconto dos fluxos futuros que represente o custo de oportunidade financeiro da empresa;
d) a adoção do conceito de perpetuidade para obter o valor residual da empresa. O valor residual da empresa representa todos os anos futuros de lucro da empresa, no pressuposto de que a empresa sempre continuará existindo;
e) a assunção de um fluxo futuro de caixa *mínimo eterno* para obter o valor residual, que, dividido pela taxa de juros adotada para o desconto dos fluxos futuros, represente todos os lucros futuros após o último ano projetado.

Os dados da Tabela 5.19 são arbitrários, tendo o intuito apenas de evidenciar o método de cálculo e os conceitos mais utilizados pelos autores do tema. O valor residual foi obtido pela divisão do fluxo de caixa descontado do Ano 5 pela taxa de juros utilizada para desconto ($ 266.363/12% = $ 2.219.691).

Valuation por múltiplo de EBITDA

Tem sido comum, por parte de possíveis investidores, adotar a metodologia de *valuation* por múltiplo de EBITDA. Essa metodologia é empírica, não científica, mas de uso comum, como forma de ter uma mensuração rápida, mesmo que aproximada, do provável valor da empresa, conforme mostra a Tabela 5.20, em um exemplo hipotético.

Tabela 5.20. Avaliação do valor da empresa por múltiplo de EBITDA.

	Empresa A
Lucro operacional bruto (a)	330.000
(+) Depreciações (b)	100.000
EBITDA (c = a – b)	**430.000**
Quantidade de EBITDAs – Múltiplo (d)	8
Valor da Unidade de Negócio (valuation) (c × d)	3.440.000

Observações do mundo dos negócios indicam que uma empresa deve ter um valor justo para negociação de compra e venda entre 7 a 8 EBITDAs. É importante ressaltar que esse modelo de avaliação é empírico, mas que tem sido um indicador com razoável grau de acerto.

Valuation das unidades de negócio

Para aplicar o *valuation* para unidades de negócio, é preciso utilizar a abordagem do lucro operacional, uma vez que os gestores da unidade de negócio são operacionais e não devem ser responsabilizados pelos resultados financeiros.

Eventuais dificuldades de apuração acurada do lucro operacional podem estar em custos e despesas compartilhadas, como manutenção, administração, comercialização etc. Se o modelo adotado para esses tipos de gastos é do CSC (Centro de Serviços Compartilhados), essa questão já estará resolvida. Já se o modelo adotado é o de rateio, esse procedimento pode induzir a falhas na mensuração do lucro operacional e, consequentemente, no valor final do *valuation* das unidades de negócio.

De qualquer forma, para utilização dessa metodologia há a necessidade de definir um critério interno de avaliação do valor da unidade de negócio. Um caminho poderia ser o múltiplo de EBITDA da unidade de negócio; outro caminho, similar, poderia ser um múltiplo do lucro operacional; outro caminho poderia ser ainda a média do EBITDA ou lucro operacional do período avaliado com o mesmo resultado do orçamento do próximo exercício.

Figura 5.2. Métrica para mensuração da criação de valor por unidade de negócio pelo *valuation*.

Criação de valor da unidade de negócio Ano 1	=	Valuation da unidade de negócio Ano 1	-	Valuation da unidade de negócio Ano 0

A metodologia do *valuation* como avaliação do desempenho implica comparar o valor da unidade de negócio do último exercício com o valor da unidade de negócio mensurado no ano anterior. A diferença entre os dois valores mostraria o crescimento do valor da unidade de negócio, que seria a base para a avaliação do desempenho do seu gestor, e demonstraria para o acionista a criação de valor que esta unidade de negócio lhe proporciona.

Tabela 5.21. Avaliação do valor da unidade de negócio por múltiplo de EBITDA.

	Unidade de Negócio 1		**Unidade de Negócio 2**	
	Ano 0	**Ano 1**	**Ano 0**	**Ano 1**
Lucro operacional bruto (a)	330.000	380.000	275.000	300.000
(+) Depreciações (b)	100.000	105.000	90.000	95.000
EBITDA (c = a – b)	**430.000**	**485.000**	**365.000**	**395.000**
Quantidade de EBITDAs – Múltiplo (d)	8	8	8	8
Valor da Unidade de Negócio (*valuation*) (c × d)	3.440.000	3.880.000	2.920.000	3.160.000
Criação de valor – Ano 1 – $		440.000		240.000
Criação de valor – Ano 1 – % sobre ano anterior		12,8%		8,2%

No exemplo hipotético da Tabela 5.21, há a mensuração da criação do valor em montante monetário e também sua expressão percentual de crescimento em relação ao período anterior. A avaliação do desempenho dos gestores poderá ser sobre os dois indicadores de criação de valor em conjunto com os indicadores previstos no orçamento do Ano 1.

Avaliação pelo MVA[14]

O conceito de MVA é um conceito sequencial do EVA com a adoção do custo de oportunidade financeiro. No EVA, a taxa de juros do custo de oportunidade é aplicada sobre o investimento inicial de um período e confrontada com o lucro obtido no período para verificar se houve criação ou destruição de valor. No MVA, a taxa de juros do custo de oportunidade financeiro é aplicada sobre o *valor da empresa* do início do período, para confrontar com o valor da empresa no fim do período.

---

[14] *Market Value Added*, ou Valor de Mercado Adicionado, em português.

Tabela 5.22. Avaliação do valor da unidade de negócio pelo MVA com múltiplo de EBITDA.

	Unidade de Negócio 1		Unidade de Negócio 2	
	Ano 0	**Ano 1**	**Ano 0**	**Ano 1**
Lucro operacional bruto (a)	330.000	380.000	275.000	300.000
(+) Depreciações (b)	100.000	105.000	90.000	95.000
EBITDA (c = a – b)	**430.000**	**485.000**	**365.000**	**395.000**
Quantidade de EBITDAs – Múltiplo (d)	8	8	8	8
Valor da Unidade de Negócio (*valuation*) (e = c × d)	3.440.000	3.880.000	2.920.000	3.160.000
Criação de valor nominal – Ano 1 – $ (f)		440.000		240.000
Custo de oportunidade financeiro – 12% a.a. (g)		412.800		350.400
MVA (h = f – g)		27.200		-110.400
MVA – Ano 1 – % sobre ano anterior		0,8%		-3,8%
Criação ou destruição de valor		Criação		Destruição

O custo de oportunidade financeiro foi obtido pela aplicação da taxa de juros sobre o valor da unidade de negócio do Ano 0. O valor da criação de valor nominal foi obtido pela diferença do valor da unidade de negócio do Ano 1 menos o Ano 0. A diferença representa o valor do MVA, ou seja, o montante de valor da unidade de negócio que foi adicionado no Ano 1, já descontado o custo de oportunidade financeiro.

Quando há MVA positivo, há criação de valor para o acionista; quando há MVA negativo, como mostra o resultado da Unidade 2, há caracterização de destruição de valor para o acionista.

5.9. Avaliação do desempenho ponderando indicadores e metas

Variações de métricas de avaliação de desempenho podem incorporar algum tipo de combinação de indicadores e metas. Apresentamos a seguir dois exemplos que podem ser utilizados.

Ponderando o retorno do investimento da unidade de negócio com o retorno do investimento total da empresa

Essa possibilidade é passível de ser aplicada quando as unidades de negócio são praticamente interdependentes, ou seja, quando uma unidade de negócio praticamente não sobrevive sem a outra unidade de negócio.

Tabela 5.23. Avaliação pela ponderação do retorno do investimento.

	Unidade de Negócio 1	Unidade de Negócio 2	Total das unidades
Lucro operacional líquido dos tributos (a)	226.304	185.096	411.400
Ativos da divisão			
Capital de giro	1.000.000	800.000	1.800.000
Ativo fixo	1.600.000	600.000	2.200.000
= Investimento (b)	2.600.000	1.400.000	4.000.000
Retorno do investimento (a/b)	8,7%	13,2%	10,3%
Ponderação do retorno do investimento %			
60% do retorno da unidade de negócio	5,2%	7,9%	
40% do retorno do total das unidades	4,1%	4,1%	
Soma	9,3%	12,0%	

No exemplo hipotético da Tabela 5.23, considerando que as duas unidades têm ligação muito próxima e que o desempenho de uma unidade depende essencialmente da outra, aplicou-se um critério de avaliação de desempenho dos gestores de cada uma, considerando também o retorno do investimento total da empresa.

Neste exemplo, o gestor de cada unidade de negócio receberá a mensuração ponderada de:

- 60% do retorno do investimento de sua unidade de negócio;
- 40% do retorno do investimento total da empresa.

O percentual médio ponderado resultante será considerado para avaliação do desempenho de cada gestor.

Incorporando na avaliação do retorno do investimento a variação do valor do investimento do período

É de nosso conhecimento que algumas empresas, corretamente, incorporam como metas para avaliação de desempenho os valores investidos no capital de giro e no ativo fixo, como forma de controlar seus montantes.

Tabela 5.24. Avaliação considerando variação do investimento.

	Unidade de Negócio 1	Unidade de Negócio 2
Ativos da divisão – Valor orçado		
Capital de giro	980.000	810.000
Ativo fixo	1.605.000	598.000
= Investimento (a)	2.585.000	1.408.000
Ativos da divisão – Valor realizado		
Capital de giro	1.000.000	800.000
Ativo fixo	1.600.000	600.000
= Investimento (b)	2.600.000	1.400.000
Variação do valor do investimento em reais (c = a – b)	-15.000	8.000
Lucro operacional líquido dos tributos (d)	226.304	185.096
Lucro operacional mais variação do investimento (e = c + d	211.304	193.096
Retorno do investimento ajustado (e/b)	8,1%	13,8%

A Tabela 5.24 mostra um exemplo hipotético da aplicação desse critério de avaliação, que confronta o valor do montante do investimento ao final do ano com o montante do investimento orçado para a mesma data. As diferenças do valor dos montantes, orçado menos realizado, serão adicionadas ao lucro operacional da unidade de negócio, que será a base para a mensuração do retorno do investimento.

Um dos objetivos desse critério é dar responsabilidade adicional para os gestores das unidades de negócio sobre o valor do investimento colocado à sua disposição, como forma de impedir que busquem mais receita e mais lucro à custa de investimentos não previstos, prejudicando o fluxo de caixa da empresa.

6
Modelo genérico – exemplos numéricos

A partir dos conceitos desenvolvidos nos capítulos anteriores, apresentamos a seguir os fundamentos e conceitos para a estruturação dos modelos de evidenciação dos resultados por unidades de negócio, por meio de exemplos numéricos, incorporando também os modelos de avaliação de desempenho.

6.1. Fundamentos para estruturação

O primeiro fundamento é o desdobramento dos valores constantes das demonstrações contábeis básicas, a demonstração do resultado do período e o balanço patrimonial ao final do período, coletando os dados específicos de cada unidade de negócio, unidades estas que foram definidas anteriormente quando da montagem do sistema de informação de contabilidade por unidades de negócios.

Este desdobramento tem como referência o fato de que o sistema de informação contábil da empresa está estruturado pelo conceito de departamentalização, no qual as contas de despesas e receitas são também acumuladas por centros de custos e centros de receitas, tema este desenvolvido no Capítulo 2.

O segundo fundamento é a introdução do modelo de avaliação de desempenho, a fim de mensurar a eficácia do gestor de cada unidade de negócio em termos de resultado econômico, para a caracterização de que o gestor é o responsável pela geração do lucro de cada unidade de negócio.

O terceiro fundamento é a aplicação dos conceitos de mensuração das transferências entre unidades de negócio, bem como do modelo de análise da lucratividade dos produtos e serviços de cada unidade de negócio. Os conceitos recomendados que devem ser aplicados são:

a) os preços de transferência dos produtos e serviços transacionados entre as unidades de negócio devem ser sempre a preços de mercado;
b) os resultados financeiros devem ser segregados dos resultados operacionais;
c) os resultados operacionais devem ser mensurados na condição de compra e venda pelos preços à vista;
d) o sistema de contabilidade por unidade de negócios deve conter *o centro de resultado financeiro*, que será caracterizado como uma unidade de negócio separada das demais unidades de negócio operacionais, para avaliação dos resultados financeiros da organização. Essa unidade de negócio é virtual, podendo a responsabilidade de acompanhamento ser delegada ao responsável pela tesouraria ou controladoria da empresa;
e) o modelo de análise de lucratividade deverá ter como referência inicial o modelo da margem de contribuição;
f) as unidades de apoio também só deverão ser traduzidas em unidades de negócio se houver condições objetivas de mensuração dos seus serviços prestados para as unidades operacionais;
g) o modelo de avaliação de desempenho deve contemplar o conceito de custo de oportunidade financeiro, para confrontar com o custo financeiro de obtenção dos recursos financeiros para financiamento dos ativos à disposição das unidades de negócio.

Utilizaremos as demonstrações contábeis apresentadas a seguir, com dados globais da empresa, para estruturação dos exemplos numéricos nos tópicos subsequentes, considerando uma empresa de atividade industrial.

Tabela 6.1. Demonstração do resultado – total da empresa.

	$
Receita líquida dos produtos e serviços	**7.500.000**
(–) Custo dos produtos e serviços vendidos	5.597.500
. Materiais diretos requisitados	3.002.350
. Centros diretos	1.097.425
. Centros indiretos	1.369.375
. Depreciações e amortizações	220.000
. (+/–) Variação dos estoques industriais	-91.650
Lucro bruto	**1.902.500**
Despesas operacionais	1.297.500
Comerciais	595.000
Administrativas	477.500
Pesquisa e desenvolvimento	225.000
Lucro operacional	**605.000**
(+) Receitas financeiras	20.000
(–) Despesas financeiras	-160.000
= Lucro antes dos tributos sobre o lucro	**465.000**
(–) Tributos sobre o lucro	-148.800
= Lucro líquido do período	316.200

As principais observações são as seguintes:

a) desconsidera-se a receita operacional bruta, estruturando a demonstração do resultado a partir da receita líquida da venda dos produtos e serviços, uma vez que os tributos sobre as vendas não são receita da empresa. Além disso, a receita líquida já contempla todas as devoluções e abatimentos ocorridos no período;
b) a estrutura de apresentação do valor do custo dos produtos vendidos está no formato gerencial, destacando-se seus elementos formadores. É a somatória resultante de todos os gastos da fábrica no período menos a variação do valor dos estoques industriais no mesmo período;
c) os materiais diretos representam as matérias-primas, os componentes e os materiais de embalagem que fazem parte da estrutura dos produtos e serviços;
d) os centros diretos representam as atividades, os setores ou os departamentos que contemplam a mão de obra direta, com seus gastos

complementares, e que constam do roteiro de fabricação dos itens componentes da estrutura dos produtos ou serviços;

e) os centros indiretos são os centros de apoio à fábrica, que, para fins de contabilidade financeira, são absorvidos para a valorização dos estoques industriais em andamento e acabados. Normalmente são os setores de gerência industrial, planejamento e controle de produção, engenharia de fábrica, manutenção, qualidade, transporte interno, controle de estoques, ferramentaria e, eventualmente, o setor de suprimentos;
f) os gastos dos centros diretos e indiretos são: mão de obra, materiais indiretos, gastos gerais e depreciação, sendo que as depreciações são apresentadas separadamente na demonstração do resultado;
g) a variação do valor dos estoques industriais é a diferença entre os saldos finais e iniciais dos estoques de produção em andamento e produtos acabados;
h) as despesas operacionais correspondem ao total dos centros de custos comerciais, administrativos e de pesquisa e desenvolvimento, que não fazem parte do custo de produção dos produtos e serviços. Os gastos desses centros de custos são: gastos com pessoal, materiais indiretos, gastos gerais e depreciações;
i) as receitas financeiras compreendem todas as receitas de rendimentos das aplicações financeiras e outras receitas financeiras complementares, como juros por atraso de clientes, descontos obtidos etc.;
j) as despesas financeiras compreendem todas as despesas dos custos dos empréstimos e financiamentos, eventuais diferenças de instrumentos derivativos, variações cambiais após o embarque de exportações, variações cambiais após a entrada das importações para estoque e imobilizados, juros por atraso de fornecedores e tributos, descontos concedidos etc.

Os elementos patrimoniais constantes do balanço patrimonial da Tabela 6.2 deverão também ser desdobrados por unidades de negócio, tendo como referência as seguintes considerações:

Tabela 6.2. Balanço patrimonial – total da empresa.

ATIVO	$
CIRCULANTE	**2.778.000**
Caixa, bancos, aplicações financeiras	400.000
Contas a receber de clientes	1.312.500
Estoques de materiais, em andamento, acabados	977.500
Adiantamentos a fornecedores	73.000
Outros realizáveis operacionais	10.000
Despesas antecipadas	5.000
NÃO CIRCULANTE	**2.500.000**
Realizável a longo prazo	0
Investimentos	0
Imobilizado e intangível	3.380.000
(–) Depreciações e amortizações acumuladas	-880.000
TOTAL	**5.278.000**
PASSIVO	
CIRCULANTE	**1.078.000**
Contas a pagar a fornecedores	170.000
Salários e encargos a pagar	76.750
Tributos a recolher	310.000
Adiantamentos de clientes	15.000
Outras obrigações operacionais	6.250
Empréstimos e financiamentos	500.000
NÃO CIRCULANTE	**1.400.000**
Empréstimos e financiamentos	1.400.000
PATRIMÔNIO LÍQUIDO	**2.800.000**
Capital social	2.000.000
Lucros acumulados/Reservas de lucros	800.000
TOTAL	**5.278.000**

a) o valor dos elementos de caixa, bancos, aplicações financeiras, empréstimos e financiamentos de curto e longo prazo devem ser considerados como responsabilidade da unidade de negócio (virtual) de *resultados financeiros*;
b) os componentes da necessidade líquida de capital de giro devem ser desdobrados por unidades de negócio buscando a maior acurácia possível;
c) o desdobramento de contas a receber de clientes tende a ser facilitado, já que, de modo geral, os clientes são específicos de cada unidade de negócio, reconhecidos pelos produtos e serviços adquiridos;
d) o valor dos estoques de produção em andamento e produtos acabados também tem endereçamento objetivo, já que tende a ser específico de cada unidade de negócio;

e) caso os estoques de materiais sejam compartilhados para as diversas unidades de negócio, seu desdobramento pode ser feito pela proporção do consumo de materiais diretos de cada unidade de negócio no total da empresa;
f) o desdobramento da conta de fornecedores pode utilizar o mesmo procedimento dos estoques de materiais diretos;
g) o desdobramento da conta de salários a pagar, se esta for compartilhada, pode ser feito na proporção da folha de pagamento de cada unidade de negócio;
h) o desdobramento da conta de tributos a recolher, se esta não for especificada por unidade de negócio, pode ser feito na proporção da receita bruta de cada unidade de negócio;
i) os demais itens da necessidade líquida de capital de giro podem ser ou não específicos. Dependendo da relevância dos seus valores, podem até ser desconsiderados;
j) o desdobramento do imobilizado e intangível, incluindo a depreciação e amortização acumulada, é feito pela informação da localização de cada um em cada centro de custo, utilizando os dados do sistema de controle patrimonial da empresa.

Fica evidente nessas colocações como é fundamental a estruturação do sistema de informação contábil dentro de uma abordagem gerencial, conforme desenvolvido no Capítulo 2.

6.2. Análise da lucratividade: modelo da margem de contribuição

Toda unidade de negócio produz e vende um conjunto de produtos e serviços. Como é natural que a gestão necessite do conhecimento da lucratividade dos produtos e serviços, há que se fazer um detalhamento do resultado de cada unidade de negócio para se obter a contribuição de cada linha de produto ou serviço para o resultado total da unidade de negócio.

A análise de lucratividade dos produtos e serviços só pode ser feita pelo modelo da margem de contribuição, pelos seguintes motivos:

a) o modelo não mistura gastos de natureza fixa com gastos de natureza variável;
b) a margem de contribuição é efetivamente o lucro unitário de cada produto ou serviço e, considerando as quantidades vendidas, o lucro total que o produto ou serviço traz para cobrir os gastos fixos e gerar o resultado da unidade de negócio;
c) os gastos fixos, industriais, comerciais ou administrativos, não são gastos dos produtos e serviços, mas sim gastos da empresa, e não devem sofrer alocação por qualquer critério de rateio, como custo dos produtos e serviços;
d) O modelo da margem de contribuição também permite a incorporação de eventuais gastos fixos que são específicos de cada linha de produtos e serviços, separando-os dos demais gastos fixos genéricos da empresa como um todo.

A Tabela 6.3 mostra a estrutura desse modelo de análise de lucratividade.

Tabela 6.3. Modelo da margem de contribuição – análise de lucratividade.

Unidade de negócio 1	Produto 1	Produto 2	Produto N	Total
Quantidade	56.000	20.600	5.000	
Preço unitário médio de venda	45,00	50,00	90,00	
Custo variável unitário	23,00	20,00	38,00	
Margem de contribuição unitária	22,00	30,00	52,00	
Receita líquida total	2.520.000	1.030.000	450.000	4.000.000
Custos variáveis totais	1.288.000	412.000	190.000	1.890.000
= Margem de contribuição total	*1.232.000*	*618.000*	*260.000*	*2.110.000*
Gastos fixos diretos	120.000	80.000	20.000	220.000
= Margem de contribuição direta total	*1.112.000*	*538.000*	*240.000*	*1.890.000*
Gastos fixos gerais	-	-	-	1.510.000
= Lucro operacional	-	-	-	380.000
Análise percentual				
Margem de contribuição	48,9%	60,0%	57,8%	52,8%
Margem de contribuição direta	44,1%	52,2%	53,3%	47,3%
Participação na margem direta total	58,8%	28,5%	12,7%	100,0%

O modelo da margem de contribuição, além da análise adequada da lucratividade dos produtos e serviços, deve ser utilizado para outras decisões, como eliminar ou adicionar produtos, alterar mix de produtos e preços de venda, fazer simulação para projeções e orçamentos etc., pois tem uma estrutura científica ao não misturar elementos de comportamentos variáveis e elementos econômicos de natureza fixa.

6.3. Atividades de apoio

As atividades de apoio, em linhas gerais, são:

a) os setores ou departamentos indiretos da fábrica;
b) o setor de pesquisa e desenvolvimento;
c) os setores da área comercial;
d) os setores da área administrativa.

A questão central para a contabilidade por unidades de negócio é saber se essas unidades de apoio são diretas ou indiretas. Se algumas dessas áreas de apoio estão ligadas diretamente a cada unidade de negócio, seu custo deve ser alocado diretamente a cada unidade de negócio.

Por outro lado, caso as unidades de apoio sejam indiretas, isto é, a prestação de seus serviços é compartilhada por todas as unidades de negócio da empresa, fica a questão de como pode ser feito o tratamento contábil para apuração dos resultados das unidades de negócio.

Os tratamentos contábeis para as atividades de apoio compartilhadas são basicamente dois:

a) alocação por algum critério de rateio para as diversas unidades de negócio;
b) adoção do modelo da margem de contribuição, sem haver rateio para as unidades de negócio, tratando-as como gastos da empresa e administradas pelo total.

A recomendação é adotar o tratamento do modelo da margem de contribuição, uma vez que qualquer critério de rateio contém arbitrariedades e violenta o conceito de controlabilidade naturalmente inerente ao sistema de contabilidade por unidade de negócio, que é um sistema de contabilidade por responsabilidade.

É possível, também, identificar que há uma parcela de gastos diretos de algumas atividades de apoio. Assim, as atividades de apoio que sejam diretas devem ser alocadas diretamente. Isso pode acontecer com algumas atividades dos setores indiretos da fábrica (por exemplo, manutenção e ferramentaria), gastos com pesquisa e desenvolvimento, quando há equipes destacadas para cada unidade de negócio, e gastos comerciais, quando há equipes de comercialização também específicas para linhas de produtos e serviços que podem ser alocadas diretamente como despesas específicas de cada unidade de negócio.

Caso a empresa utilize o conceito de CSC (Centros de Serviços Compartilhados) para todas as atividades de apoio, o tratamento contábil deverá ser pelo conceito de alocação direta.

6.4. Unidade de negócio de resultados financeiros e custo de oportunidade do capital empregado

É indispensável a separação dos elementos financeiros da demonstração do resultado dos elementos operacionais. Os gestores das unidades operacionais devem ser avaliados na condição de preço à vista, tanto para os insumos ou recursos utilizados quanto para as receitas de venda dos produtos e serviços.

Nesse sentido, deverá ser criado um centro de resultado (unidade de negócio), que pode ser denominado *resultados financeiros*, para capturar todos os elementos financeiros da demonstração de resultados. Para tanto, o sistema de informação gerencial deverá ter condições de mensurar os resultados financeiros contidos nas transações de compra e venda de bens e serviços a prazo[1].

Esse centro de resultado também deverá abarcar o resultado de todos os demais eventos financeiros decorrentes de aplicações financeiras e empréstimos e financiamentos, bem como de outros eventos de caráter financeiro que possam acontecer, como juros de atrasos de clientes, fornecedores, tributos, descontos obtidos e concedidos, variações cambiais ativas e passivas, ajustes a valor justo de avaliação a preços de mercado, resultados positivos ou negativos em operações com derivativos etc.

---

[1] Em termos práticos e pragmáticos, se as transações de compra e venda da empresa são de prazos considerados curtos, entre 30 e 45 dias, é totalmente aceitável não considerar juros nessas transações. Caso, contudo, as transações de compra e venda excedam rotineiramente esses prazos, é indispensável a mensuração dos resultados financeiros contidos nessas operações, adotando-se como referência os atuais custos financeiros de captação de recursos pela empresa, em condições normais de financiamento.

Esse mesmo centro de resultado deve ser utilizado quando a empresa adota (o que é recomendado) o conceito de custo de oportunidade do capital empregado, pelo modelo de avaliação de desempenho pelo lucro residual ou EVA (Valor Econômico Adicionado), imputando às unidades de negócio operacionais o custo financeiro pela utilização dos ativos à disposição das unidades de negócio.

Em resumo, o centro de resultados financeiros, como unidade de negócio, compreende os seguintes eventos econômicos e financeiros, para mensuração do seu resultado:

a) juros nas transações de compra e venda a prazo de produtos e serviços;
b) quaisquer receitas financeiras;
c) quaisquer despesas financeiras;
d) crédito pela aplicação do custo de oportunidade financeiro sobre os ativos à disposição das unidades de negócio operacionais.

Esse centro de resultado pode ser considerado virtual, e a sua gestão deve ser delegada ao responsável pela tesouraria ou controladoria da empresa.

6.5. Exemplo numérico pelo modelo da margem de contribuição

A primeira etapa é fazer o desdobramento dos elementos da demonstração do resultado, separando os dados de despesas e receitas diretas de cada uma. Em seguida, faz-se o mesmo com os elementos do balanço patrimonial[2]. A Tabela 6.4 mostra um exemplo de desdobramento da demonstração do resultado.

---

[2] Ressaltamos que os números para este tópico e os seguintes são arbitrários e não têm, necessariamente, vínculo com as tabelas utilizadas nos exemplos numéricos anteriores, tanto deste capítulo quanto dos capítulos antecedentes.

Tabela 6.4. Desdobramento da demonstração do resultado por unidades de negócio.

Em reais	Total Empresa	Unidade 1	Unidade 2	Outros
Receita líquida dos produtos e serviços	7.500.000	1.000.000	6.500.000	0
(–) Custo dos produtos e serviços vendidos	5.597.500	3.204.425	1.478.700	914.375
. Materiais diretos requisitados	3.002.350	2.000.000	1.002.350	0
. Centros diretos	1.097.425	797.425	300.000	0
. Centros indiretos	1.369.375	300.000	200.000	869.375
. Depreciações e amortizações	220.000	140.000	35.000	45.000
. (+/–) Variação dos estoques industriais	-91.650	-33.000	-58.650	0
Lucro bruto	**1.902.500**	**-2.204.425**	**5.021.300**	**-914.375**
Despesas operacionais	1.297.500	118.000	567.000	612.500
Comerciais	595.000	80.000	380.000	135.000
Administrativas	477.500	0	0	477.500
Pesquisa e desenvolvimento	225.000	38.000	187.000	0
Lucro operacional	**605.000**	**-2.322.425**	**4.454.300**	**-1.526.875**
(+) Receitas financeiras	20.000	0	0	20.000
(–) Despesas financeiras	-160.000	0	0	-160.000
= Lucro antes dos tributos sobre o lucro	**465.000**	**-2.322.425**	**4.454.300**	**-1.666.875**
(–) Tributos sobre o lucro	-148.800	0	0	-148.800
= Lucro líquido do período	**316.200**	**-2.322.425**	**4.454.300**	**-1.815.675**

Em seguida, é necessário obter os dados das transferências de produtos e serviços ocorridos entre as unidades de negócio. Para completar o exemplo, vamos assumir as seguintes premissas:

a) a Unidade 1 é essencialmente transferidora de produtos e serviços para a Unidade 2. A receita dos produtos e serviços transferidos para a Unidade 2 no período, a preços de mercado, foi de $ 3.300.000;
b) as vendas externas da Unidade 1 têm prazo médio de recebimento inferior a 30 dias e não contêm juros;
c) as vendas externas da Unidade 2 têm prazo médio de recebimento de 90 dias e contêm juros médios de 3% pelos prazos, montando no período $ 195.000, que serão deslocados para o centro de resultados financeiros;
d) as compras de materiais diretos requisitados são feitas com prazo de pagamento médio de 60 dias e contêm juros médios de 3% pelos prazos obtidos. Dentro dos materiais requisitados pela Unidade 1, há juros de $ 40.000, e da Unidade 2, de $ 20.050, totalizando $ 60.050 deslocados para o centro de resultados financeiros;

e) nos gastos dos centros diretos das duas unidades há consumo de materiais indiretos, também comprados com prazo médio de 60 dias. Assim, os juros contidos no valor desses consumidos foram mensurados em $ 6.380 na Unidade 1 e $ 1.200 na Unidade 2, totalizando $ 7.580 transferidos para o centro de resultados financeiros;
f) nos gastos dos centros indiretos das duas unidades também há consumo de materiais indiretos, comprados com prazo médio de 60 dias. Assim, os juros contidos no valor desses consumidos foram mensurados em $ 2.400 na Unidade 1 e $ 800 na Unidade 2, totalizando $ 3.200 transferidos para o centro de resultados financeiros;
g) os custos e despesas não vinculados diretamente às Unidades de Negócio 1 e 2, caracterizados como gastos fixos genéricos, constantes da coluna *Outros* da Tabela 6.4, não são alocados às unidades de negócio, mas sim apresentados na coluna total da demonstração do resultado.

Com essas premissas e dados, é possível estruturar a demonstração dos resultados por unidades de negócio pelo modelo da margem de contribuição, que, no nosso exemplo, denominamos *lucro operacional direto*, apresentado na Tabela 6.5.

Tabela 6.5. Resultado por unidade de negócios – modelo da margem de contribuição/lucro operacional direto.

Em reais	Unidade de Negócio 1	Unidade de Negócio 2	Resultados financeiros	Total
Receita líquida	4.300.000	6.305.000	195.000	10.800.000
. Vendas externas	1.000.000	6.305.000	*195.000*	7.500.000
. *Transferências internas*	*3.300.000*	*0*	*0*	3.300.000
(-) Custo dos produtos e serviços vendidos	3.155.645	4.756.650	70.830	7.983.125
. Materiais diretos requisitados	1.960.000	982.300	*60.050*	3.002.350
. Materiais diretos recebidos em transferência	0	*3.300.000*	0	3.300.000
. Centros diretos	791.045	298.800	*7.580*	1.097.425
. Centros indiretos	297.600	199.200	*3.200*	500.000
. Depreciações e amortizações	140.000	35.000	0	175.000
. (+/-) Variação dos estoques industriais	-33.000	-58.650	0	-91.650
Lucro bruto	**1.144.355**	**1.548.350**	**124.170**	**2.816.875**
Despesas operacionais diretas	118.000	567.000	0	685.000
Comerciais	80.000	380.000	0	460.000
Administrativas	0	0	0	0
Pesquisa e desenvolvimento	38.000	187.000	0	225.000
Lucro operacional direto	**1.026.355**	**981.350**	**124.170**	**2.131.875**
Gastos fixos não absorvidos				**1.526.875**
. Centros industriais indiretos				869.375
. Depreciações e amortizações				45.000
. Despesas comerciais indiretas				135.000
. Despesas administrativas				477.500
Lucro operacional total			**124.170**	**605.000**
(+) Receitas financeiras			20.000	20.000
(-) Despesas financeiras			-160.000	-160.000
= Lucro antes dos tributos sobre o lucro			**-15.830**	**465.000**
(-) Tributos sobre o lucro				-148.800
= Lucro líquido do período			**-15.830**	**316.200**

Esse é o modelo cientificamente recomendado para análise de resultados, pois não mistura dados de natureza variável e direta com dados de natureza fixa. Além disso, o modelo é totalmente vinculado e coerente com:

a) o desdobramento da análise da lucratividade dos produtos e serviços de cada unidade de negócio;
b) o fundamento da controlabilidade, pois os gestores só serão responsabilizados por receitas e gastos em que têm condição de atuação.

Os gastos fixos não absorvidos ficam sob a responsabilidade da alta administração da empresa, que deve ter instrumentos para avaliar a eficiência e a eficácia de cada atividade que gera esses gastos.

Não há dúvida de que esse modelo de mensuração do resultado por unidades de negócio deve constar do modelo de gestão da empresa e ser compatível com o sistema orçamentário, com o sistema de avaliação de desempenho e recompensas e com os demais sistemas gerenciais da empresa.

6.6. Exemplo numérico com custeamento por absorção integral

Mesmo que não seja cientificamente recomendado, esse modelo tem sido muito utilizado porque é consistente com as práticas contábeis internacionais, que determinam o custeamento por absorção industrial (com o consequente rateio dos custos indiretos e fixos industriais).

Nesse modelo, há a extensão do conceito de rateio também para as despesas operacionais indiretas e fixas, caracterizando-se pelo método de custeamento integral[3]. A Tabela 6.6 apresenta a demonstração do resultado por unidades de negócio nesse formato.

---

[3] Uma metodologia alternativa desse método de custeamento é a utilização do método do custeamento ABC (*Activity-Based Costing*), que propõe a alocação dos custos e despesas indiretas por meio dos direcionadores de custos de cada atividade indireta identificada em cada setor ou departamento de apoio indireto. PADOVEZE, Clóvis Luis. *Contabilidade de Custos*. São Paulo, Cengage Learning, 2016.

Tabela 6.6. Resultado por unidade de negócios – modelo do custeamento por absorção integral.

Em reais	Unidade de Negócio 1	Unidade de Negócio 2	Resultados financeiros	Total
Receita líquida	**4.300.000**	**6.305.000**	**195.000**	**10.800.000**
. Vendas externas	1.000.000	6.305.000	*195.000*	7.500.000
. *Transferências internas*	*3.300.000*	*0*	*0*	*3.300.000*
(–) Custo dos produtos e serviços vendidos	3.795.708	5.030.963	70.830	8.897.500
. Materiais diretos requisitados	1.960.000	982.300	*60.050*	3.002.350
. Materiais diretos recebidos em transferência	0	*3.300.000*	0	3.300.000
. Centros diretos	791.045	298.800	*7.580*	1.097.425
. Centros indiretos	297.600	199.200	*3.200*	500.000
. *Centros indiretos absorvidos*	*608.563*	*260.813*	*0*	*869.375*
. Depreciações e amortizações	140.000	35.000	0	175.000
. *Depreciações e amortizações absorvidas*	*31.500*	*13.500*	*0*	*45.000*
. (+/–) Variação dos estoques industriais	-33.000	-58.650	0	-91.650
Lucro bruto	**504.293**	**1.274.038**	**124.170**	**1.902.500**
Despesas operacionais	383.750	913.750	0	1.297.500
Comerciais	80.000	380.000	0	460.000
Comerciais absorvidas	*27.000*	*108.000*	*0*	*135.000*
Administrativas absorvidas	*238.750*	*238.750*	*0*	*477.500*
Pesquisa e desenvolvimento	38.000	187.000	0	225.000
Lucro operacional	**120.543**	**360.288**	**124.170**	**605.000**
(+) Receitas financeiras			20.000	20.000
(–) Despesas financeiras			-160.000	-160.000
= Lucro antes dos tributos sobre o lucro			**-15.830**	**465.000**
(–) Tributos sobre o lucro				-148.800
= Lucro líquido do período			**-15.830**	**316.200**

Para o processo de alocação dos custos e despesas indiretas, utilizamos, arbitrariamente, os seguintes percentuais:

a) centros indiretos industriais e depreciações e amortizações absorvidas: 70% para a Unidade 1 e 30% para a Unidade 2;
b) despesas comerciais absorvidas: 20% para a Unidade 1 e 80% para a Unidade 2;
c) despesas administrativas absorvidas: 50% para a Unidade 1 e 50% para a Unidade 2.

Esse modelo de demonstração é consistente com o lucro operacional apresentado na demonstração de resultado pelas práticas contábeis nacionais e internacionais, razão de sua utilização para usuários externos.

É importante ressaltar que, como os critérios de alocação dos custos indiretos (rateio) sempre são arbitrários, há que se ter muito cuidado com o processo de avaliação de desempenho dos gestores das unidades de negócio, pois estarão sendo cobrados por gastos nos quais não têm atuação direta e que, portanto, estão fora de seu controle.

6.7. Exemplo numérico com CSC e custo de oportunidade de capital (EVA)

Para a estruturação deste modelo, é necessário identificar os ativos à disposição das unidades de negócio. Assim, a primeira etapa é fazer o desdobramento do balanço patrimonial, conforme evidenciado na Tabela 6.7. Nesta apresentação, consideramos que alguns ativos e passivos do capital de giro não têm relação direta com as unidades de negócio e são decisões financeiras, como adiantamentos a fornecedores e clientes, outros realizáveis e obrigações operacionais e despesas antecipadas.

Tabela 6.7. Desdobramento do balanço patrimonial por unidade de negócio.

ATIVO	Total Empresa	Unidade 1	Unidade 2	Outros
CIRCULANTE	2.778.000	425.000	1.865.000	488.000
Caixa, bancos, aplicações financeiras	400.000	0	0	400.000
Contas a receber de clientes	1.312.500	75.000	1.237.500	0
Estoques de materiais, em andamento, acabados	977.500	350.000	627.500	0
Adiantamentos a fornecedores	73.000	0	0	73.000
Outros realizáveis operacionais	10.000	0	0	10.000
Despesas antecipadas	5.000	0	0	5.000
NÃO CIRCULANTE	2.500.000	1.200.000	1.000.000	300.000
Realizável a longo prazo	0	0	0	0
Investimentos	0	0	0	0
Imobilizado e intangível	3.380.000	1.780.000	1.140.000	460.000
(–) Depreciações e amortizações acumuladas	-880.000	-580.000	-140.000	-160.000
TOTAL	5.278.000	1.625.000	2.865.000	788.000
PASSIVO				
CIRCULANTE	1.078.000	224.000	332.750	521.250
Contas a pagar a fornecedores	170.000	120.000	50.000	0
Salários e encargos a pagar	76.750	54.000	22.750	0
Tributos a recolher	310.000	50.000	260.000	0
Adiantamentos de clientes	15.000	0	0	15.000
Outras obrigações operacionais	6.250	0	0	6.250
Empréstimos e financiamentos	500.000	0	0	500.000
NÃO CIRCULANTE	1.400.000	0	0	1.400.000
Empréstimos e financiamentos	1.400.000	0	0	1.400.000
PATRIMÔNIO LÍQUIDO	2.800.000	0	0	2.800.000
Capital social	2.000.000	0	0	2.000.000
Lucros acumulados/Reservas de lucros	800.000	0	0	800.000
TOTAL	5.278.000	224.000	332.750	4.721.250

Adicionalmente, é necessário adaptar os dados do balanço patrimonial do formato contábil para o formato gerencial ou financeiro, considerando os conceitos de ativos à disposição das unidades de negócio, identificando os itens que compreendem o capital de giro próprio e os ativos fixos das unidades de negócio operacionais, conforme mostra a Tabela 6.8 apresentada a seguir.

Tabela 6.8. Ativos operacionais à disposição das unidades de negócio operacionais.

	Unidade 1	Unidade 2	Apoio industrial	Comercialização	Administração
Capital de giro	**201.000**	**1.532.250**	**0**		
Contas a receber de clientes	75.000	1.237.500	0		
Estoques de materiais, em andamento, acabados	350.000	627.500	0		
(–) Passivos do giro					
Contas a pagar a fornecedores	-120.000	-50.000	0		
Salários e encargos a pagar	-54.000	-22.750	0		
Tributos a recolher	-50.000	-260.000	0		
Ativos fixos	**1.200.000**	**1.000.000**	**200.000**	**60.000**	**40.000**
Imobilizado e intangível	1.780.000	1.140.000	300.000	100.000	60.000
(–) Depreciações e amortizações acumuladas	-580.000	-140.000	-100.000	-40.000	-20.000
Ativos à disposição da unidade de negócio	**1.401.000**	**2.532.250**	**200.000**	**60.000**	**40.000**

Nesse modelo, as áreas de apoio industriais e comerciais (centros indiretos não vinculados diretamente às Unidades de Negócio 1 e 2) e a área administrativa estão sendo tratadas como CSC – Centro de Serviços Compartilhados, que recebem receita por prestação de serviços às Unidades 1 e 2.

Para finalização do exemplo numérico, vamos supor que as áreas de apoio, tratadas como CSC, recebam como receita os seguintes percentuais sobre a receita líquida de cada unidade, percentuais esses que devem ser referendados por preços de mercado:

- 8,9% para a unidade de apoio industrial;
- 1,5% para a unidade central de comercialização;
- 5,1% para a unidade de administração.

Para aplicação do conceito de custo de oportunidade do capital, pelo modelo de lucro residual ou EVA (Valor Econômico Adicionado), vamos considerar que o custo de oportunidade no período é uma taxa de juros de

9%, o qual será creditado no centro de resultados financeiros. As Tabelas 6.9 e 6.10 mostram os cálculos do CSC e EVA.

Tabela 6.9. Cálculo dos serviços prestados pelos CSC.

Receita dos CSC	Apoio industrial	Comercialização	Administração
Base: Receita líquida			
. Unidade 1	4.300.000	4.300.000	4.300.000
. Unidade 2	6.305.000	6.305.000	6.305.000
Receita dos CSC			
. Percentuais aplicados	8,9%	1,5%	5,1%
Valor da receita			
. Cobrada da Unidade 1	382.700	64.500	219.300
. Cobrada da Unidade 2	561.145	94.575	321.555
Soma	943.845	159.075	540.855

Tabela 6.10. Cálculo do custo de oportunidade de capital.

Unidades de negócio	Ativos à disposição das unidades	Custo de capital %	Custo financeiro imputado
Unidade 1	1.401.000	9,0%	126.090
Unidade 2	2.532.250	9,0%	227.903
Apoio industrial	200.000	9,0%	18.000
Comercialização central	60.000	9,0%	5.400
Administração	40.000	9,0%	3.600
Soma	4.233.250		380.993

Com esses elementos e os dados já apurados na Tabela 6.5, na qual constam os elementos da receita e dos custos diretos, estrutura-se a demonstração do resultado por unidades de negócio, com os conceitos de CSC e EVA, conforme mostra a Tabela 6.11.

Tabela 6.11. Resultado por unidade de negócios – modelo de CSC e EVA.

Em reais	Unidade de Negócio 1	Unidade de Negócio 2	Apoio industrial	Comercialização central	Administração central	Resultados financeiros	Total
Receita líquida	**4.300.000**	**6.305.000**	**943.845**	**159.075**	**540.855**	**575.993**	**12.824.768**
. Vendas externas	1.000.000	6.305.000	*0*	0	0	195.000	7.500.000
. *Transferências internas*	*3.300.000*	*0*	*943.845*	*159.075*	*540.855*	*380.993*	*5.324.768*
(–) Custo dos produtos e serviços vendidos	3.538.345	5.317.795	914.375	0	0	70.830	9.841.345
. Materiais diretos requisitados	1.960.000	982.300		0	0	60.050	3.002.350
. Materiais diretos recebidos em transferência	0	*3.300.000*	0	0	0	0	*3.300.000*
. Centros diretos	791.045	298.800	869.375	0	0	7.580	1.966.800
. Centros indiretos	297.600	199.200		0	0	3.200	500.000
. *CSC – Apoio industrial*	*382.700*	*561.145*	*0*	*0*	*0*	*0*	*943.845*
. Depreciações e amortizações	140.000	35.000	45.000	0	0	0	220.000
. (+/–) Variação dos estoques industriais	-33.000	-58.650	0	0	0	0	-91.650
Lucro bruto	**761.655**	**987.205**	**29.470**	**159.075**	**540.855**	**505.163**	**2.983.423**
Despesas operacionais	401.800	983.130	0	135.000	477.500	0	1.997.430
Comerciais	80.000	380.000	0	135.000	0	0	595.000
CSC – Comercialização central	*64.500*	*94.575*	*0*	*0*	0	0	*159.075*
CSC – Administração central	*219.300*	*321.555*	*0*	*0*	0	0	*540.855*
Administrativas	*0*	*0*	*0*	*0*	477.500	0	477.500
Pesquisa e desenvolvimento	38.000	187.000	0	0	0	0	225.000
Lucro operacional	**359.855**	**4.075**	**29.470**	**24.075**	**63.355**	**505.163**	**985.993**
(+) Receitas financeiras			0	0		20.000	20.000
(–) Despesas financeiras			0	0		-160.000	-160.000
(–) Custo de oportunidade financeiro	*-126.090*	*-227.903*	*-18.000*	*-5.400*	*-3.600*	*0*	*-380.993*
= Lucro antes dos tributos sobre o lucro	**233.765**	**-223.828**	11.470	18.675	59.755	365.163	**465.000**
(–) Tributos sobre o lucro							-148.800
= Lucro líquido do período							**316.200**

No grupo de receita líquida, transferências internas, está a receita dos produtos e serviços prestados da Unidade 1 para a Unidade 2, assim como as receitas dos CSC. Nessa mesma rubrica está a receita total creditada para resultados financeiros, no valor equivalente ao *custo de oportunidade financeiro* debitado em cada uma das unidades de negócio operacionais, evidenciado após a rubrica despesas financeiras.

O resultado dos CSC é a diferença entre o valor da receita cobrada para as Unidades de Negócio 1 e 2, evidenciado na rubrica transferências internas, confrontado com os gastos reais ocorridos no desenvolvimento de suas atividades e o custo de oportunidade financeiro.

No exemplo numérico, com dados arbitrários, a Unidade 2 apresenta lucro operacional, mas não consegue cobrir o custo de oportunidade financeiro, evidenciando destruição de valor para o acionista. Já as demais unidades apresentam lucro operacional, conseguindo cobrir também o custo de oportunidade financeiro, evidenciando EVA (Valor Econômico Adicionado).

6.8. Exemplo de avaliação de desempenho pelo CFROI

A Tabela 6.11 contempla o exemplo de avaliação de desempenho pelo retorno do investimento em conjunto com a aplicação do conceito de EVA. Tomando como referência os dados de lucro operacional da mesma tabela, pode-se estruturar o modelo de avaliação de desempenho pelo CFROI (*Cash-Flow Return on Investment*, ou Retorno do Investimento pelo Fluxo de Caixa), evidenciado na Tabela 6.12.

Tabela 6.12. Resultado por unidade de negócios – avaliação de desempenho pelo CFROI.

Em reais	Unidade de Negócio 1	Unidade de Negócio 2	Apoio industrial	Comercialização central	Administração central	Total
Lucro operacional	359.855	4.075	29.470	24.075	63.355	480.830
(+) Depreciação contábil	140.000	35.000	45.000	0	0	220.000
(–) Depreciação econômica	-180.000	-45.000	-50.000	0	0	-275.000
= Fluxo de caixa sustentável (a)	319.855	-5.925	24.470	24.075	63.355	425.830
Ativos da divisão						
Capital de giro	201.000	1.532.250	0	0	0	1.733.250
Ativo fixo	1.200.000	1.000.000	200.000	60.000	40.000	2.500.000
(+) Depreciação acumulada	580.000	140.000	100.000	40.000	20.000	880.000
= Investimento bruto total (b)	1.981.000	2.672.250	300.000	100.000	60.000	5.113.250
Retorno pelo CFROI (a/b)	16,1%	-0,2%	8,2%	24,1%	105,6%	8,3%

Para apuração do resultado operacional, que passa a ser denominado *fluxo de caixa sustentável*, esse modelo substitui o valor da depreciação contábil pelo valor da depreciação econômica (nossos números são arbitrários), cujo valor é obtido pela aplicação da taxa de depreciação sobre a quantidade de anos em que se espera o retorno de cada projeto de investimento.

Para obtenção do valor do investimento, desconsidera-se o valor da depreciação acumulada constante do imobilizado contábil. Assim, o valor do investimento em imobilizado é o valor do imobilizado bruto, e não o valor do imobilizado líquido contábil.

O confronto do valor do fluxo de caixa sustentável com o valor do investimento bruto total representa o percentual de rentabilidade no período analisado, que deve ser confrontado com o retorno mínimo desejado pela empresa e com o retorno constante do planejamento orçamentário do período, para julgamento da qualidade da gestão econômica de cada gestor das unidades de negócio.

6.9. Case: resultado de unidades de negócio em uma empresa agroindustrial

Para uma exemplificação mais expressiva, apresentamos a seguir um exemplo adaptado de uma situação do mundo real dos negócios, obtido por meio de pesquisa pelo autor. Os números utilizados são arbitrários, já que o objetivo é evidenciar como uma empresa pode ter várias unidades de negócio e que elas transacionam produtos e serviços entre si.

Os produtos e serviços das diversas unidades de negócio têm preços de mercado que podem ser obtidos com facilidade. Assim, o exemplo pressupõe que as transferências internas estão com preços validados pelo mercado. A Figura 6.1 mostra o fluxo básico das operações do grupo entre as diversas unidades de negócio.

Figura 6.1. Unidades de negócio – Empresa agroindustrial.

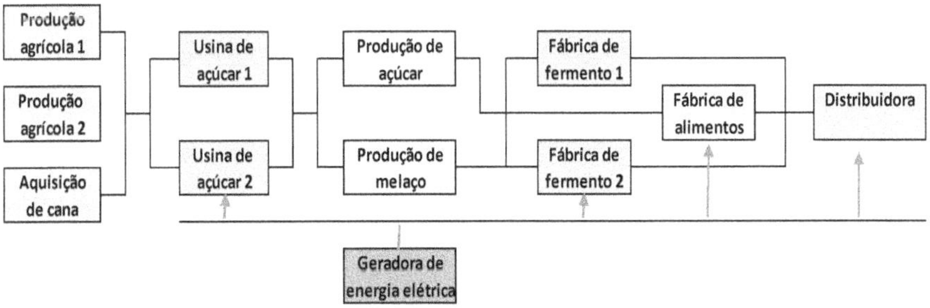

Como mostra a figura, a empresa tem duas usinas processadoras de cana-de-açúcar, e ambas produzem açúcar e melaço. A cana é obtida de duas grandes regiões de produção agrícola, localizadas em dois estados próximos um do outro. Além da produção própria de cana, as usinas processadoras também adquirem a matéria-prima complementar de terceiros.

A produção de melaço das duas usinas de açúcar é enviada para as duas fábricas de fermento, que consomem todo o melaço produzido por cada usina processadora. A produção de açúcar das duas usinas é vendida basicamente para terceiros, mercado interno e externo, e parte é destinada a outra unidade de negócio, uma fábrica de alimentos preprocessados (pães, bolos e doces). A fábrica de alimentos consome também parte do fermento produzido pelas fábricas de fermento.

A comercialização da cana-de-açúcar é feita em grandes lotes e utiliza pouco esforço comercial. Já a distribuidora é responsável pela distribuição de todo o fermento produzido e embalado, assim como de toda a produção da fábrica de alimentos.

Em uma das regiões, a empresa tem autorização para geração de energia elétrica por meio de uma pequena usina hidrelétrica. Essa geradora fornece energia para a usina de açúcar 2, para a fábrica de fermento 2, para a fábrica de alimentos e para a distribuidora.

Todos os produtos e serviços produzidos têm preços de mercado, razão por que o sistema utilizado para apuração do resultado por unidade de negócios adota esse tipo de preço de transferência, que é o mais adequado.

Os setores administrativos e comerciais atendem a todas as unidades de negócio. Os setores de apoio industrial são específicos, não havendo necessidade de absorção ou rateio. O modelo de apuração de resultado é o modelo da margem de contribuição. A Tabela 6.13 mostra como pode ser estruturada uma demonstração de resultado por área de negócios.

Tabela 6.13. Resultado por área de negócio – empresa agroindustrial.

Em reais	Produção agrícola	Energia elétrica	Açúcar e melaço	Fermento	Alimentos	Distribuição	Total
Receita líquida	**20.000**	**2.100**	**44.000**	**19.000**	**6.000**	**29.500**	**120.600**
. Vendas mercado interno	0	0	10.000	0	0	29.500	39.500
. Vendas mercado externo	0	0	24.000	0	0	0	24.000
Soma	0	0	34.000	0	0	29.500	63.500
. Transferências internas							
.. Cana de açúcar	*20.000*	*0*	*0*	*0*	*0*	*0*	*20.000*
.. Energia elétrica	*0*	*2.100*	*0*	*0*	*0*	*0*	*2.100*
.. Melaço	*0*	*0*	*9.000*	*0*	*0*	*0*	*9.000*
.. Açúcar	*0*	*0*	*1.000*	*0*	*0*	*0*	*1.000*
.. Fermento	*0*	*0*	*0*	*1.000*	*0*	*0*	*1.000*
.. Produtos acabados	*0*	*0*	*0*	*18.000*	*6.000*	*0*	*24.000*
Soma	20.000	2.100	10.000	19.000	6.000	0	57.100
Custo dos produtos vendidos	**20.300**	**1.500**	**43.300**	**15.700**	**5.400**	**28.950**	**115.150**
. Materiais diretos							
.. Requisitados	10.000	0	8.000	1.000	1.200	1.000	21.200
.. Recebidos em transferência	*0*	*0*	*20.000*	*9.000*	*2.000*	*24.000*	*55.000*
. Energia elétrica transferida	0	0	*1.200*	*700*	*100*	*100*	*2.100*
. Centros diretos	6.500	1.200	6.600	2.000	900	1.500	18.700
. Centros indiretos	1.000	100	1.500	1.000	400	350	4.350
. Exaustões e depreciações	2.800	200	6.000	2.000	800	2.000	13.800
. (+/–) Variação dos estoques industriais	0	0					0
Margem de contribuição direta	**-300**	**600**	**700**	**3.300**	**600**	**550**	**5.450**
Margem de contribuição percentual	-1,5%	28,6%	1,6%	17,4%	10,0%	1,9%	4,5%
Despesas comerciais	0	0	900	0	0	1.000	1.900
Despesas administrativas	0	0	0	0	0	0	2.000
Lucro operacional	**-300**	**600**	**-200**	**3.300**	**600**	**-450**	**1.550**
(+) Receitas financeiras							200
(–) Despesas financeiras							-900
= Lucro antes dos tributos sobre o lucro							**850**
(–) Tributos sobre o lucro							200
= Lucro líquido do período							**650**

Denominamos área de negócio quando mais de uma unidade operacional produz o mesmo tipo de produto ou serviço final; em outras palavras, uma área de negócio pode conter mais de uma unidade de negócio. Em termos de responsabilidade de gestão, o direcionamento sempre será para cada unidade de negócio específica de responsabilidade de um único gestor.

As movimentações de transferências da Tabela 6.13 são:

1. a área de produção agrícola transfere $ 20.000 de toneladas de cana-de-açúcar para a área de produção de açúcar e melaço (as usinas de açúcar);
2. a área de geração de energia elétrica transfere $ 2.100 às áreas de açúcar e melaço, produção de fermentos e alimentos e para a distribuidora de produtos acabados;
3. a área de produção de açúcar e melaço transfere $ 9.000 de melaço para a área de produção de fermentos e $ 1.000 de açúcar para a área de produção de alimentos;
4. a área de produção de fermento transfere *in natura* $ 1.000 para a fábrica de alimentos e $ 18.000, já no formato de produtos acabados, para a distribuidora;
5. a área de produção de alimentos transfere $ 6.000 de produtos acabados para a distribuidora.

As despesas comerciais diretas às áreas de açúcar e melaço e distribuição estão alocadas diretamente nas respectivas áreas. A área administrativa é tratada como corporativa e, portanto, seu custo é alocado diretamente na coluna de total.

Visão multidimensional

As movimentações da Tabela 6.13 merecem vários desdobramentos gerenciais, tais como:

a) separar os resultados das Unidades de Negócio 1 e 2 da produção agrícola;
b) separar os resultados das Unidades de Negócio 1 e 2 das usinas de açúcar e melaço;
c) separar os resultados de cada usina de açúcar por tipo de produto (açúcar e melaço);
d) separar os resultados da venda de açúcar por mercado;
e) separar os resultados das Unidades de Negócio 1 e 2 das fábricas de fermento;

f) separar os resultados de cada fábrica de fermento por tipo de fermento produzido;
g) separar os resultados da unidade de negócio de produção de alimentos por linhas de produtos (pães, bolos, doces);
h) separar os resultados da unidade de negócio de distribuição por linha de produtos (fermento e alimentos);
i) consolidar o resultado por área geográfica (somar as áreas de negócio por estado da federação).

São visões adicionais necessárias para permitir uma ampla visão das responsabilidades dos gestores para cada unidade de negócio e produtos produzidos e comercializados.

7
Modelos específicos

O objetivo deste capítulo é mostrar que o sistema de contabilidade de unidades de negócio presta-se a qualquer tipo de empreendimento, de qualquer segmento de atividade e de qualquer porte.

Faremos uma apresentação, por meio de tabelas, tendo como referência a estrutura da demonstração de resultados segmentada por áreas ou unidades de negócio dos exemplos escolhidos.

Os exemplos escolhidos estão estruturados dentro do modelo de margem de contribuição, considerando, para a maioria dos casos, a unidade de negócio de resultados financeiros. Os números colocados são totalmente arbitrários e aleatórios, sem qualquer vínculo ou referência com empresas do mundo real. O objetivo é unicamente a evidenciação de modelos sugeridos para as atividades exemplificadas.

Em linhas gerais, as áreas que não estão preenchidas indicam que não deve haver rateio das despesas, uma vez que a sugestão é a utilização do modelo da margem de contribuição, alocando diretamente às unidades de negócio apenas receitas e gastos de controlabilidade do gestor responsável.

7.1. Microempreendimento

A Tabela 7.1 mostra um exemplo de uma pequena mercearia de bairro.

Tabela 7.1. Microempreendimento – Mercearia.

	Bar					Mercearia					
	Bebidas Balcão	Bebidas Prateleira	Doces	Salgados	Total	Feira	Frios	Secos	Total	Serviços (Jogos)	Total Geral
RECEITAS	200	200	200	200	900	200	200	200	700	200	1.800
à vista	100	100	100	100	400	100	100	100	300	100	800
a prazo	100	100	100	100	400	100	100	100	300	100	800
por transferências	0	0	0	0	100				100	0	200
CUSTO DAS MERCADORIAS E SERVIÇOS	50	50	50	50	200	50	50	50	150	100	450
MARGEM DE CONTRIBUIÇÃO	150	150	150	150	700	150	150	150	450	100	1.250
Despesas diretas					100				100	0	200
Despesas transferidas					100				100	0	200
MARGEM DE CONTRIBUIÇÃO II					500				250	100	850
Despesas gerais											100
LUCRO OPERACIONAL											750
Tributos sobre o lucro											50
LUCRO LÍQUIDO											700
INVESTIMENTOS											3.000
Retorno											23,3%

Nesse modelo, não consideramos o centro de resultados financeiros, pela especificidade da atividade e porque normalmente as transações são, em sua maioria, à vista.

Os resultados são apresentados em três unidades de negócio:

1. bar;
2. mercearia;
3. jogos;

Dentro das unidades de negócio do bar e da mercearia, sugere-se o desdobramento pelas principais linhas de mercadorias vendidas.

As despesas diretas são das pessoas vinculadas a cada unidade de negócio. As despesas transferidas, se houver, decorrem de empréstimo de mão de obra de um setor para outro.

7.2. Empresa de serviços de mão de obra

Para representar empresas de serviços baseados em mão de obra, escolhemos como referência um escritório de advocacia, como mostra a Tabela 7.2.

Tabela 7.2. Serviços – Escritório de Advocacia.

	Departamento 1 - Consultoria				Departamento 2 - Contencioso				Departamento N					Total Geral
	Civil	Societário	Tributário	Total	Civil	Societário	Tributário	Total	Criminal	Comércio Exterior	Total	Secretaria	Resultados Financeiros	
RECEITAS	1.200	1.200	1.200	3.600	1.100	1.100	1.200	3.400	1.100	1.200	2.300	150	0	9.450
Externas	1.100	1.100	1.100	3.300	1.000	1.000	1.100	3.100	1.000	1.100	2.100	150	0	8.650
Transferidas	100	100	100	300	100	100	100	300	100	100	200	0	0	800
CUSTO DOS SERVIÇOS	900	900	900	2.700	900	900	900	2.700	900	900	1.800	100	0	7.300
Advogados	600	600	600	1.800	600	600	600	1.800	600	600	1.200	0	0	4.800
Assistentes	200	200	200	600	200	200	200	600	200	200	400	0	0	1.600
Administrativos diretos	100	100	100	300	100	100	100	300	100	100	200	100	0	900
MARGEM BRUTA I	300	300	300	900	200	200	300	700	200	300	500	50	0	2.150
Despesas transferidas	50	50	50	150	300	50	50	400	200	50	250	0	0	800
MARGEM BRUTA II	250	250	250	750	-100	150	250	300	0	250	250	50	0	1.350
Despesas administrativas													0	400
Despesas com suprimentos													0	100
Despesas com recursos humanos													0	200
Despesas gerais etc.													0	100
LUCRO OPERACIONAL														550
Despesas financeiras													100	100
Receitas financeiras													200	200
RESULTADO FINANCEIRO													100	100
Impostos sobre o lucro														200
LUCRO LÍQUIDO														450
INVESTIMENTOS														3.500
Retorno														12,9%

É possível visualizar várias unidades de negócio na prestação de serviços de advocacia, com os principais serviços ofertados em cada unidade de negócio. Outro aspecto considerado no exemplo é a possibilidade de transferência de serviços, uma vez que é possível que profissionais lotados em determinado serviço também façam trabalhos para outras áreas de serviços.

Um desdobramento de análise de resultado indicado é a apuração da lucratividade por cliente, uma vez que é muito comum que haja clientes cativos no portfólio de clientes da empresa.

7.3. Empresa comercial

Para representar empresas que comercializam mercadorias, exemplificamos com uma empresa da atividade de supermercado, apresentada na Tabela 7.3.

Tabela 7.3. Comércio – Supermercado.

	Departamento 1				Departamento 2				Departamento N				Total
	Linha Som	Linha Áudio	Linha Branca	Total	Refrige-rantes	Cer-vejas	Vinhos e outros	Total	Linha 1	Linha 2	Total	Resultados Financeiros	Geral
RECEITAS	1.000	1.000	1.000	3.000	1.000	1.000	1.000	3.000	1.000	1.000	2.000	0	8.000
CUSTO DAS MERCADORIAS	300	300	300	900	300	300	300	900	300	300	600	0	2.400
MARGEM DE CONTRIBUIÇÃO	700	700	700	2.100	700	700	700	2.100	700	700	1.400	0	5.600
Despesas diretas	100	100	100	300	100	100	100	300	100	100	200	0	800
Despesas transferidas	50	50	50	150	50	50	50	150	50	50	100	0	400
(-) Receitas transferidas	70	70	70	210	40	40	40	120	40	30	70		400
MARGEM DE CONTRIBUIÇÃO II	620	620	620	1.860	590	590	590	1.770	590	580	1.170	0	4.400
Despesas com manutenção												0	400
Despesas com logística												0	400
Despesas com suprimentos												0	100
Despesas administrativas												0	200
Despesas recursos humanos												0	100
Despesas gerais etc.												0	100
LUCRO OPERACIONAL												0	3.100
Despesas financeiras												1.000	1.000
Receitas financeiras												100	100
RESULTADO FINANCEIRO												-900	-900
Tributos sobre o lucro													700
LUCRO LÍQUIDO													1.500
INVESTIMENTOS													14.000
Retorno													10,7%

A atividade básica de revenda permite a incorporação natural do conceito de margem de contribuição, uma vez que o custo das mercadorias vendidas é variável. O desdobramento da análise de lucratividade para cada tipo de produto, das diversas linhas de produtos, é naturalmente recomendável e de fácil obtenção com o atual estágio de tecnologia de informação existente.

As despesas diretas representam os gastos com pessoal alocado diretamente nas diversas linhas de produtos de cada departamento do supermercado. As despesas transferidas menos as receitas transferidas representam a possibilidade de transferências temporárias de funcionários lotados em uma determinada área e que possam trabalhar provisoriamente em outras áreas ou linhas de produtos.

7.4. Empresa industrial

A Tabela 7.4 mostra o exemplo de uma empresa industrial fabricante e vendedora de tratores, com suas várias possibilidades de unidades de negócio que devem merecer o desdobramento para análise e responsabilização dos resultados.

Tabela 7.4. Indústria – Tratores.

	Produção – Fábrica 1				Produção – Fábrica 2						Assis-				Total
	Peças	Pintura	Monta-		Peças	Pintura	Monta-		Venda	Venda	tência	Re-	Comis-	Resultados	Geral
			gem	Total			gem	Total	Tratores	Peças	Técnica	vendas	sões	Financeiros	
RECEITAS	2.100	1.500	10.000	13.600	2.100	1.500	10.000	13.600	30.000	4.000	2.550	2.500	250		66.500
Mercado interno	0	0	0	0	0	0	0	0	15.000	2.000	500	2.500	250		20.250
Mercado externo	0	0	0	0	0	0	0	0	15.000	2.000	500	0	0		17.500
Internas – Transferências	2.100	1.500	10.000	13.600	2.100	1.500	10.000	13.600	0	0	1.550	0	0		28.750
CUSTO DOS PRODUTOS	400	400	3.000	3.800	400	400	2.900	3.700	17.100	2.400	400	2.300	100		29.800
Materiais	300	300	2.900	3.500	300	300	2.800	3.400	17.000	2.300	300	2.200	0		28.700
. Consumidos diretamente	300	300	300	900	300	300	300	900	300	300	300	300	0		3.000
. Recebidos em transferência	0	0	2.600	2.600	0	0	2.500	2.500	16.700	2.000	0	0	0		23.800
Serviços diretos	100	100	100	300	100	100	100	300	100	100	100	100	100		1.100
. Consumidos diretamente	50	50	50	150	50	50	50	150	50	50	50	50	50		550
. Recebidos em transferência	50	50	50	150	50	50	50	150	50	50	50	50	50		550
MARGEM DE CONTRIBUIÇÃO	1.700	1.100	7.000	9.800	1.700	1.100	7.100	9.900	12.900	1.600	2.150	200	150		36.700
Mão de obra direta	700	500	1.200	2.400	600	400	1.200	2.200	0	0	0	0	0		4.600
Mão de obra indireta	430	200	1.500	2.130	400	200	1.500	2.100	0	0	0	0	0		4.230
Despesas gerais	200	50	50	300	200	50	50	300	0	0	0	0	0		600
Depreciação	500	500	3.300	4.300	500	400	3.300	4.200	0	0	0	0	0		8.500
Variação dos estoques industriais	0	0	0	0	0	0	0	0	0	0	0	0	0		0
MARGEM BRUTA	-130	-150	950	670	0	50	1.050	1.100	12.900	1.600	2.150	200	150		18.770
Despesas diretas	0	0	0	0	0	0	0	0	7.000	200	1.500	100	100		8.900
Despesas transferidas	0	0	0	0	0	0	0	0	1.000	300	100	0	0		1.400
MARGEM DE CONTRIBUIÇÃO II	-130	-150	950	670	0	50	1.050	1.100	4.900	1.100	550	100	50		8.470
Despesas com manutenção															1.000
Despesas com logística															1.100
Despesas com suprimentos															500
Despesas administrativas															1.200
Despesas com recursos humanos															400
Despesas gerais etc.															200
LUCRO OPERACIONAL															4.070
Despesas financeiras														-2.000	-2.000
Receitas financeiras														200	200
RESULTADO FINANCEIRO														-1.800	-1.800
Tributos sobre o lucro															600
LUCRO LÍQUIDO															1.670
INVESTIMENTOS															10.000
Retorno															16,7%

No exemplo hipotético apresentado, a empresa conta com duas fábricas, com três processos principais: a fabricação de peças, o setor de pintura e o setor de montagem final.

Após a montagem final, os produtos acabados são transferidos para o setor de venda de tratores. Para tanto, deve-se utilizar o preço de venda de mercado, no conceito de valor realizável líquido. Dessa maneira, a receita por transferência da produção dos tratores para a unidade de venda de tratores é o preço de mercado menos os custos de mercado necessários para comercialização dos tratores.

Os setores de peças e pintura transferem a maior parte dos seus produtos e serviços para o setor de montagem. Os setores de peças também podem transferir produtos para a unidade de negócio de venda de peças. O setor de assistência técnica vende serviços para terceiros, assim como pode prestar serviços internamente, para consertos de equipamentos internos.

A empresa pode ter uma área de revenda para comercializar tratores que ela não fabrica, mas que podem compor seu portfólio de produtos. Similarmente, ela também pode representar e comercializar outros tipos de equipamentos, para os quais faz apenas a intermediação, sem efetuar a compra e revenda, obtendo ganhos de comissões por essa atividade.

É indispensável o complemento dessa demonstração de resultados, com o desdobramento da análise de lucratividade por tipo de produto, detalhando todos os tipos de tratores vendidos com suas respectivas lucratividades. O mesmo tipo de desdobramento pode ser feito para as vendas de peças, agrupando análise de lucratividade pelos principais tipos de revenda de peças (fabricadas, revendidas, importadas etc.).

7.5. Instituição de ensino

Uma instituição de ensino tem como gasto principal a folha de pagamento, e os funcionários são alocados diretamente aos cursos ou setores de apoio. Assim, o modelo de contabilidade por unidade de negócio tem como referência o custeamento direto, já que praticamente inexistem custos variáveis em uma empresa dessa atividade, conforme mostra a Tabela 7.5.

Tabela 7.5. Instituição de ensino

	Campus 1							Campus 2			Resultados	
	Faculdade 1			Faculdade 2			Total	Faculdade N			Financeiros	TOTAL
	Curso A	Curso B	Total	Curso C	Curso D	Total	Campus 1	Curso Y	Curso Z	Total	Outros	GERAL
	Graduação	Pós									Geral	
DADOS GERAIS												
Quantidade de alunos	60	60	120	60	60	120	240	60	60	120		360
Quantidade de bolsas	2	1	3	2	1	3	6	2	1	3		9
Horas diretas	100	100	200	100	100	200	400	100	100	200		600
RECEITAS – $												
Mensalidades	1.000	1.000	2.000	1.000	1.000	2.000	4.000	1.000	1.000	2.000		6.000
Taxas	5	5	10	5	5	10	20	5	5	10		30
RECEITA LÍQUIDA TOTAL	1.005	1.005	2.010	1.005	1.005	2.010	4.020	1.005	1.005	2.010		6.030
CUSTOS DIRETOS – CURSOS/ENSINO	580	580	1.160	580	580	1.160	2.320	580	580	1.160		3.480
Salários e Encargos	510	510	1.020	510	510	1.020	2.040	510	510	1.020		3.060
Professores – Mestres I	200	200	400	200	200	400	800	200	200	400		1.200
Professores – Mestres II	220	220	440	220	220	440	880	220	220	440		1.320
Coordenador	50	50	100	50	50	100	200	50	50	100		300
Administração	40	40	80	40	40	80	160	40	40	80		240
Materiais indiretos	20	20	40	20	20	40	80	20	20	40		120
Despesas gerais	40	40	80	40	40	80	160	40	40	80		240
Depreciação	10	10	20	10	10	20	40	10	10	20		60
RESULTADO I – R$	425	425	850	425	425	850	1.700	425	425	850		2.550
– % (percentual)	42%	42%	42%	42%	42%	42%	42%	42%	42%	42%		42%
CUSTOS DIRETOS – EXTENSÃO	80	80	160	80	80	160	320	80	80	160		480
Salários e Encargos	80	80	160	80	80	160	320	80	80	160		480
Professores – Mestres I	40	40	80	40	40	80	160	40	40	80		240
Professores – Mestres II	40	40	80	40	40	80	160	40	40	80		240
CUSTOS DIRETOS – PESQUISA	80	80	160	80	80	160	320	80	80	160		480
Salários e Encargos	80	80	160	80	80	160	320	80	80	160		480
Professores – Mestres I	40	40	80	40	40	80	160	40	40	80		240
Professores – Mestres II	40	40	80	40	40	80	160	40	40	80		240
RESULTADO II – R$	265	265	530	265	265	530	1.060	265	265	530		1.590
– % (percentual)	26%	26%	26%	26%	26%	26%	26%	26%	26%	26%		26%
CUSTOS DIRETOS – FACULDADES			110			110	220			110		330
Salários e encargos			60			60	120			60		180
Diretoria			40			40	80			40		120
Administração			20			20	40			20		60
Materiais indiretos			10			10	20			10		30
Despesas gerais			20			20	40			20		60
Depreciação			20			20	40			20		60
RESULTADO III – R$			420			420	840			420		1.260
– % (percentual)			21%			21%	21%			21%		21%
CUSTOS DIRETOS – CAMPUS							230			230		460
Salários e encargos							190			190		380
Diretoria							80			80		160
Administração							40			40		80
Manutenção							40			40		80
Serviços de apoio							30			30		60
Materiais indiretos							20			20		40
Despesas gerais							10			10		20
Depreciação							10			10		20
RESULTADO IV – R$							610			190		800
– % (percentual)							15%			9%		13%
CUSTOS GERAIS											140	140
Salários e encargos											100	100
Reitoria											20	20
Administração											20	20
Marketing											20	20
Biblioteca											20	20
Serviços de apoio											20	20
Materiais indiretos											10	10
Despesas gerais											10	10
Depreciação											20	20
OUTROS RESULTADOS											-56	-56
Receitas Financeiras											2	2
Despesas financeiras											-45	-45
Doações											2	2
Alienação de imobilizados											-15	-15
TOTAL DE DESPESAS	740	740	1.590	740	740	1.590	3.410	740	740	1.820	196	5.426
RESULTADO LÍQUIDO DO PERÍODO	265	265	420	265	265	420	610	265	265	190	-196	604

O modelo apresentado reforça o conceito de custeamento direto, sem rateio das áreas de apoio. Assim, os gastos da área de apoio de cada faculdade não devem ser rateados aos cursos da faculdade. Da mesma forma, as áreas de apoio ao *campus* não devem ser rateados para as faculdades. Na mesma linha de raciocínio, as áreas de apoio corporativas (reitoria, *marketing* etc.) também não devem ser rateadas para o *campus*.

7.6. Atividades sem fins lucrativos

A Tabela 7.6 mostra um exemplo de aplicação de contabilidade por unidade de negócio para entidades sem fins lucrativos.

Tabela 7.6. Entidades sem Fins Lucrativos – Clube de Recreação.

	Departamento 1 – Social			Departamento 2 – Esportivo				Departamento 3 – Patrimonial			Verba do Conselho	Total Geral
	Eventos Semanais	Eventos Datados	Total	Ginásio	Piscinas	Externos	Total	Manutenção	Suprimentos	Total		
RECEITAS	1.100	4.200	5.300	300	300	300	900	0	0	0	1.100	7.300
Externos	1.000	4.000	5.000	200	200	200	600	0	0	0	1.000	6.600
Transferidas	100	200	300	100	100	100	300	0	0	0	100	700
CUSTO DOS SERVIÇOS	800	1.500	2.300	800	800	70	1.670	340	340	680	800	5.450
Materiais	100	800	900	100	100	10	210	100	100	200	100	1.410
Mão de obra	500	500	1.000	500	500	40	1.040	200	200	400	500	2.940
Despesas	200	200	400	200	200	20	420	40	40	80	200	1.100
RESULTADO BRUTO I	300	2.700	3.000	-500	-500	230	770	-340	-340	-600	300	1.850
Despesas transferidas	100	0	100	100	300	100	500	0	100	100	0	700
RESULTADO BRUTO II	200	2.700	2.900	-600	-800	130	-1.270	-340	-440	-780	300	1.150
Despesas administrativas												400
Despesas com recursos humanos												300
Despesas gerais etc.												200
RESULTADO DA ATIVIDADE												250
Impostos												20
RESULTADO LÍQUIDO												230
INVESTIMENTOS												4.000

A base conceitual é a mesma utilizada para outros setores, ou seja, o conceito de custeamento direto, sem rateio.

8
Contabilidade por atividades

A visão de contabilidade por unidades de negócio desenvolvida pelo professor Dr. Armando Catelli (FEA-USP) mensura o resultado por atividades internas da empresa[1], em um sistema completo de controladoria denominado GECON (Gestão Econômica).

O conceito de atividades no GECON é um conceito de macroatividades: compras, estocagem, produção, vendas, finanças. O objetivo é apurar o resultado dessas atividades dentro de um modelo integrado de decisão, mensuração e informação. É completamente diferente do conceito de atividades do método de custeamento ABC (*Activity-Based Costing*), que trabalha no conceito de microatividades, que são os diversos serviços ou tarefas desenvolvidas dentro de um departamento ou setor indireto, com o objetivo de alocação de custos e despesas indiretas.

O conceito de contabilidade por atividades adota o modelo de margem de contribuição; portanto, não há espaço conceitual para rateio de gastos indiretos, uma vez que um dos princípios do GECON é que os gestores são responsáveis pela geração do lucro, no âmbito de elementos econômicos em que eles têm domínio e atuação.

8.1. Premissas da contabilidade por atividades do GECON

A premissa que sustenta todo o modelo GECON é que o lucro, corretamente medido, mede a eficácia empresarial. Contudo, o lucro total da

---

[1] CATELLI, Armando (Coord.). *Controladoria: uma abordagem da gestão econômica*. São Paulo, Atlas, 1999.

empresa depende do lucro das suas partes – as atividades –, que por sua vez depende do resultado obtido em todas as transações realizadas dos eventos econômicos, conforme mostra a Figura 8.1.

Figura 8.1. Evento econômico e otimização do resultado.

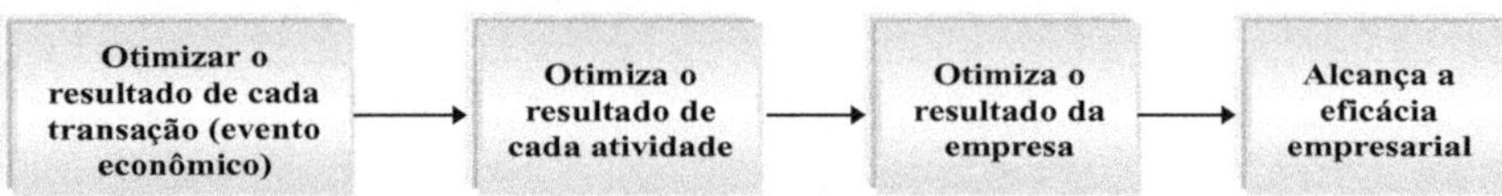

Ao otimizar o resultado de cada transação de cada evento econômico, ocorre a otimização do resultado de cada atividade e, consequentemente, do resultado total da empresa, provocando a eficácia empresarial.

Evento econômico e transação

Define-se evento econômico como uma classe de algo que é feito ou que acontece que muda o patrimônio empresarial. Os principais eventos econômicos decorrem das decisões naturais e comuns da empresa como empreendimento com fins lucrativos, como comprar, produzir, vender, receber, aplicar recursos financeiros etc.

Define-se transação como a execução de um evento econômico. Assim, uma compra que é feita é uma transação do evento econômico *compra*; uma venda que é feita é uma transação do evento econômico *venda*.

As transações dos eventos econômicos são realizadas dentro das diversas atividades que compõem a etapa do processamento do sistema empresa.

Atividades

Toda empresa é configurada em um sistema aberto[2] que processa os recursos adentrados no sistema para transformação em produtos e serviços a serem oferecidos à sociedade, conforme mostra a Figura 8.2[3].

---

[2] A empresa é um sistema aberto porque interage com as variáveis e entidades do ambiente externo, afetando algumas delas e sendo afetada por todas.

[3] Adaptado de CATELLI, já citado, p. 417.

Figura 8.2. Empresa como um conjunto de atividades no processo de transformação sistêmico.

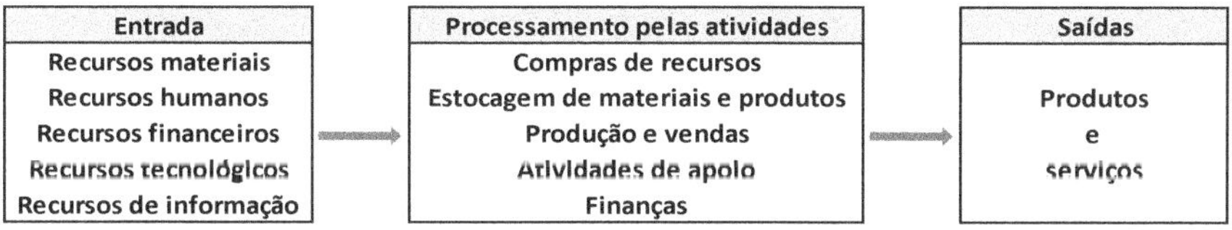

Define-se atividade como uma área da empresa que consome e processa recursos para entregar os produtos e serviços que lhe foram destinados. Portanto, todos os elementos de uma atividade podem ser mensurados economicamente.

Assim, as entradas dos recursos podem ser mensuradas economicamente em termos de custo; os processos de transformação de cada atividade podem ser mensurados em termos de custos e de receita; a resultante final do processamento de cada atividade também pode ser mensurada em termos de receita. Dessa maneira, a mensuração do resultado de cada atividade (lucro ou prejuízo) é passível de medição em termos econômicos.

Conceito de atividade para o GECON

O modelo GECON define a estruturação da contabilidade por unidade de negócios como a contabilidade que segmenta o resultado da empresa pelas suas principais atividades. As principais atividades para o GECON que merecem a mensuração do resultado econômico são:

- compra de recursos;
- estocagem de materiais;
- estocagem de produtos acabados;
- produção;
- comercialização;
- setores de apoio que permitam acurácia de mensuração específica (manutenção, logística etc.);
- tesouraria ou atividade de finanças;
- acionistas.

O desempenho de cada uma dessas atividades deve ser mensurado em termos de resultado, lucro ou prejuízo, isto é, com a mensuração dos custos dos recursos utilizados em cada atividade e da receita gerada por cada atividade quando da entrega dos produtos e serviços pelos quais a atividade é responsável.

Em outras palavras, a atividade de comprar deve dar lucro, a atividade de estocar deve dar lucro, a atividade de produção deve dar lucro, a atividade de vendas ou comercialização deve dar lucro, as atividades de apoio devem dar lucro, a atividade de finanças deve dar lucro.

Aos acionistas cabe prover os recursos financeiros para que as atividades sejam operacionalizadas. Como os recursos financeiros têm um custo financeiro de mercado, este deve ser suportado por todas as atividades.

Custo de oportunidade financeiro e a atividade "acionistas"

Conforme Guerreiro,

> Em termos práticos, o custo de oportunidade corresponde à remuneração mínima exigida pelos acionistas sobre seu investimento na empresa. Decompondo-se a empresa em áreas de responsabilidades (atividades) de acordo com sua estrutura de organização, é possível verificar que todos os ativos e passivos estão sob a responsabilidade de gestão de determinadas áreas. Portanto, no sistema proposto cada área deve 'pagar' o custo de oportunidade do acionista sobre os ativos que administra [...] o custo de oportunidade do acionista sobre os ativos é calculado com base em taxa de juro real de captação do mercado financeiro [...] e a responsabilidade do acionista sobre os passivos operacionais [...] é calculada com base em taxa de juro real de aplicação no mercado financeiro.[4]

Portanto, o modelo GECON também adota o conceito de avaliação de desempenho do lucro residual (ou EVA), que exploramos no Capítulo 5.

---

[4] GUERREIRO, Reinaldo. In: CATELLI, já citado, p. 319, adaptado.

Resultado econômico

O modelo GECON adota o conceito de resultado econômico para avaliação do desempenho de cada atividade. Conforme Pereira[5],

> O resultado econômico de uma organização refere-se à variação de sua riqueza em determinado período [...] Assim, a mensuração do desempenho econômico global da empresa, em determinado período, é expressa pela diferença entre os valores de seus patrimônios líquidos inicial e final.

Também conforme Pereira[6], o conceito de resultado econômico implica que a capacidade da atividade de gerar produtos e serviços tenha valor econômico que seja suficiente para repor, no mínimo, os recursos consumidos em determinado período. Para obtenção do resultado econômico, três conceitos de custo de oportunidade devem ser adotados:

a) o valor dos produtos e serviços produzidos por cada atividade deve ser avaliado a preços de mercado;
b) o valor dos produtos e serviços produzidos deve ser avaliado no momento da produção, e não no momento da venda ou do recebimento;
c) o lucro gerado pela atividade deve ser suficiente para cobrir o custo de oportunidade dos acionistas.

Dessa maneira, a mensuração do lucro econômico antecede a mensuração do lucro contábil, permitindo maior visibilidade do processo de planejamento empresarial.

Modelo de decisão, mensuração e informação

A Figura 8.3 mostra o modelo de decisão para os eventos econômicos[7] que é adotado para mensuração dos resultados econômicos de cada atividade e da empresa como um todo.

---

[5] PEREIRA, Carlos Alberto. In: CATELLI, já citado, p. 217/8, adaptado.

[6] Idem, p. 70.

[7] Adaptado de CATELLI, já citado, p. 123.

Figura 8.3. Modelo conceitual de decisão.

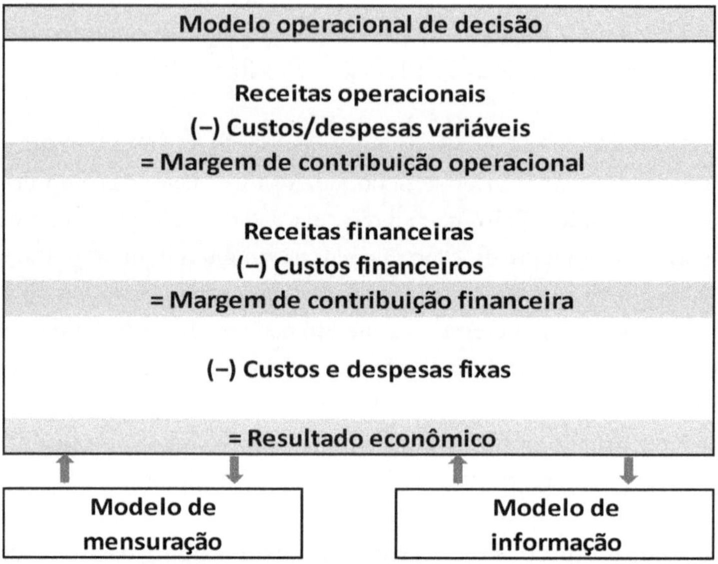

Esse modelo decisório deve ser utilizado:

a) quando da decisão de realizar ou não o evento econômico, como um simulador;
b) para a apuração do resultado econômico de cada transação de cada evento econômico;
c) para a apuração do resultado econômico de cada atividade;
d) para a apuração do resultado econômico da empresa.

O modelo de decisão deve contemplar os conceitos de resultado econômico para mensuração do resultado das transações dos eventos econômicos e das atividades. O modelo de informação é decorrente da estrutura conceitual e funcional adotada pelo GECON.

Os conceitos inerentes ao modelo são:

a) deve-se separar os resultados operacionais dos resultados financeiros nas transações efetuadas a prazo;

b) os gestores operacionais devem ser avaliados pelo resultado dos eventos econômicos na condição de à vista;
c) as receitas e os custos das atividades devem ser avaliados a preços de mercado;
d) as receitas e os custos das atividades devem ser avaliados no momento da produção ou entrega dos produtos e serviços para as demais atividades internas;
e) as atividades devem pagar ou receber o custo de oportunidade financeiro sobre os ativos, passivos e recursos utilizados para os acionistas;
f) o custo de oportunidade financeiro deve ser baseado nas taxas de juros de mercado do período, tanto de captação quanto de aplicação;
g) a mensuração do custo de oportunidade financeiro deve ser consolidada em uma atividade que represente os acionistas.

Esse modelo de avaliação de desempenho de contabilidade por atividades complementa os conceitos de avaliação de desempenho desenvolvidos nos capítulos anteriores. Em outras palavras, os dois modelos devem ser efetivados dentro da organização.

Os tópicos seguintes apresentam exemplos numéricos para evidenciação da aplicação dos conceitos do modelo GECON para mensuração dos resultados das diversas atividades. As atividades exemplificadas a seguir são as atividades de compras, estocagem de materiais, produção, estocagem de produtos acabados, comercialização ou venda e aplicações financeiras. Para simplificação, não consideramos exemplificação para atividades indiretas de apoio. Os números não têm vinculação específica com outros exemplos apresentados em capítulos anteriores e são arbitrários.

8.2. Mensuração da atividade de compras

A Tabela 8.1 mostra um exemplo de mensuração do resultado da atividade de compras, considerando compra a prazo, para envolver o aspecto financeiro do evento econômico e distingui-lo do aspecto operacional, que é na condição de compra à vista.

Tabela 8.1. Modelo de decisão, mensuração e informação – compra a prazo.

Dados	Quantidade	Preço unitário	Total
Compras efetivadas			
Preço dos fornecedores à vista	20.000	170,00	3.400.000
Preço dos fornecedores a prazo	20.000	172,00	3.440.000
Prazo médio dos fornecedores – meses	2		
Preços de mercado à vista – menor preço	20.000	175,00	3.500.000
Custo financeiro de aplicação – ao mês		0,5%	
Resultado das compras			
Receita operacional de compras	20.000	175,00	3.500.000
(–) Custos variáveis de compras	20.000	170,00	3.400.000
= Margem de contribuição operacional			*100.000*
(+) Receita de oportunidade*			34.144
(–) Custo financeiro das compras a prazo			-40.000
= Margem de contribuição financeira			*-5.856*
(–) Despesas da área de compra			210.000
Resultado da área de compra			**-115.856**
*Receita de oportunidade			
Valor das compras a prazo (a)			3.440.000
Custo financeiro – 2 meses (1,005 × 1,005) (b)			1,010025
Custo das compras descontado (c = a/b)			3.405.856
Receita de oportunidade (a – c)			34.144

O conceito mais importante para avaliação do resultado da área de compras e de seus compradores é que estes devem buscar comprar os materiais por preços inferiores ao menor preço à vista conhecido de mercado. Este é o custo de oportunidade externo que começa a validar o modelo de decisão e avaliação de desempenho.

O resultado de compras começa, então, dando a receita para o setor de compra pelo menor preço de mercado à vista. O custo variável das compras é o preço à vista efetivamente realizado. No exemplo em questão, como o preço obtido nas compras, na condição de à vista, foi inferior ao menor preço de mercado à vista, o setor de compras deu um lucro de $ 100.000 para a empresa. Esse lucro representa a margem de contribuição operacional do setor de compras.

Em seguida, verifica-se a margem de contribuição financeira. Para tanto, confronta-se o valor adicional de juros pago em função do prazo de 60 dias dado pelo fornecedor com o custo de oportunidade financeiro, calculado com a taxa de juros de aplicação. A taxa de juros de aplicação no mercado financeiro aplicada como desconto do valor da compra a prazo para dois meses tem sentido, uma vez que, conceitualmente, o setor de compras está liberando a tesouraria de dispender recursos financeiros nesses dois meses, podendo aplicar o montante equivalente no mercado financeiro.

Portanto, a margem de contribuição financeira é a diferença entre o valor de juros efetivamente pago nas compras a prazo e o custo de oportunidade financeiro pela aplicação do montante equivalente no mercado financeiro, que no modelo é denominado *receita de oportunidade*. No exemplo, o valor pago de juros aos fornecedores foi maior que o ganho obtido na aplicação financeira com montante equivalente, gerando um prejuízo financeiro para a empresa.

A soma da margem de contribuição operacional, mais ou menos a margem de contribuição financeira, é confrontada com os custos ou despesas da área, gerando o resultado final da atividade, no exemplo, um prejuízo de $ 115.856.

8.3. Mensuração da atividade de estocagem de materiais

A sequência natural da compra de materiais é a atividade de estocagem de materiais. A Tabela 8.2 mostra um exemplo de mensuração do resultado da atividade de estocagem de materiais.

Tabela 8.2. Modelo de decisão, mensuração e informação – estoque de materiais.

Dados	Quantidade	Preço unitário	Total
Materiais estocados			
Preço de reposição à vista – momento 1	20.000	175,00	3.500.000
Preço de reposição à vista – momento 2	20.000	177,00	3.540.000
Prazo médio de estocagem – meses	1		
Custo financeiro de captação – ao mês		0,9%	
Resultado da estocagem			
Preço de reposição à vista – momento 2	20.000	177,00	3.540.000
(–) Preço de reposição à vista – momento 1	20.000	175,00	3.500.000
= Margem de contribuição operacional			*40.000*
(–) Custo de oportunidade			31.500
= Margem de contribuição financeira			*-31.500*
(–) Despesas da área de estoque de materiais			90.000
Resultado da área de estocagem de materiais			**-81.500**
*Custo de oportunidade			90.000
Custo de reposição à vista – momento 1 (a)			3.500.000
Custo financeiro – 1 mês (b)			1,009000
Custo de reposição corrigido (c = a × b)			3.531.500
Custo de oportunidade (c – a)			31.500

A receita da estocagem de materiais é a possível valorização dos preços de reposição dos materiais comprados ainda em estoque, caracterizando a aplicação do conceito de custo de oportunidade e do lucro econômico no modelo. Confrontando o total do estoque a preços de reposição, com o valor do estoque a preços anteriores ou de aquisição, tem-se a possível receita operacional da atividade de estocagem de materiais.

Contudo, a manutenção do estoque de materiais exige recursos financeiros aplicados. Aplica-se então o custo de oportunidade financeiro, com taxa de juros de captação de recursos, já que a empresa precisará captar recursos (dos acionistas ou de terceiros) para financiar o investimento do estoque no prazo médio de estocagem. Isso gera a mensuração do custo de oportunidade financeiro.

O resultado da área de estocagem de materiais é a somatória resultante da margem de contribuição operacional, menos o custo de oportunidade financeiro e menos os gastos fixos do setor, que no exemplo resultou em um prejuízo de $ 81.500.

8.4. Mensuração da atividade de produção

Na indústria, a atividade de produção é a principal atividade que deve dar lucro, pois é a essência desse tipo de empreendimento. A Tabela 8.3 mostra um exemplo de mensuração do resultado da atividade de produção.

A receita operacional da produção é precificada pelo preço de venda realizável líquido, que será transferido para a atividade ou setor de comercialização. O preço de venda realizável líquido é o preço de venda à vista a ser obtido vendendo aos clientes externos, menos o custo médio de mercado da atividade de comercialização no segmento em que a empresa atua[8].

---

[8] Há sempre empresas que fazem a comercialização de produtos e serviços, ou a sua distribuição. É possível obter a média de comissão que se paga para distribuir os produtos e serviços de uma empresa.

Tabela 8.3. Modelo de decisão, mensuração e informação - produção.

Dados	Quantidade	Preço unitário	Total
Materiais consumidos e custos de fabricação			
Preço de reposição à vista – momento 2	20.000	177,00	3.540.000
Prazo médio de produção – meses	2		
Custo financeiro de captação – ao mês		0,9%	
Custos diretos da área de produção			2.000.000
Resultado da produção			
Receita operacional da produção	7.500	800,00	6.000.000
(–) Custos variáveis	20.000	177,00	3.540.000
= Margem de contribuição operacional			*2.460.000*
(–) Custo de oportunidade			82.007
= Margem de contribuição financeira			*-82.007*
(–) Custos diretos da produção			2.000.000
Resultado da área de produção			**377.993**
*Custo de oportunidade de materiais			
Custo dos materiais consumidos (a)			3.540.000
Custo financeiro – 2 mês (b) (1,009 × 1,009)			1,018081
Custo de reposição corrigido (c = a × b)			3.604.007
Custo de oportunidade (d = c – a)			64.007
*Custo de oportunidade de custos de fabricação			
Custo diretos da produção (e)			2.000.000
Custo financeiro - 1 mês (f)			1,009000
Custo de reposição corrigido (g = f × e)			2.018.000
Custo de oportunidade (h = g – e)			18.000
Total de custo de oportunidade (i = d + h)			82.007

Os custos variáveis de produção são o custo dos materiais requisitados do estoque de materiais a preços de reposição. No exemplo, como os materiais ficaram dois meses em estoque antes de serem transferidos para a produção, deve-se precificar o custo variável dos materiais pelo último preço de reposição constante do estoque de materiais.

Para apuração do custo de oportunidade financeiro de financiamento dos recursos da produção, separa-se o custo financeiro dos materiais e o custo financeiro dos custos de fabricação. Partindo da premissa de que normalmente os primeiros recursos a entrar no processo produtivo são os materiais, eles ficarão dois meses na fábrica (adotamos a premissa de que o ciclo de fabricação médio é de dois meses). Assim, o custo de oportunidade é a aplicação do custo financeiro de captação de dois meses para o total do consumo de materiais.

Como normalmente os custos diretos de produção têm forte componente de folha de pagamento, e esta normalmente é paga apenas no mês seguinte, adotamos a premissa de que o custo financeiro para financiar esses recursos produtivos é de apenas um mês.

O resultado da área de produção é um lucro de $ 377.993, contabilizando no momento da produção e não no momento da venda, antecipando a visualização do lucro econômico da empresa.

8.5. Mensuração da atividade de estoque de produtos acabados

Naturalmente e normalmente, os produtos produzidos pela fábrica vão para o estoque de produtos acabados e ficam à espera da definição do momento da venda. Assim, a estocagem de produtos acabados caracteriza-se também como uma atividade econômica que deve ter seu resultado mensurado, conforme mostra a Tabela 8.4.

Tabela 8.4. Modelo de decisão, mensuração e informação – estoque de produtos acabados.

Dados	Quantidade	Preço unitário	Total
Produtos estocados			
Preço de reposição à vista – momento 1	7.500	800,00	6.000.000
Preço de reposição à vista – momento 2	7.500	805,00	6.037.500
Prazo médio de estocagem – meses	1		
Custo financeiro de captação – ao mês		0,9%	
Resultado da estocagem			
Preço de reposição à vista – momento 2	7.500	805,00	6.037.500
(–) Preço de reposição à vista – momento 1	7.500	800,00	6.000.000
= Margem de contribuição operacional			*37.500*
(–) Custo de oportunidade			54.000
= Margem de contribuição financeira			*-54.000*
(–) Despesas da área de estoque de acabados			50.000
Resultado da área de estocagem de produtos acabados			**-66.500**
*Custo de oportunidade			
Custo de reposição à vista – momento 1 (a)			6.000.000
Custo financeiro – 1 mês (b)			1,009000
Custo de reposição corrigido (c = a × b)			6.054.000
Custo de oportunidade (c – a)			54.000

A receita da estocagem de produtos acabados é a possível valorização dos produtos ainda em estoque, caracterizando a adoção do preço de reposição. O custo de oportunidade financeiro é a aplicação do custo financeiro de captação sobre o valor inicial do estoque de produtos acabados, pelo prazo médio de estocagem.

Confronta-se a margem operacional e a margem financeira com os gastos da atividade e obtém-se o resultado econômico; no exemplo, um prejuízo de $ 66.500.

8.6. Mensuração da atividade de venda ou comercialização

Essa atividade é a conclusão do processo industrial e comercial com a entrega dos produtos e serviços para os clientes externos. O exemplo trabalha com a condição de venda a prazo, para exemplificar o aspecto financeiro do evento econômico.

O valor da receita operacional é a receita líquida dos tributos na condição de à vista. Os custos variáveis são o custo transferido do estoque de produtos acabados, a preços de reposição. A diferença é a margem de contribuição operacional da atividade de venda ou comercialização. A Tabela 8.5 mostra um exemplo de mensuração do resultado dessa atividade.

O valor da margem de contribuição financeira é o confronto da receita financeira adicional por vender a prazo com o custo de oportunidade financeiro de captação, aplicado para desconto do valor das vendas a prazo pelo prazo médio de recebimento.

Tabela 8.5. Modelo de decisão, mensuração e informação – venda a prazo.

Dados	Quantidade	Preço unitário	Total
Vendas efetivadas			
Preço para os clientes à vista	7.500	974,00	7.305.000
Preço para os clientes a prazo	7.500	1.000,00	7.500.000
Prazo médio de recebimento – meses	3		
Custo financeiro de captação – ao mês		0,9%	
Resultado das vendas			
Receita operacional de vendas	7.500	974,00	7.305.000
(–) Custos variáveis de vendas	7.500	805,00	6.037.500
= Margem de contribuição operacional			*1.267.500*
(–) Custo de oportunidade*			-198.909
(+) Receita financeira da venda a prazo			195.000
= Margem de contribuição financeira			*-3.909*
(–) Despesas da área comercial			595.000
Resultado da área comercial			**668.591**
*Custo de oportunidade			
Valor das vendas a prazo (a)			7.500.000
Custo financeiro – 3 meses (1,009 × 1,009 × 1,009) (b)			1,027244
Custo das vendas descontado (c = a/b)			7.301.091
Custo de oportunidade (a – c)			198.909

A margem de contribuição operacional, mais ou menos a margem de contribuição financeira e deduzida das despesas do setor ou atividade comercial, apura o resultado final da área comercial; no exemplo, um lucro de $ 668.591.

8.7. Mensuração da atividade de finanças ou tesouraria

Em linhas gerais, a atividade de finanças sempre será deficitária, uma vez que o evento econômico de sua responsabilidade, nesse modelo, é unicamente o evento de aplicação financeira.

O evento econômico de captação de recursos, no modelo GECON, é de responsabilidade da área ou atividade dos acionistas, já que esta atividade é a que recebe a contrapartida dos custos (e receitas) de oportunidade financeiros que foram contabilizados no resultado das atividades operacionais. A Tabela 8.6 mostra um exemplo de mensuração do resultado da atividade de finanças.

Tabela 8.6. Modelo de decisão, mensuração e informação – aplicação financeira.

Dados	Quantidade	Preço unitário	Total
Valor das disponibilidades aplicáveis			7.237.500
Prazo da aplicação – meses	1		
Receita financeira de aplicação – ao mês		0,5%	
Custo financeiro de captação – ao mês		0,9%	
Resultado das aplicações financeiras			
Receita financeira de aplicação			36.188
(–) Custos financeiro de captação			65.138
= Margem de contribuição financeira			*-28.950*

A atividade de finanças é a atividade que aloca os fundos para as atividades operacionais. Ela capta os recursos financeiros dos acionistas, portanto, tem que pagar o custo de oportunidade financeiro de captação pelo valor captado.

Como o valor captado será aplicado no mercado financeiro enquanto estiver disponível, vai render uma receita financeira com preços de juros de aplicação, que são sempre inferiores ao custo de captação; portanto, dificilmente será uma atividade que gerará superávit.

A eficácia do desempenho dessa atividade será medida em relação ao resultado orçado, com o desempenho do setor de tesouraria buscando a melhor combinação possível, com o menor risco financeiro, do portfólio das aplicações financeiras.

Para o exemplo numérico, consideramos como valor das disponibilidades aplicáveis o maior montante necessário para prover os recursos para todas as atividades operacionais, conforme mostra a Tabela 8.7.

Tabela 8.7. Recursos financeiros para a tesouraria.

Gastos	Mês 3
Pagamentos de materiais diretos	3.440.000
Setor de compras	210.000
Setor de estoques de materiais	90.000
Setor de produção	2.000.000
Setor de produtos acabados	50.000
Setor comercial	595.000
Setor administrativo	477.500
Setor de pesquisa e desenvolvimento	225.000
Tributos sobre o lucro	150.000
Total	7.237.500

Como o pagamento das compras a prazo, conforme premissa constante na Tabela 8.1, só se dará depois de dois meses, é no mês 3 que haverá o pico de pagamentos, já que a receita de vendas a prazo só entrará após três meses, conforme a Tabela 8.5.

8.8. Mensuração da atividade dos acionistas

O resultado da atividade "acionistas" é a contrapartida de todos os custos financeiros de oportunidade debitados nas atividades operacionais que exigiram ativos e recursos menos a receita financeira de oportunidade gerada pelo evento econômico de compras a prazo, que vem a ser uma despesa de custo de oportunidade para os acionistas, conforme mostra a Tabela 8.8.

Tabela 8.8. Modelo de decisão, mensuração e informação – atividade de acionistas.

I – Receitas de custos de oportunidade	
sobre estocagem de materiais	31.500
sobre custos de produção	82.007
sobre estocagem de produtos acabados	54.000
sobre vendas a prazo	198.909
sobre aplicações financeiras	65.138
Soma	431.553
II – Despesas de custos de oportunidade	
sobre compras a prazo	34.144
Soma	34.144
Resultado da área de acionistas	**397.409**

Os acionistas receberam um resultado positivo de $ 397.409. Se considerarmos, hipoteticamente, que o capital próprio investido pelos acionistas é de $ 2.800.000, e que o resultado da área é um lucro anual, ter-se-ia um retorno do investimento anual de 14,2% antes dos tributos sobre o lucro. Caso se considere uma alíquota média de tributos sobre o lucro de 33%, o retorno do investimento anual seria da ordem de 9,5%.

8.9. Visão geral do resultado das atividades

Nos exemplos numéricos apresentados até agora, não consideramos as atividades indiretas e de apoio. Supondo duas atividades de apoio – administração central, com gastos de $ 477.500, e pesquisa e desenvolvimento, com gastos de $ 225.000 –, podemos estruturar a demonstração de resultados considerando o conjunto de todas as atividades, como mostra a Tabela 8.9. A tabela contempla também o valor (também arbitrário) dos tributos sobre o lucro de $ 150.000.

Tabela 8.9. Visão geral do resultado de todas as atividades.

Receitas e despesas	Compras	Estocagem de materiais	Produção	Estocagem de prod. acabados	Comercialização	Finanças	Acionistas	Total
Vendas					7.305.000			7.305.000
Consumo de materiais	-3.400.000	0	0	0	0		0	-3.400.000
Gastos diretos	-210.000	-90.000	-2.000.000	-50.000	-595.000		0	-2.945.000
Transferências remetidas	3.500.000	3.540.000	6.000.000	6.037.500	0		0	19.077.500
Transferências recebidas	0	-3.500.000	-3.540.000	-6.000.000	-6.037.500		0	-19.077.500
Resultado operacional	**-110.000**	**-50.000**	**460.000**	**-12.500**	**672.500**		**0**	**960.000**
Custo de oportunidade financei	34.144	-31.500	-82.007	-54.000	-198.909	-65.138	397.409	0
Receita/despesa financeira	-40.000	0	0	0	195.000	36.188	0	191.188
Resultado líquido da atividade	**-115.856**	**-81.500**	**377.993**	**-66.500**	**668.591**	**-28.950**	**397.409**	**1.151.188**
Despesas administrativas								477.500
Despesas com pesquisa e desenvolvimento								225.000
Tributos sobre o lucro								150.000
Lucro líquido								**298.688**

O valor dos produtos e serviços transferidos entre as diversas atividades internas da organização estão apresentados nas rubricas Transferências remetidas e Transferências recebidas, sendo que o total das remetidas anula-se com o total das recebidas.

O custo de oportunidade financeiro debitado ou creditado nas atividades operacionais é compensado com o valor líquido creditado na coluna da atividade "acionistas". As despesas financeiras das compras a prazo e as receitas financeiras das vendas a prazo estão apresentadas na rubrica Receita/despesa financeira. A receita financeira da atividade de Finanças decorre dos rendimentos financeiros das aplicações financeiras.

Confrontando o lucro líquido de $ 298.688 com o hipotético valor investido dos acionistas de $ 2.800.000, ter-se-ia o retorno do investimento anual de 10,7%.

O valor do lucro líquido de $ 298.688 pode ser confrontado e checado com o mesmo valor obtido pela demonstração do resultado no formato tradicional da contabilidade, conforme mostra a Tabela 8.10.

Tabela 8.10. Demonstração do resultado tradicional.

Receita líquida das vendas a prazo	**7.500.000**
(–) Custos de compras a prazo	-3.440.000
= Margem de contribuição	**4.060.000**
(–) Gastos operacionais	
Setor de compras	210.000
Setor de estoques de materiais	90.000
Setor de produção	2.000.000
Setor de produtos acabados	50.000
Setor comercial	595.000
Setor administrativo	477.500
Setor de pesquisa e desenvolvimento	225.000
Soma	3.647.500
Lucro operacional	**412.500**
Receitas financeiras	36.188
Tributos sobre o lucro	150.000
Lucro líquido	**298.688**

Essa confrontação é necessária para garantir a fidelidade dos números desdobrados na contabilidade por atividades.

8.10. *Case*: aplicação no agronegócio de milho e soja

O modelo GECON aplica-se a qualquer segmento de atividade empresarial, seja industrial, comercial, serviços ou agrícola. Nas atividades de agricultura, pecuária, ativos biológicos e agronegócios, a aplicação do modelo GECON torna-se mais claramente visível. A Figura 8.4 mostra o fluxo básico da primeira etapa do agronegócio de soja e milho, finalizado na venda dos grãos, e não considerando processos subsequentes de industrialização.

Figura 8.4. Atividades no agronegócio de soja e milho.

Praticamente todos os recursos utilizados, bem como os produtos finais obtidos, são comercializados no mercado de *commodities*. Assim, os preços de mercado são conhecidos com enorme grau de precisão e permitem a acurácia da mensuração das transferências internas.

Esse segmento de atividades caracteriza-se também por pagamentos feitos *in natura*, também conhecidos como operações de *barter*. As operações de *barter* — ou troca, como também são conhecidas — são ferramentas extremamente úteis no agronegócio, tanto para quem está vendendo insumos quanto para os produtores. O termo vem do inglês e significa permutar. A prática consiste em fazer esse tipo de negociação antes da colheita para usar os insumos necessários e, então, efetuar o pagamento com os produtos obtidos na lavoura[9]. Esse tipo de transação é feito, naturalmente, com preços de mercado, uma vez que a efetivação do pagamento ou recebimento se dá pela cotação do preço da *commodity* no dia da transação financeira.

Nesse segmento, as atividades de estocagem também ganham protagonismo, uma vez que, com operações de *barter* e derivativos (contratos a termo, futuro, securitização, *hedge* cambial), pode-se comprar e estocar insumos por meses. Da mesma forma, a estocagem de produtos colhidos pode ser feita por vários meses, aguardando o melhor momento para efetivação da venda.

A mensuração dos resultados das diversas atividades deve contemplar, basicamente, os resultados operacionais na condição à vista, os resultados

---

[9] Dores, Fabiano. *Barter: como podemos nos proteger com essa modalidade?*. Disponível em: <http://www.pioneersementes.com.br/blog/109/barter-como-podemos-nos-proteger-com-essa-modalidade>. Acesso em: 01 jan. 2019.

financeiros, os resultados da utilização dos derivativos e os resultados das operações de *barter*.

A mensuração dos resultados das diversas atividades segue os modelos apresentados anteriormente.

A atividade de compras segue o modelo de mensuração da Tabela 8.1.

A atividade de estocagem de insumos segue o modelo de mensuração da Tabela 8.2, de estocagem de materiais.

As atividades de preparação do solo, desenvolvimento e colheita seguem o modelo de mensuração da Tabela 8.3, de produção.

A atividade de estocagem de produtos colhidos segue o modelo da Tabela 8.4, de estoque de produtos acabados.

A atividade de venda segue o modelo da Tabela 8.5, de comercialização.

A Tabela 8.11 mostra um exemplo genérico que pode ser adaptado para essa atividade, tomando como referência o estoque de produtos acabados.

Tabela 8.11. Modelo de decisão, mensuração e informação - estoque de soja e milho.

Dados	Quantidade	Preço unitário	Total
Produtos estocados			
Preço de reposição à vista – momento 1	0	0,00	0
Preço de reposição à vista – momento 2	0	0,00	0
Prazo médio de estocagem – meses	0		
Custo financeiro de captação – ao mês		0,0%	
Resultado da estocagem			
Preço de reposição à vista – momento 2	0	0,00	0
(–) Preço de reposição à vista – momento 1	0	0,00	0
= Margem de contribuição operacional			*0*
(–) Custo de oportunidade			0
= Margem de contribuição financeira			*0*
Resultado da operação com derivativos			
Instrumento original			*0*
Instrumento derivativo			*0*
Resultado das operações com barter			
Valor original			*0*
Valor realizado com barter			*0*
(–) Despesas da área de estoque de acabados			0
Resultado da área de estocagem de produtos acabados			**0**

Esse modelo de mensuração permite o acompanhamento de toda a sequência de decisões operacionais e financeiras nas diversas atividades desse tipo de atividade, deixando claro o resultado de cada decisão efetuada.

9
Sistemas de recompensa

A recompensa é um fator relevante na avaliação de desempenho e deve estar considerada no desenho do sistema de controle gerencial; naturalmente, isso se insere no modelo de gestão por unidades de negócio.

O tema da recompensa origina-se do fato de que gerentes, economistas e estudiosos de administração reconhecem que os incentivos têm força para motivar comportamentos, como iniciativa individual e busca por oportunidades.

Quando contribuições são premiadas, os participantes tentam tornar seus esforços visíveis para os superiores e aprimoram o processo de aprendizagem, pois comunicam informações sobre problemas e oportunidades que encontraram, bem como planos de ações implementados ou propostos.

Neste capítulo, o foco será trabalhar sistemas de recompensa que resultem em ganhos financeiros para os gestores e funcionários das unidades de negócio, basicamente variáveis, ocasionados por alcance dos resultados negociados, que complementem os salários e benefícios já dados a eles como empregados da empresa e já considerados dentro da remuneração mensal, denominados *remuneração fixa*. A utilização da remuneração variável tem como principal razão vincular a recompensa pelo esforço realizado à busca por determinado resultado[1].

---

[1] CAMARGO, Lumila Souza Girioli. *Análise da influência dos employee stock options plans (ESOP) no desempenho das organizações brasileiras*. Tese (Doutorado em Administração) – Faculdade de Gestão e Negócios, Universidade Metodista de Piracicaba. Piracicaba, 2018.

9.1. Objetivo da política de recompensas

Atkinson *et al.* (2000) afirmam que um elemento de controle é a motivação dos funcionários para buscarem os interesses da empresa quando empreenderem suas tarefas diárias. Nesse contexto, o objetivo da política de recompensas é vincular os interesses individuais e os da empresa, recompensando os funcionários por ações que a beneficiem.

Conforme os autores, contudo, planejar uma política de recompensas é difícil pelos seguintes motivos:

- os resultados refletem frequentemente o efeito de decisão e de ambiente incertos. Assim, um resultado ruim pode refletir a incerteza e o descontrole, em vez de esforço, habilidade, conhecimento ou execução ineficiente por parte da decisão;
- os resultados são frequentemente produto das atividades de muitas pessoas diferentes, e esse é um fator complexo no que tange ao isolamento do desempenho para recompensar as contribuições individuais;
- existe uma considerável discordância entre os especialistas a respeito do efeito da recompensa na motivação, ou seja, há dois extremos: de um lado, as recompensas baseadas no desempenho levam à motivação; de outro, são humilhantes e ineficazes.

Atkinson *et al.* (2000) destacam que o pagamento é parte de um pacote complexo de fatores que motivam as pessoas a trabalhar com o interesse de melhorar a empresa. Dessa forma, as empresas devem considerar os incentivos em um contexto maior de motivação. Nesse contexto, os autores abordam duas teorias de motivação:

- a teoria dos dois fatores motivacionais de Herzberg, que destaca que há dois grupos de fatores que motivam o comportamento individual: higiênicos, que estão relacionados ao contexto da tarefa mas que podem levar à desmotivação caso não estejam presentes (como pagamento, política, relações interpessoais, qualidade da supervisão); e os fatores de satisfação que estão relacionados ao conteúdo da tarefa, como responsabilidade, reconhecimento e oportunidade de crescimento.

- a teoria das expectativas de Vroom, que destaca que a motivação é um produto da expectativa, da instrumentalidade e da valorização. Os elementos são: esforço (o que a pessoa contribui para a tarefa, como conhecimento, habilidade, tempo); expectativa do indivíduo em relação à tarefa; desempenho (forma como o sistema de mensuração do desempenho avalia o que o indivíduo contribuiu para a empresa); instrumentalidade (relação entre a mensuração do desempenho individual e os resultados providos pela empresa e contrato de recompensa entre o indivíduo e a empresa); resultado (conjunto de recompensas que a pessoa experimenta ou recebe com base no desempenho mensurado); valorização (valor atribuído aos resultados pelo indivíduo); satisfação (valor do resultado para o indivíduo). Esta teoria é demonstrada na Figura 9.1.

Figura 9.1. Modelo das expectativas motivacionais.

Fonte: Atkinson *et al.* (2000, p. 717)

Dessa forma, a recompensa é apenas uma parte dos critérios que levarão à motivação dos colaboradores, no entanto, deve ser tratada de forma transparente e alinhada aos objetivos da organização. Para isso, faz-se necessário estabelecer um sistema de mensuração de desempenho que seja entendido pelos colaboradores e que reflita os objetivos da organização. A ligação entre os objetivos da empresa e do indivíduo é retratada na Figura 9.2.

Figura 9.2. Ligando os objetivos individuais aos organizacionais.

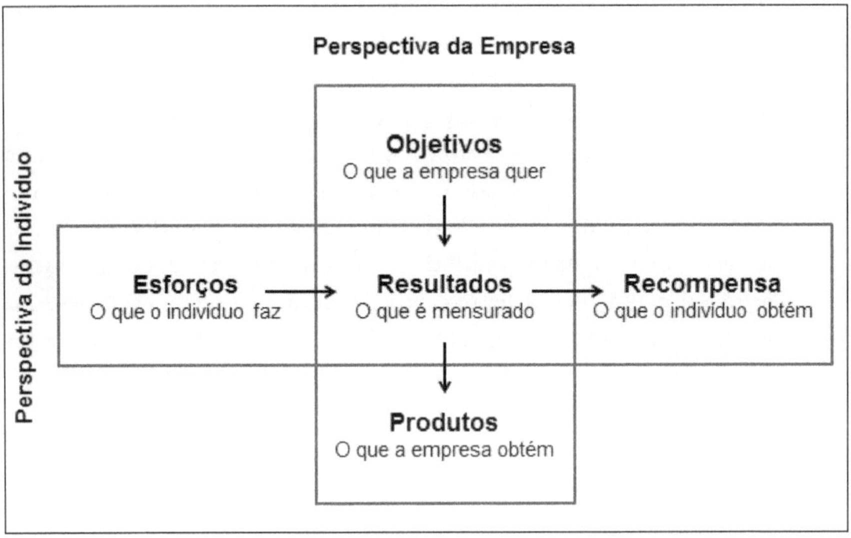

Fonte: Atkinson *et al.* (2000, p. 718)

Quanto à responsabilidade pelo sistema de mensuração de desempenho, Atkinson *et al.* (2000) afirmam que este faz parte do domínio do sistema da contabilidade gerencial da empresa e que um fator crítico desse sistema é assegurar que, enquanto persegue as medidas de desempenho, o colaborador age em benefício da empresa.

9.2. Recompensas intrínsecas e extrínsecas

As empresas oferecem dois tipos de recompensas, as intrínsecas e as extrínsecas. As recompensas intrínsecas são relacionadas à natureza da empresa e ao desenho da tarefa e refletem a satisfação que uma pessoa experimenta ao executar a tarefa e da oportunidade de crescimento que ela propicia (a contabilidade gerencial tem pouco efeito sobre elas).

Já a recompensa extrínseca é qualquer recompensa oferecida a uma pessoa em reconhecimento por uma atividade bem-feita. Exemplos são refeições, viagens, gratificações em dinheiro, gratificações em ações e reconhecimento no boletim informativo da empresa e placas.

A recompensa pode estar baseada no desempenho absoluto, em relação a algum plano – por exemplo, número de unidades fabricadas, resultados da empresa (lucro ou medidas do *balanced scorecard*, como satisfação do cliente, funcionários, taxas de lançamentos de novos produtos) e desempenho do preço da ação da empresa.

Para recompensar o desempenho, as empresas precisam de sistemas de mensuração de desempenho que obtenham informações pertinentes e fidedignas. Nessa área, a atuação da contabilidade gerencial pode ser fundamental (Atkinson *et al.*, 2000).

Assim, quando uma empresa decide recompensar o desempenho, leva o contador gerencial ou *controller* a projetar sistemas de mensuração de desempenho necessários para apoiar o sistema de recompensa, os quais envolvem seis atributos:

- os funcionários devem entender suas tarefas e o sistema de recompensa e acreditar no que eles medem para controlar e contribuir para a empresa. Tal característica faz o funcionário considerar o sistema de recompensa como justo e compreensível;
- o sistema de mensuração de desempenho deve fazer uma escolha cuidadosa a respeito das mensurações que estão baseadas em insumos (como tempo, habilidade e conhecimento) ou produtos ou na combinação dessas medidas. A escolha das medidas é a questão mais complexa do sistema de recompensas;
- os elementos de mensuração de desempenho que os sistemas monitoram e as recompensas devem refletir os fatores críticos de sucesso da empresa, para que se dediquem aos desempenhos medidos pelo sistema de recompensa. Assim, eles devem valorizar e recompensar os funcionários por um conjunto de mensurações equilibradas e abrangentes, como proposto no *balanced scorecard*;
- os sistemas de recompensa devem fixar padrões claros de desempenho para serem aceitos pelos funcionários. A falta de clareza afeta o aspecto motivacional da mensuração de desempenho;
- a duração do desempenho deve ser sistemática e precisa, estabelecendo uma relação clara entre desempenho e resultado;
- caso a coordenação da tomada de decisão e outras atividades com outros colaboradores seja um aspecto crítico, os sistemas de recom-

pensa deveriam recompensar o desempenho em grupo ao invés de individualmente (ATKINSON *et al.*, 2000).

Já os incentivos são definidos como aquelas recompensas baseadas nos desempenhos formal e informal, que melhoram o esforço gerencial em direção às metas organizacionais. Os gestores tendem a concentrar seus esforços nas áreas em que o desempenho é medido e afeta as recompensas, e a escolha de tais recompensas faz parte de um sistema geral de controle gerencial. As recompensas podem ser monetárias e não monetárias (aumento de salário, bônus, promoção, elogios, autossatisfação e estrutura física como escritórios decorados e salas de jantar privativas). O projeto de um sistema de recompensas está principalmente preocupado com os altos gestores, que, frequentemente, ouvem o conselho de muitas fontes além dos contadores (HORNGREN *et al.*, 2004).

9.3. Medidas de desempenho e *agency theory*

Com relação às medidas de desempenho, estas deveriam ser as mais objetivas possíveis, mesmo que componentes subjetivos do avaliador possam estar presentes. Medidas subjetivas só poderão ser efetivas se os superiores forem capazes de realizar um julgamento adequado e souberem informar de forma confiável os subordinados sobre esse julgamento. Caso contrário, essas métricas tendem a levar à desmotivação.

Assim, ligar recompensas ao desempenho é desejável, mas, frequentemente, o desempenho de um gestor não pode ser mensurado de forma direta. Os resultados das unidades de negócio, por exemplo, podem ser mensurados facilmente, mas o efeito de um gestor naqueles resultados (isto é, o desempenho gerencial) pode não ser. Idealmente, as recompensas devem ser baseadas no desempenho gerencial, mas, na prática, elas costumam depender dos resultados financeiros do centro de responsabilidade do gestor (HORNGREN *et al.*, 2004).

As escolhas formais de medidas de desempenho e recompensas fazem parte da teoria da representação (*agency theory*), na qual a alta gestão contrata um gestor e ambos devem concordar com um contrato de emprego que detalhe as medidas de desempenho e como elas afetarão as recompensas (exemplo: bônus de 10% se o centro de responsabilidade atingir o lucro orçado).

De acordo com essa teoria, os contratos de emprego substituirão três fatores:

- incentivo: se a recompensa de um gestor depender de uma medida de desempenho, mais incentivo ele terá para realizar ações que maximizem aquela medida;
- risco: quanto maior a influência dos fatores incontroláveis sobre a recompensa do gestor, mais risco ele tende a assumir. Assim, os gestores devem receber mais caso espere-se que assumam riscos;
- custo de mensurar o desempenho: medir diretamente o desempenho de um gestor pode ser dispendioso e, às vezes, inviável. Assim, os resultados do centro de responsabilidade estão mais prontamente disponíveis (HORNGREN *et al.*, 2004).

Dessa forma, há uma relação íntima entre avaliação de desempenho, tomada de riscos e resultado. Tal relação deve fazer parte do *design* do sistema de controle gerencial para que possa tornar a recompensa um fator de alinhamento de interesses entre os proprietários e os agentes e, consequentemente, trazer melhoria ao desempenho econômico.

9.4. Modelos de sistemas de recompensa

Os modelos mais utilizados de remuneração variável como sistemas de recompensas são:

a) bônus ou remuneração variável;
b) participação nos lucros e resultados;
c) participação nos ganhos;
d) opções em ações (*stock options*);
e) distribuição em ações.

Tem sido comum que as empresas classifiquem esses sistemas de recompensas em remuneração variável de curto prazo e remuneração variável de longo prazo, propondo aos executivos uma combinação dos dois tipos de remuneração variável.

De modo geral, bônus e participações nos lucros e nos ganhos são aplicados como remuneração variável de curto prazo, com resultados medidos dentro de um ano ou menos. Esse tipo de remuneração estimula maiores resultados de curto prazo.

Já opções e distribuição em ações têm como referência a remuneração variável de longo prazo e seu pagamento é vinculado a prazos maiores (cinco anos ou mais) ou considerando eventos possíveis mas incertos, como evento de liquidez da empresa (caso não seja uma companhia aberta). O objetivo da remuneração variável de longo prazo é a retenção dos talentos e evitar que resultados de curto prazo prejudiquem o futuro da empresa, dentro da linha da teoria da agência de maximização do valor da empresa. Algumas empresas incluem nesse conjunto de remuneração os bônus de longo prazo.

Outra classificação dos sistemas de recompensa é a amplitude. Algumas empresas entendem que o sistema de recompensa deve ser o mesmo para todos os funcionários da empresa, de forma coletiva. Outras entendem que deve haver dois ou mais modelos de sistemas de recompensa:

a) um sistema de recompensa para os executivos de alto escalão (diretores), que têm responsabilidade por objetivos estratégicos;
b) um sistema de recompensa para os executivos de médio escalão (gerentes), que têm responsabilidade por objetivos operacionais;
c) um sistema de recompensa para os demais funcionários.

A adoção de um outro modelo depende do porte da empresa, da amplitude de atuação (nacional, multinacional), da cultura empresarial etc.

9.5. Métricas de mensuração do desempenho para sistema de recompensas

O elemento central para o sistema de recompensa é a definição dos resultados esperados, conforme mostrado na Figura 9.2, que serão objeto de mensuração pelo sistema de contabilidade gerencial. Os resultados esperados evidenciam a convergência da perspectiva da empresa com a perspectiva do funcionário. Portanto, os resultados esperados devem ser objetivamente mensurados.

No Capítulo 5, desenvolvemos os modelos de avaliação de desempenho para avaliação do desempenho dos gestores, tendo como referência a avaliação por resultados econômicos. Assim, em nosso entendimento, as métricas de avaliação de desempenho devem ser aderentes àqueles conceitos apresentados.

Uma pesquisa de 2018 da PwC em conjunto com a FGV[2] apresenta um estudo sobre a remuneração de executivos de 149 empresas, adotando como indicador-base o conceito de EVA (Valor Econômico Adicionado) e classificando o resultado das empresas em criação ou destruição de valor – na pesquisa, denominadas *empresas que geram valor* e *empresas que não geram valor.*

Das empresas pesquisadas, 73% são de capital nacional e 27% são multinacionais. Delas, 68% faturam mais que 1 bilhão de reais (41% faturam mais que 3 bilhões) e têm mais que 3.000 funcionários (18% têm mais que 10.000 funcionários). A Tabela 9.1 mostra o resumo dos critérios utilizados para avaliação do desempenho para fins de remuneração variável.

Tabela 9.1. Indicadores utilizados por empresas brasileiras – Pesquisa PWC. Período de 2010 a 2016.

	Empresas que geram valor	Empresas que não geram valor	Ponderação
Quantidade de empresas	28	121	149
Percentual de número de empresas	19%	81%	100,0%
Indicadores utilizados			
Avaliação de desempenho	*57%*	*64%*	*63%*
EBITDA	43%	55%	53%
Lucro líquido	46%	39%	40%
Receita líquida	29%	15%	18%
Retorno sobre capital empregado	36%	8%	13%
Satisfação dos clientes	*18%*	*4%*	*7%*
Volume de vendas	18%	7%	9%
Capital empregado	14%	12%	12%
Lucro operacional	11%	12%	12%
EVA	11%	5%	6%
Fluxo de caixa	7%	18%	16%
Custos	7%	8%	8%
Desempenho das ações	7%	1%	2%
Outros	8%	6%	6%

Fonte: Relatório PWC/FGV 2018 - Remuneração executiva e geração de valor

---

[2] João Lins; Malvessi, O. *Remuneração executiva e geração de valor*. Disponível em: https://www.pwc.com.br/pt/estudos/servicos/consultoria-negocios/2018/remuneracao-executiva-e-geracao-de-valor-praticas-e-resultados-em-empresas-brasileiras.html

É interessante que o indicador mais utilizado seja um indicador qualitativo – avaliação de desempenho –, pois mostra a grande possibilidade de julgamentos subjetivos para o processo de remuneração variável. No conjunto de indicadores utilizados, também sobressai o indicador de satisfação de clientes, outro indicador qualitativo.

A presença do EBITDA como o segundo mais utilizado mostra, no nosso entendimento, uma falha conceitual de gestão, uma vez que esse indicador não é recomendado para a avaliação de desempenho dos gestores divisionais.

O indicador mais recomendado, o EVA, está em uma das últimas posições, com uma utilização ponderada de apenas 6%. O retorno sobre o capital empregado, que também é o primeiro indicador recomendado, tem uma participação ponderada de apenas 13%. No relatório não há citação específica da utilização do orçamento anual como indicador utilizado.

Em nosso entendimento, as métricas devem ter como referência o resultado econômico e o plano orçamentário. Assim, as métricas recomendadas são as apresentadas a seguir, *sempre confrontando o resultado obtido com o resultado orçamentado*:

- avaliação pelo resultado operacional e retorno do investimento;
- avaliação pelo retorno do investimento pelo Método Dupont;
- avaliação pelo lucro residual ou EVA (*Economic Value Added*);
- avaliação do desempenho pelo valor econômico (*valuation*);
- avaliação do desempenho ponderando indicadores da empresa com os mesmos indicadores da unidade de negócio.

A avaliação pelo retorno do investimento pelo Método Dupont é interessante porque congrega vários dos indicadores utilizados na pesquisa citada na Tabela 9.1, quais sejam:

a) retorno sobre o capital empregado;
b) lucro líquido;
c) lucro operacional;
d) receita líquida;
e) volume de vendas;
f) capital empregado;
g) custos.

Para planos de remuneração variável de longo prazo, a adoção dos indicadores de EVA e desempenho das ações (valor econômico) também é absolutamente recomendada.

Atkinson *et al.* (2000) também indicam a utilização, nos Estados Unidos, de métricas de eficiência e produtividade (*Improshare*, plano *Scanlon* e plano *Rucker*). Basicamente, são indicadores que refletem a produtividade da mão de obra, tendo como referência a participação percentual da folha de pagamento sobre a receita de vendas ou o valor da produção. Contudo, esses indicadores não trazem elementos de rentabilidade, o que pode ocasionar o pagamento de remuneração variável, caso os índices sejam atingidos, até em situação de prejuízo líquido.

Os mesmos autores também apresentam a utilização de indicadores que têm como referência o *benchmarking* externo, comparando, por exemplo, o retorno do investimento da empresa com o retorno do investimento médio do setor, ou o retorno do investimento de uma unidade de negócio com empresas similares do mesmo setor de atuação, o que não deixa de ser interessante.

Um conceito de conjunto de indicadores que tem sido recomendado para a avaliação de desempenho, com ou sem remuneração, é o modelo OKR (*Objectives and Key Results*), um sistema de metas criado pela Intel nos anos 1970 e ainda muito utilizado hoje. Esse modelo compreende um objetivo, uma meta claramente definida e um ou mais resultados-chave – medidas específicas utilizadas para alcançar cada meta. O objetivo do OKR é definir como alcançar as metas por meio de ações específicas, concretas e mensuráveis. Os resultados-chave podem ser mensurados em uma escala de 0 a 100%, ou em qualquer unidade numérica, como valor econômico ou número de itens etc.

Outro conceito de indicador de desempenho para remuneração variável, ligado ao plano orçamentário, é o conceito de *challenge*. Define-se a remuneração com base em resultados constantes no orçamento original (*budget*). Caso, por eficácia do gestor, os resultados obtidos suplantem o *budget*, a remuneração variável contempla um valor adicional, definido em algumas faixas de superação das metas.

9.6. Bônus e remuneração variável

É o modelo mais comum de sistema de recompensas com gratificação em dinheiro. Por meio de um acordo entre a empresa e o executivo, a empresa define o modelo de cálculo da bonificação que será paga. O período mais utilizado é o anual, mas algumas empresas fazem pagamentos semestrais. O sistema de bônus não se mistura com o modelo legalmente definido em nosso país como PLR ou PPR (Participação nos Lucros ou Resultados).

Para que o bônus seja obtido, os objetivos definidos têm que ser alcançados. Caso isso não ocorra, não haverá o pagamento de bônus. A empresa deve fazer um estudo prospectivo para verificar se haverá condições financeiras de suportar o pagamento de bônus acordado.

As métricas podem ser várias, por exemplo:

a) distribuição de um percentual do lucro líquido caso se obtenha margem EBITDA superior ao percentual predefinido da receita líquida;
b) distribuição de um percentual do lucro líquido caso se obtenha um retorno do investimento superior ao percentual predefinido;
c) distribuição considerando uma combinação de métricas, como volume de vendas atingido, margem EBITDA, retorno sobre o capital empregado e avaliação individual de desempenho, predefinindo os percentuais de representatividade de cada métrica.

9.7. Participação nos lucros ou resultados

A legislação trabalhista brasileira determina o pagamento de um sistema geral de recompensas denominado Participação nos Lucros ou Resultados, regulamentado pela Lei 10.101 de 19/11/2000.

Os principais aspectos a serem observados, de acordo com o diploma legal, são:

- deve contemplar todos os funcionários da empresa;
- o modelo de participação nos lucros ou resultados será objeto de negociação entre a empresa e seus empregados, por meio de uma comissão de representantes da empresa e de funcionários escolhida pelas partes, ou por meio da convenção ou do acordo coletivo;

- no acordo da negociação deverão constar regras claras e objetivas quanto à fixação dos direitos substantivos da participação e das regras adjetivas, inclusive mecanismos de aferição das informações pertinentes ao cumprimento do acordado, à periodicidade da distribuição, ao período de vigência e aos prazos para revisão do acordo, podendo ser considerados, entre outros, os seguintes critérios e condições: I. índices de produtividade, qualidade ou lucratividade da empresa; II. programas de metas, resultados e prazos, pactuados previamente.
- o instrumento de acordo celebrado será arquivado na entidade sindical dos trabalhadores;
- podem ser instituídos múltiplos programas de participação nos lucros ou resultados, por áreas ou categorias de funcionários;
- é vedado o pagamento de qualquer antecipação ou distribuição de valores a título de participação nos lucros ou resultados da empresa em mais de 2 (duas) vezes no mesmo ano civil e em periodicidade inferior a 1 (um) trimestre civil.

A utilização desse modelo de sistema de recompensas também para os executivos é interessante e tributariamente econômico para a empresa, uma vez que os dispêndios efetuados dentro desse programa são dedutíveis para fins de tributos sobre o lucro.

9.8. Participação nos ganhos

Conforme Atkinson *et al.* (2000), a participação nos ganhos é um sistema para distribuir gratificações em dinheiro de um montante, quando a quantia total disponível é uma função de desempenho relativa a algum objetivo.

A participação nos ganhos é um incentivo grupal, distinto do pagamento de gratificação em dinheiro pelo desempenho, que é uma recompensa individual. O plano de participação nos ganhos, normalmente, aplica-se a um grupo de funcionários dentro de uma unidade da empresa, como um departamento ou uma loja.

A participação nos ganhos promove a equipe de trabalho e a participação na tomada de decisões. Isso requer que os funcionários tenham habilidades para participar e que a empresa encoraje a participação.

9.9. Opções de ações (*stock options*) e distribuição de ações

As organizações vêm aprimorando seus planos de incentivo que buscam, por um lado, incrementar sua produtividade financeira e, por outro, reter os executivos de destaques. Um fator relevante nessa discussão é a governança corporativa, a qual visa a adoção de melhores práticas corporativas que garantam o controle e a transparência na gestão das organizações. Dentro dessas práticas, um fator importante é a política de remuneração como um mecanismo disciplinador na gestão empresarial (GÓMEZ; TURRENT, 2018).

Nas empresas de capital aberto, a remuneração comum do presidente de empresa compreende um salário fixo, uma bonificação com base no desempenho da companhia e uma remuneração baseada em ações, que pode se dar na forma de concessão de ações ou opção de compra de ações. A concessão e a opção em ações também são denominadas *Employee Stock Options Plans* (ESOP), planos de opções de ações para os funcionários.

As bonificações em dinheiro são baseadas nos fatores operacionais do curto prazo, como o crescimento do lucro por ação de um determinado ano, ou no desempenho operacional de médio prazo, como o crescimento dos lucros nos últimos três anos (EHRHARDT; BRIGHAM, 2012).

Já a remuneração baseada em ações surgiu na década de 1950 nos Estados Unidos, na década de 1970 na Europa e a partir da década de 1980 no Brasil (BANDONI *et al.*, 2017). As opções de ações funcionam como um mecanismo de governança corporativa que diminui os potenciais conflitos de agência existentes entre administradores e acionistas (PINTO, 2019), pois visam alinhar as expectativas de médio e longo prazo. A consultoria Mercer (2015) afirma que a remuneração de presidentes de empresa no Brasil é dividida da seguinte forma: 36% salário-base; 36% incentivos a curto prazo; 28% incentivos a longo prazo.

Essa associação do plano de compra de ações à governança corporativa ocorre devido ao fato de que o empregado pode ter uma participação na valorização futura da empresa. O intervalo de tempo entre a atribuição das opções e a compra de ações transforma o plano em um sistema de remuneração diferida, pois quem recebe as opções de ações não pode dispor imediatamente do valor potencial dessa remuneração. Esta pode ser considerada como uma prática que visa o ganha-ganha no ambiente de trabalho por meio da retenção de talentos, melhor resultado da organização e remuneração do colaborador (Calvo, 2013).

Conforme o Comitê de Pronunciamentos Contábeis (CPC) (2010), o acordo com pagamento baseado em ações é:

> o acordo entre a entidade (ou outra entidade do grupo ou qualquer acionista de qualquer entidade do grupo) e a contraparte (incluindo empregado), que confere à contraparte o direito de receber:
>
> (a) caixa ou outros ativos da entidade em montantes baseados no preço (ou no valor) dos instrumentos patrimoniais (incluindo ações e opções de ações) da entidade ou de outra entidade do grupo; ou
>
> (b) instrumentos patrimoniais (incluindo ações ou opções de ações) da entidade ou de outra entidade do grupo, desde que sejam atendidas condições de aquisição de direito especificadas.

Uma opção de compra de ação possibilita a compra de ações a um preço fixo, denominado *preço de exercício*, não importando o preço real da ação. Geralmente, as opções de compra de ação têm uma data de vencimento após a qual não podem ser exercidas. Em teoria, as opções de compra de ações deveriam alinhar os interesses do administrador com os dos acionistas, induzindo o administrador a se comportar de forma que o valor da empresa seja maximizado. Uma ameaça a esse processo é que o administrador pode solicitar falsificações nas demonstrações financeiras, a fim de elevar os preços das ações pouco antes de exercer suas opções. Consequentemente, as empresas de hoje estão experimentando diversos planos de remuneração que envolvem diferentes períodos de carência e medidas de desempenho de difícil manipulação, como o EVA (Ehrhardt; Brigham, 2012). Além disso, outra medida é a implementação de auditorias periódicas e avaliações de comitês como o de compensação para minimizar riscos de fraudes (Gómez; Turrent, 2018).

A opção de ações pode ser comprada ou vendida (*call option* ou *put option*), ser outorgada por um indivíduo pela empresa (*employee stock option*) ou decorrer de um contrato de natureza mercantil (*call option* ou *put option*). O plano de *stock options* contém os seguintes elementos: (1) preço de exercício – preço pelo qual o empregado tem o direito de exercer sua opção (*exercise price*); (2) prazo de carência – regras ou condições para o exercício das opções (*vesting*) e; (3) termo de opção – prazo máximo para o exercício da opção de compra da ação (*expiration date*). O preço de exercício é o preço de mercado da ação na data da concessão da opção, sendo comum estabelecer-se um desconto ou um prêmio sobre o valor do mercado. (CALVO, 2013).

Fragoso (2013) destaca as seguintes modalidades de opções de ações:

- *phantom shares*: o profissional não tem direito à posse das ações. A companhia define uma cota virtual a que ele tem direito. Depois do período de exercício, e havendo valorização das ações da empresa, o beneficiário receberá a diferença (considerado um *spread*) entre o valor das ações na data da elaboração do plano e quando do fim do período de carência. O plano poderá estabelecer que o beneficiário receba dividendos iguais aos pagos aos acionistas da empresa. Ao contrário das opções de ações, as *phantom shares* podem ser adotadas tanto pelas sociedades de capital aberto quanto pelas de capital fechado;
- *restricted bonus*: é o plano de concessão de ações em que apenas um grupo selecionado e restrito de profissionais poderá receber as ações, desde que cumpridas as metas estabelecidas;
- *performance stocks*: são concedidas pelo desempenho individual ou coletivo de seus colaboradores, tendo por objetivo premiar os profissionais que ao longo de um período determinado atingiram as metas estipuladas. Os beneficiários não recebem as ações propriamente ditas, mas o valor daquele lote de ações;
- distribuição gratuita de ações: plano de concessões em que as empresas distribuem ações gratuitamente a executivos com o objetivo de que se comprometam ainda mais com o crescimento dos resultados da empresa, na medida em que passam a ter direito ao pagamento de dividendos e podem se beneficiar com a valorização da cotação das ações em bolsa de valores.

Esses tipos de sistemas de recompensa são claramente apropriados para as sociedades anônimas, basicamente as de capital aberto que têm as ações negociadas nas bolsas de valores. Pode ser feita uma adaptação desse modelo de recompensas para as companhias fechadas ou sociedades de capital limitado, provavelmente considerando limites máximos de alcance de participação dos executivos no capital social da empresa.

9.10. Interligação entre remuneração e sistema de controle gerencial para unidades de negócio

Os tópicos anteriores demonstraram a importância crescente de práticas de remuneração de médio e longo prazo, que objetivam alinhar os interesses dos colaboradores e da companhia, servindo, assim, como um mecanismo de controle da governança corporativa. A opção de ações vem sendo colocada como uma dessas práticas, e para isso a organização precisa estabelecer os meios de controle necessários.

Além disso, aspectos críticos como o tratamento fiscal e contábil demandam a participação ativa do contador ou *controller* desde o desenho do plano até a efetiva implementação, monitoramento e controle. Essa participação é necessária para que:

- a organização possa implementar as medidas necessárias para que esse plano de opção de ações seja considerado de natureza mercantil, de modo a minimizar os impactos tributários para a organização;
- ocorra a determinação adequada dos valores justos e atualização contínua dos valores considerados na Contabilidade.

Como parte desse processo de controle, destaca-se a implementação do sistema de controle gerencial para unidades de negócio, o qual deve ser customizado para:

- suportar a determinação de objetivos e indicadores de desempenho que possam ter razoabilidade, potencial de alavancar o crescimento da organização e suas unidades de negócio capacidade de proporcionar um alinhamento de interesses entre proprietários/acionistas e colaboradores;
- auxiliar na comunicação adequada dos objetivos da organização, para que suas unidades de negócios e colaboradores possam conhecer suas metas e o desempenho de cada uma delas. Tal comunicação

deve proporcionar aprendizado contínuo e revisão de rumos para levar a empresa à consecução dos objetivos estabelecidos;

- realizar o monitoramento tempestivo dos indicadores de desempenho que estão ligados às práticas de remuneração (incluindo opções de ações) em cada unidade de negócio;
- possibilitar ferramentas de análise de cenários, para que a alta administração possa identificar as receitas e despesas em caso de determinado nível de resultados, assim como riscos e impactos tributários do plano estabelecido;
- segregar a incidência do plano de opções de ações por unidade de negócio, com o objetivo de refletir adequadamente tal plano na mensuração de desempenho em empresas com estrutura descentralizada.

9.11. *Case*: plano de participação de lucros e resultados em empresa industrial de capital aberto

Por meio de pesquisa dos autores, demonstramos um modelo de sistema de recompensas de incentivo de curto prazo, utilizado pela empresa referenciada, que julgamos de excelente qualidade, com as seguintes características:

a) é aplicado a todos os funcionários da empresa, de forma única, ou seja, o modelo de remuneração variável é aplicado igualmente aos funcionários, aos gerentes, aos diretores e à presidência;
b) a base legal é o programa de participação nos lucros ou resultados da Lei 10.101 de 19/11/2000, para aproveitamento dos benefícios tributários para a empresa e para os funcionários;
c) o montante a ser distribuído é definido previamente com a comissão do programa, tendo como referência o retorno do investimento sobre o patrimônio líquido final;
d) o montante a ser distribuído depende da faixa de retorno do investimento obtido no ano;
e) o lucro líquido a ser considerado é o lucro líquido contábil, já deduzido do próprio montante de participação nos lucros e resultados, com seu respectivo ganho tributário;

f) o valor individual a ser pago a cada funcionário decorre da divisão do montante a ser distribuído pelo montante dos salários nominais de todos os funcionários da empresa e da unidade de negócio;
g) há ponderação entre o retorno do investimento da empresa e o retorno da unidade de negócio, uma vez que as unidades de negócio têm intensa interligação. A ponderação é baseada em 40% do retorno do investimento da unidade de negócio com 60% do retorno do investimento da empresa como um todo;
h) incorpora o conceito de *challenge* (desafio) orçamentário como incentivo para redução de despesas: caso a unidade de negócio economize de 5% até 9% do valor das despesas orçadas, haverá um aumento de 10% na remuneração de cada um; caso a unidade de negócio economize acima de 10% do valor das despesas orçadas, haverá um aumento de 20% na remuneração de cada um;
i) há limite de ganho de remuneração de até três salários nominais por funcionário;
j) é garantido um mínimo de $ 500,00 reais para todos os funcionários, como participação nos resultados, caso não haja retorno do investimento ou mesmo na hipótese de prejuízo contábil.

Esse modelo permite ganhos para os funcionários e incentivos para os gestores das unidades de negócio, ao mesmo tempo que contempla a capacidade de pagamento da empresa, pois esta só arcará com a distribuição de participação se houver lucro.

A Tabela 9.2 mostra o exemplo de vinculação do percentual do retorno do investimento alcançável e o montante do lucro líquido a ser distribuído aos funcionários. Os números desta tabela e da próxima são arbitrários, mas têm boa correlação com o modelo efetivamente utilizado pela empresa.

Tabela 9.2. Distribuição de lucro líquido de PLR pelo retorno do investimento anual.

Retorno do investimento % anual	Percentual de distribuição do lucro líquido – %
15% ou mais	10%
13% até 14,99%	9%
11% até 12,99%	8%
9% até 10,99%	7%
7% até 8,99%	6%
5% até 6,99%	5%
4% até 5,99%	4%
até 3,99%	3%

A Tabela 9.3 mostra a sequência de cálculo para obtenção da quantidade de salários nominais que cada funcionário receberá, considerando o modelo do estudo de caso.

Tabela 9.3. Modelo de cálculo da remuneração individual do PLR.

I – Retorno anual	Lucro líquido – $ A	Patrimônio líquido – $ B	Retorno anual – % C = A/B
Unidade de negócio 1	35.500	150.000	23,7%
Unidade de negócio 2	15.000	160.000	9,4%
Unidade de negócio 3	71.500	500.000	14,3%
Total da empresa	122.000	810.000	15,1%
II – Ponderação do retorno anual	**Empresa**	**Unidade de negócio**	**Ponderação**
Percentuais de ponderação	**60%**	**40%**	**100%**
Unidade de negócio 1	15,1%	23,7%	18,5%
Unidade de negócio 2	15,1%	9,4%	12,8%
Unidade de negócio 3	15,1%	14,3%	14,8%
III – Montante a ser distribuído	**Lucro líquido – $ A**	**Percentual do lucro B**	**Montante a distribuir – $ C = A × B**
Unidade de negócio 1	35.500	10%	3.550
Unidade de negócio 2	15.000	7%	1.050
Unidade de negócio 3	71.500	9%	6.435
	122.000		11.035
IV – Quantidade de salários a ser distribuída	**Montante a distribuir – $ A**	**Folha nominal total – $ B**	**Quantidade de salários C = A/B**
Unidade de negócio 1	3.550	1.000	3,55
Unidade de negócio 2	1.050	750	1,40
Unidade de negócio 3	6.435	2.500	2,57
	11.035	4.250	2,60
V – *Challenge* – economia de despesas	**Qtde. salário A**	**Índice economia B**	**Quantidade de salários C = A × B**
Unidade de negócio 1	3,55	1,00	3,55
Unidade de negócio 2	1,40	1,20	1,68
Unidade de negócio 3	2,57	1,10	2,83

Verifica-se que o retorno anual da Unidade 1 foi superior a 15%, que é a meta que a empresa quer obter para todas as unidades de negócio. As outras unidades não atingiram a meta desejada. A empresa como um todo obteve o retorno anual de 15,1%; portanto, acima da meta desejada. Pode, então, distribuir 10% do lucro líquido.

A etapa seguinte é a ponderação do retorno do investimento, já que uma das características do programa é que o retorno de cada unidade de negócio deverá ser ponderado com o retorno total da empresa, na proporção de 40% e 60%, respectivamente.

Fazendo as ponderações, verifica-se que o retorno ponderado da Unidade 1, de 18,5%, continua superior à meta; portanto, os funcionários podem receber o máximo da distribuição, que é 10% do lucro líquido da unidade. Já a Unidade 2 tem um retorno ponderado de 12,8%, beneficiada pelo retorno geral da empresa, uma vez que, isoladamente, a Unidade 2 teve o pior desempenho de retorno anual, que foi de 9,4%. A ponderação também ajudou o retorno ponderado da Unidade 3, contudo, sem alcançar a meta de 15%, ficando com 14,8%.

A etapa III mostra o montante a ser distribuído. Como a única unidade que alcançou a meta de 15% é a Unidade 1, 10% do seu lucro líquido poderá ser distribuído. A Unidade 2 só terá distribuição de 7% do seu lucro líquido, conforme mostra a Tabela 9.2; a Unidade 3 terá distribuição de 9% de seu lucro líquido.

Com os montantes a serem distribuídos calculados, faz-se a relação desses valores com o total da folha de salários nominal do último mês do exercício, conforme evidenciado na etapa IV. Como a quantidade calculada de salários a ser distribuída para os funcionários da Unidade 1, de 3,55 salários, é superior ao teto a ser distribuído, de máximo de 3 salários, os funcionários da Unidade 1 receberão como remuneração de PLR o equivalente 3 salários cada um.

A etapa final, V, incorpora o conceito de *challenge* orçamentário. As Unidades 2 e 3 conseguiram economias nas despesas orçamentárias, e a quantidade de salários a ser paga para os funcionários dessas unidades foi aumentada em 10% e 20%, respectivamente.

Entendemos que esse modelo de remuneração variável é muito interessante, pois aproveita um programa decorrente de uma lei ao mesmo tempo que incentiva os gestores de cada unidade de negócio e mantém a preocupação com o resultado geral da empresa.

10

Preços de transferência internacionais (*Transfer pricing*)

No Capítulo 3, exploramos a questão dos preços nas transferências internas de produtos e serviços entre as unidades de negócio de uma organização no aspecto puramente gerencial. Há, porém, um conjunto de legislações fiscais sobre essa questão, em nosso país e em outros, quando as transferências de produtos e serviços envolvem transações internacionais dentro do mesmo grupo econômico.

Basicamente, essa legislação envolve transações de importação e exportação de produtos e serviços, bem como transações de caráter financeiro, entre unidades do mesmo grupo multinacional (subsidiárias, filiais, empresas etc.). Denominamos esses preços de *transferência de preços fiscais*. O nome mais utilizado é *transfer pricing*.

Sabe-se que muitas empresas multinacionais utilizam, para fins gerenciais, os mesmos preços de transferências fiscais. Entendemos que esse não é o caminho adequado. Os preços de transferência gerenciais devem ter como referência preços de mercado, que não são, necessariamente, os preços fiscais praticados nas transações internacionais intragrupo.

10.1. Visão geral

De modo geral, os preços praticados nas operações internacionais têm sido objeto de regulamentação pela maior parte dos países, como uma resposta às práticas empresariais que têm por objetivo a redução da renda tributável. As primeiras iniciativas foram das autoridades fiscais dos EUA em 1929, que passaram a regular os preços das transações intercompanhias (Rosseto, p.79).

Para empresas multinacionais, o preço de transferência tem um impacto ainda mais significativo, devido à existência de diversas regras fiscais que estipulam os critérios para cálculo de preço de transferência e a necessidade de documentação comprobatória para evidenciar que o cálculo adotado foi o mais apropriado.

Feinschreiber (2004, p. 3) destaca que: "Preço de transferência, para propósitos fiscais, é o preço de transações intercompanhias que ocorrem entre negócios afiliados. O processo de preço de transferência determina o montante de receita que cada parte ganha daquela transação". Segundo o autor, autoridades fiscais focam exclusivamente em transações de partes relacionadas que são conhecidas como transações controladas. Transações podem ser definidas como vendas, licenciamento, arrendamentos, serviços e juros.

O preço de transferência internacional (*transfer pricing*) é o preço praticado em operações internacionais entre empresas multinacionais do mesmo grupo econômico. Os objetivos básicos dos governos ao regular esses preços são:

a) evitar a evasão fiscal de tributos;
b) evitar a subavaliação ou superavaliação dos preços das mercadorias e dos serviços transacionados entre corporações do mesmo grupo;
c) evitar transferências inadequadas de divisas;
d) evitar distribuição ilegal de resultados por meio da adulteração dos preços dos produtos e serviços comercializados internacionalmente etc.

Verifica-se que são inúmeras as possibilidades de atuação da empresa na precificação das transações internacionais intragrupo, com o objetivo de reduzir a carga tributária global, por meio de redução da carga tributária dos diversos países onde atuam, e outros objetivos, como direcionamentos de recursos em tesouraria etc.

10.2. O princípio do *Arm's Length Transaction*

Esse princípio, que pode ser traduzido como *operação em base puramente comercial*, fundamenta as regulamentações de preços de transferência internacionais. De acordo com ele, para negócios e condições comparáveis, o preço das transações realizadas entre partes relacionadas deve ser semelhante ao dos praticados com terceiros, no pressuposto de que a transação foi efetuada em condições semelhantes às que seriam aplicadas entre partes não relacionadas (Rosseto, p.80).

Tendo sido consagrado internacionalmente em 1995 pela OCDE (Organização para a Cooperação Econômica e Desenvolvimento), esse princípio foi adotado e adaptado pelo Brasil pela Lei 9.430/96.

A globalização adicionou novas complexidades à política de preços de transferência. O surgimento da produção global cria oportunidades extensas para estratégias de preços de transferência, permitindo que as empresas troquem lucros para locais mais desejáveis e, assim, evitem impostos (Sikka e Willmott, 2010). Em consequência, a conformidade fiscal recentemente ganhou importância, dado que as autoridades fiscais em todo o mundo fortaleceram suas regras de tributação de preços de transferência (Cools *et al.*, 2008).

Cools *et al.* (2008) destacam que as primeiras orientações da OCDE foram emitidas em 1979 e implementadas por vários países ocidentais. No fim da década de 1980, os efeitos fiscais potencialmente negativos da política de preços de transferência das multinacionais estrangeiras se tornaram o centro do debate político nos EUA, resultando em regulamentos revisados e reforçados de preços de transferência em 1994 e 1995.

Por conseguinte, as autoridades fiscais em mais de 44 países (países da OCDE e não OCDE, desenvolvidos e em desenvolvimento) implementaram regras mais explícitas e detalhadas, principalmente em conformidade com as orientações da OCDE, e aumentaram seus recursos administrativos para monitorar a conformidade. Várias jurisdições aplicam penalidades severas, não só quando são necessários ajustes tributários, mas também por documentação inadequada ou intempestiva.

A PwC (2015) afirma que a falta de conformidade com a legislação de preços de transferência oferece um risco significativo para as companhias. Durante muitos anos, as empresas aceitaram ajustes nominais como um pequeno preço a ser pago para se livrar do auditor fiscal. No ambiente atual, no entanto, os ajustes tornaram-se tão potencialmente significativos que as empresas não podem simplesmente cancelar os ajustes avaliados sem recurso.

Uma vez que não existe uma regra absoluta para determinar o preço de transferência certo para qualquer tipo de transação internacional com empresas associadas, quer envolva bens tangíveis, intangíveis, serviços, financiamento ou arranjos de distribuição/compartilhamento de custos, existe um enorme potencial de discordância quanto à correção do método aplicado.

Klein e Karter (2004) destacam que a seção 482 do IRC regula que o Internal Revenue Service (IRS) tem autoridade para alocar lucros entre membros do grupo controlado para refletir o princípio de *arm's length* para serviços de *marketing*, administração, assistência técnica e outros. Dada a crescente importância dos serviços intercompanhia, esse é um fator que aumenta a complexidade do cumprimento da legislação de preços de transferência, pois aplicar o princípio de *arm's length* para serviços pode ser difícil devido à falta de uma transação comparável com terceiros.

Os guidelines da OCDE também regulamentam os preços de transferência de serviços e destacam dois problemas maiores na análise desses preços: se os serviços foram verdadeiramente prestados e o que constitui uma cobrança *arm's length*. De forma geral, um serviço intercompanhias somente pode ser fornecido se aprimorar a posição comercial do recipiente do serviço (CHIP, 2004).

10.3. Partes relacionadas ou vinculadas

As regras tributárias dos preços de transferência internacionais aplicam-se às pessoas físicas ou jurídicas consideradas vinculadas ou relacionadas. Consideram-se partes relacionadas, vinculadas ou associadas as pessoas jurídicas de países diferentes que têm algum vínculo comercial ou financeiro, por exemplo:

a) matriz ou filial de empresa sediada no exterior;
b) empresa controlada ou controladora no exterior;
c) empresa coligada no exterior;
d) empresas distribuidoras no exterior onde há grau de dependência comercial.

Além das pessoas jurídicas, as legislações internacionais também tendem a contemplar as pessoas físicas, que, de alguma forma, possam ser beneficiadas por preços de transferências comerciais ou financeiros. As regras de preços de transferências internacionais aplicam-se tanto às importações quanto às exportações.

O regulamento do Imposto de Renda (Decreto nº 9.580 de 22/11/18), no artigo 454, disciplina:

Será considerada vinculada à pessoa jurídica domiciliada no País:

I. a pessoa física ou jurídica cuja participação societária no seu capital social a caracterize como sua controladora, direta ou indireta;
II. a pessoa jurídica que seja caracterizada como sua controlada, direta ou indireta, ou coligada;
III. a pessoa jurídica quando esta e a empresa domiciliada no País estiverem sob controle societário ou administrativo comum ou quando, no mínimo, dez por cento do capital social de cada uma pertencer à mesma pessoa física ou jurídica;
IV. a pessoa física ou jurídica que seja sua associada, na forma de consórcio ou condomínio, conforme definido na legislação brasileira, em qualquer empreendimento;
V. a pessoa física que for parente ou afim até o terceiro grau, cônjuge ou companheiro de quaisquer de seus conselheiros, administradores, sócios ou acionistas controladores em participação direta ou indireta; e
VI. a pessoa jurídica residente ou domiciliada em país com tributação favorecida ou beneficiária de regime fiscal privilegiado.

A caracterização de pessoa vinculada é bastante abrangente, portanto, as transações internacionais não afetadas pela legislação de preços de transferência, fundamentalmente, têm que se caracterizar como transações com terceiros fora do grupo.

10.4. A legislação brasileira

A legislação brasileira permite a aplicação dos seguintes preços de transferência, ficando a critério da empresa contribuinte a utilização de um deles, dentro de seu negócio de atuação, devendo escolher um para parametrizar as exportações e um para as exportações, produto a produto.

I – Importações

a) Método dos Preços Independentes Comparados (PIC): definido como a média aritmética ponderada dos preços de bens e serviços idênticos ou similares, apurados no mercado brasileiro ou de outros países, em operações de compra e venda, em condições de pagamento semelhantes.

b) Método do Preço de Revenda menos Lucro (PRL): definido como a média aritmética dos preços de revenda dos produtos ou serviços, diminuídos dos descontos incondicionais, impostos e contribuições incidentes sobre as vendas, comissões e corretagens, e da margem de lucro (20% para alguns setores e 60% para outros).

c) Método do Custo da Produção mais Lucro (CPL): definido como o custo médio de produção dos produtos e serviços, idênticos ou similares, no país onde tiverem sido originariamente produzidos, acrescidos dos impostos cobrados pelo referido país, e da margem de lucro de 20%.

II – Exportações

a) Método do Preço de Venda nas Exportações (PVEx): definido como a média aritmética ponderada dos preços de venda nas exportações efetuadas pela própria empresa para outros clientes não vinculados a ela.

b) Método do Preço de Venda (por Atacado ou Varejo) no País de Destino, Diminuído do Lucro (PVA/PVV): definido como a média aritmética ponderada dos preços dos produtos e serviços, idênticos ou similares, praticados no mercado atacadista do país de destino, em condições de pagamento semelhantes, diminuídos dos tributos incluídos no preço cobrados no referido país, e de margem de lucro sobre o preço de venda (respectivamente 15% e 30%);

c) Método do Custo de Aquisição ou Produção mais Tributos e Lucro (CAP): definido como a média aritmética ponderada dos custos de produção ou aquisição dos produtos e serviços exportados, acrescidos dos impostos e contribuições cobrados no Brasil e da margem de lucro de 15% sobre a soma dos custos mais impostos.

Os tópicos 10.6 e 10.7 detalham os métodos definidos pela legislação brasileira.

10.5. Estrutura brasileira, norte-americana e OCDE

As regras da OCDE têm sido utilizadas pela maior parte dos países, inclusive na Europa, e são similares às regras dos Estados Unidos. A diferença entre a estrutura brasileira e a da OCDE e dos Estados Unidos é que o Brasil criou critérios para as exportações diferentes dos aplicados às importações.

Os critérios utilizados pela OCDE e pelos Estados Unidos são os seguintes:

a) *Comparable Uncontrolled Price (CUP)*: relacionado com os métodos brasileiros PIC (Preços Independentes Comparados) e PVEx (Preço de Venda nas Exportações), é definido como o preço de venda em transações não controladas, ou seja, com terceiros, já que as transações com empresas relacionadas são consideradas controladas. Este é o método recomendável para a OCDE como regra geral, reconhecendo, no entanto, que o mesmo não é aplicável em todas as situações;

b) *Cost Plus Method (CUP)*: relacionado com os métodos brasileiros CAP (Custo de Aquisição ou Produção mais Tributos e Lucros) e CPL (Custo da Produção mais Lucro);

c) *Retail Price Method (RPM)*: relacionado com os métodos brasileiros PRL (Preço de Revenda menos Lucro) e PVA/PVV (Preço de Venda por Atacado ou Varejo).

O Quadro 10.1 apresenta uma comparação dos métodos brasileiros e os métodos internacionais.

Quadro 10.1. Comparação dos métodos de *transfer pricing* internacionais e brasileiros.

Operações internacionais	Brasil	OCDE e EUA
Importação	PIC	CUP
	PRL	RPM
	CPL	CPM
Exportação	PVEx	CUP
	PVA/PVV	RPM
	CAP	CPM

Verifica-se que, na essência, há uma visão similar de tipos de preços de transferência que é aplicada em todos os países.

10.6. Preços de transferência de importação

Os métodos de apuração do preço de transferência de importação permitidos no Brasil são detalhados no Quadro 10.2.

Quadro 10.2. Métodos de apuração de preços de transferência no Brasil (importação).

Método	Descrição
Método de custo mais lucro (CPL)	Equivalente ao método CP (*cost-plus*), é definido como o custo médio ponderado incorrido durante o ano para produzir propriedades, serviços ou direitos idênticos ou similares no país em que foram originalmente produzidos, acrescido de impostos e mais uma margem de lucro bruto de 20% sobre o custo obtido.
Método de preço independente comparável (PIC)	Equivalente ao método de preço não controlado comparável (CUP), é definido como o preço médio ponderado do ano de propriedade idêntica ou similar, serviços ou direitos obtidos no Brasil ou no exterior em transações de compra/venda usando termos de pagamento similares. Para esse fim, apenas as transações de compra/venda realizadas por partes não relacionadas podem ser usadas. O uso das próprias transações do contribuinte com terceiros e as partes para efeitos de aplicação desse método será aceitável somente na medida em que as transações comparáveis sejam equivalentes a pelo menos 5% das transações testadas; se necessário, as transações realizadas no ano anterior podem ser consideradas para alcançar essa porcentagem.
Preço de revenda preço menos lucro (PRL)	Equivalente ao método de preço de revenda (RPM), é definido como o preço médio ponderado pelo ano da revenda de imóveis, serviços ou direitos menos descontos incondicionais, impostos e contribuições sobre vendas, comissões e uma margem de lucro bruto determinada na legislação tributária. A partir de 1º de janeiro de 2013, é necessária uma margem de lucro bruto de 20% para indústrias/setores em geral, calculada com base na porcentagem do valor importado sobre o preço de revenda final.
Preço de cotação no método de importação (PCI)	Este novo método brasileiro, introduzido pela Lei 12.715/12, deve ser aplicado para testar as importações de *commodities* que tenham uma cotação em uma troca de *commodities* a partir de 2013. Com base nesse método, os contribuintes devem comparar o valor da transação com a cotação média da respectiva *commodity* envolvida, ajustada por um prêmio de mercado médio, na data da transação. No caso de transações que envolvam *commodities* que não tenham uma cotação na troca de *commodities*, os contribuintes podem optar por testar os preços nas transações de importação, com base em informações obtidas de fontes independentes, fornecidas por institutos internacionalmente reconhecidos envolvidos em pesquisas de setores específicos.

Fonte: PwC (2015)

Veja alguns exemplos ilustrativos dos métodos citados.

a) CPL

A Tabela 10.1 apresenta um exemplo de aplicação do método CPL.

Tabela 10.1. Exemplo de aplicação do método de apuração CPL

	CPL
Custo de aquisição ou produção	200.0
(-) Descontos	-
(+) Tributos	19.3
(+) 20% margem de lucro sobre os custos	30.0
(=) Preço parâmetro	249.3
(-) Preço de importação do vinculado ajustado	250.0
(=) Diferença	(0.7)
(x) Quantidade importada	15,000.0
(=) Ajuste total	10,500.0
(x) Impostos sobre o lucro (34%) a pagar	3,570.0

A tabela demonstra o preço parâmetro calculado conforme o custo de aquisição ou produção acrescido de tributos e de uma margem de 20%. Esse preço parâmetro é comparado com o preço de importação da empresa vinculada. O ajuste refere se à multiplicação entre o delta de preço e a quantidade importada. Ao final, como o preço de importação do vinculado é maior que o preço parâmetro, apura-se o imposto de renda a pagar sobre essa diferença. Esse pagamento deve ser realizado, pois o fisco entende que o preço de produtos importados de empresas vinculadas deve ser igual ou menor que o preço parâmetro.

b) PIC

O método PIC é exemplificado na Tabela 10.2,

Tabela 10.2. Exemplo de aplicação do método de apuração PIC.

	PIC
Preço médio nacional	500.0
(-) Preço médio na importação do vinculado	475.0
(=) Diferença	25.0
(x) Quantidade importada	15,000.0
(=) Ajuste total	-
(x) Impostos sobre o lucro (34%) a pagar	-

No PIC demonstra-se o preço médio pago para produtos em condições similares ao produto importado do vinculado. No caso da Tabela 10.2, demonstra-se que o preço médio de importação do vinculado é menor que o preço médio no mercado nacional, não acarretando ajustes e o consequente pagamento de impostos adicionais. Caso o preço médio adquirido da empresa vinculada fosse maior, seria necessário o ajuste e recolhimento de imposto de renda.

c) PRL

A Tabela 10.3 apresenta um exemplo de aplicação do método PRL.

Tabela 10.3. Exemplo de aplicação do método de apuração PRL.

	PRL
Preço na importação	475.0
(-) Descontos	9.5
(-) ICMS/PIS/COFINS	126.6
(-) 20% margem de lucro sobre receita	95.0
(=) Preço parâmetro	243.9
(-) Preço de importação do vinculado ajustado	250.0
(=) Diferença	(6.1)
(x) Quantidade importada	15,000.0
(=) Ajuste total	91,312.5
(x) Impostos sobre o lucro (34%) a pagar	31,046.2

O método PRL apresenta o preço de revenda menos a margem de lucro sobre a receita de 20%. O resultado desse cálculo é o preço parâmetro que é comparado ao preço de importação do vinculado no exterior. No caso da Tabela 10.3, o preço de importação do vinculado foi superior ao preço parâmetro, resultando, assim, em um ajuste e apuração do imposto de renda.

d) PCI

A Tabela 10.4 apresenta um exemplo de aplicação do método PCI.

Tabela 10.4. Exemplo de aplicação do método de apuração PCI.

	PCI
Preço médio níquel (LME - London Metal Exchange) (USD)	11.0
(-) Preço médio na importação do vinculado (USD)	11.5
(=) Diferença (USD)	(0.5)
(x) Quantidade importada	20,000.0
(=) Ajuste total x taxa cambial R$ 4,00 por US$ 1,00	40,000.0
(x) Impostos sobre o lucro (34%) a pagar (R$)	13,600.0

No método PCI, compara-se o preço médio da *commodity* níquel de acordo com a cotação da London Exchange Market (LME) *versus* o preço médio na importação desse produto de empresas vinculadas. Como o preço pago a empresas vinculadas é maior que o preço conforme a LME, apura-se o ajuste e o valor do imposto de renda a ser recolhido.

10.7. Preços de transferência de exportação

Com relação à exportação, os regulamentos fornecem um porto seguro (*safe harbour*), segundo o qual um contribuinte terá um preço de transferência apropriado em relação às vendas de exportação quando o preço médio das vendas de exportação for pelo menos 90% do preço médio das vendas internas dos mesmos bens, serviços ou direitos intangíveis no mercado brasileiro durante o mesmo período em termos de pagamento similares (PwC, 2015). Em complemento, o Quadro 10.3 demonstra os métodos de apuração do preço de transferência de exportação permitidos no Brasil.

Quadro 10.3. Métodos de apuração de preços de transferência no Brasil (exportação).

Método	Descrição
Método de preço de venda de exportação (PVEx)	Equivalente ao método CUP, é definido como a média ponderada do preço de vendas de exportação cobrado pela empresa a outros clientes ou outros exportadores de imóveis, serviços ou direitos idênticos ou similares durante o mesmo ano fiscal usando termos de pagamento similares.
Métodos de preço de venda no atacado (PVA)	A versão brasileira do método RPM para transações de exportação é definida como o preço médio ponderado de imóveis, serviços ou direitos idênticos ou similares no país de destino em termos de pagamento similares reduzidos pelos impostos incluídos no preço imposto: • uma margem de lucro de 15%, calculada com referência ao preço de atacado no país de destino (preço de atacado no país de destino, método menos lucrativo, ou PVA); ou • uma margem de lucro de 30%, calculada com referência ao preço de varejo no país de destino (preço de varejo no país de destino menos lucro, ou PVV).
Método do custo de aquisição ou de produção mais tributos e lucro (CAP)	É definido como o custo médio ponderado de uma aquisição ou produção de propriedade, serviços ou direitos exportados acrescido de impostos e direitos pelo Brasil e de uma margem de lucro de 15%, calculada com base na soma dos custos, impostos e direitos.
Preço de cotação no método das exportações (PCEx)	Esse novo método brasileiro, introduzido pela Lei 12.715/12, deve ser aplicado para testar exportações de *commodities* que tenham uma cotação em troca de *commodities* a partir de 2013. Com base nesse método, os contribuintes devem comparar o valor da transação com a cotação média da respectiva *commodity* envolvida, ajustada por um prêmio de mercado médio, na data da transação. Os contribuintes devem aplicar este método para testar *commodities* cotadas no mercado cambial, mesmo que o preço médio das vendas de exportação seja pelo menos 90% do preço médio das vendas internas dos mesmos produtos.

Fonte: PwC (2015)

Veja alguns exemplos ilustrativos dos métodos que acabamos de apresentar.

a) PVEx

A Tabela 10.5 apresenta um exemplo de aplicação do método PVEx:

Tabela 10.5. Exemplo de aplicação do método de apuração PVEx.

	PVEx
Preço de venda	500.0
(-) Descontos	150.0
(-) Fretes e seguros	200.0
(=) Preço parâmetro	150.0
(-) Preço de venda ao vinculado ajustado	130.0
(x) Quantidade exportada	250.0
(=) Ajuste total	32,500.0
(x) Impostos sobre o lucro (34%) a pagar	11,050.0

A Tabela 10.5 demonstra que o preço praticado pela empresa em exportações de produtos ou serviços similares a terceiros representa um preço líquido parâmetro maior que o preço de venda à empresa vinculada. A diferença resulta em um ajuste e, consequentemente, no recolhimento de imposto de renda.

Nos casos de preço de transferência de exportação, este deve ser igual ou superior ao preço parâmetro para que não resulte em ajustes. Caso ocorra o contrário, o fisco compreende que a empresa local apurará um lucro menor e consequentemente um pagamento inferior de imposto de renda, o que levará à necessidade de ajuste.

b) PVA

O método PVA é apresentado na Tabela 10.6.

Tabela 10.6. Exemplo de aplicação do método de apuração PVA.

	PVA
Preço de venda no atacado	400.0
(-) Descontos	8.0
(-) ICMS/PIS/COFINS	86.6
(-) Fretes e seguros	10.0
(-) 15% sobre receita	60.0
(=) Preço parâmetro	235.4
(-) Preço de venda ao vinculado ajustado	200.0
(=) Delta	35.4
(x) Quantidade exportada	1,000.0
(=) Ajuste total	35,400.0
(x) Impostos sobre o lucro (34%) a pagar	12,036.0

O exemplo numérico demonstra que o preço de venda no atacado resulta em um preço parâmetro superior ao preço de venda a uma empresa vinculada. Assim, a diferença é multiplicada pela quantidade exportada, resultando em um ajuste e recolhimento adicional de imposto de renda.

c) CAP

A Tabela 10.7 apresenta um exemplo do método CAP.

Tabela 10.7. Exemplo de aplicação do método de apuração CAP.

	CAP
Custo de aquisição ou produção	150.0
(-) Descontos	-
(+) Tributos	24.5
(+) 15% margem de lucro sobre os custos	22.5
(=) Preço parâmetro	197.0
(-) Preço de venda ao vinculado ajustado	200.0

(=) Delta	(3.1)
(x) Quantidade exportada	1,000.0
(=) Ajuste total	-
(x) Impostos sobre o lucro (34%) a pagar	-

O resultado apresentado demonstra que o preço parâmetro calculado a partir do custo de aquisição ou produção é inferior ao preço de venda ao vinculado. Dessa forma, como o preço de venda à empresa vinculada é superior ao preço parâmetro, não há necessidade de ajuste, pois acarreta uma maior apuração de lucro na empresa local, com maior recolhimento de imposto de renda.

d) PCEx

O método PCEx é exemplificado na Tabela 10.8.

Tabela 10.8. Exemplo de aplicação do método de apuração PCEx.

	PCEx
Preço médio níquel (LME - London Metal Exchange) (US$)	11.0
(-) Preço médio na exportação do vinculado (US$)	10.0
(=) Delta (US$)	1.0
(x) Quantidade importada	20,000.0
(=) Ajuste total x taxa cambial R$ 4,00 por US$ 1,00	(80,000.0)
(x) Impostos sobre o lucro (34%) a pagar (R$)	(27,200.0)

O exemplo da Tabela 10.8 demonstra que o preço médio da *commodity* níquel de acordo com a cotação da LME é superior ao preço médio exportado desse produto a empresas vinculadas. Assim, como o preço pago a empresas vinculadas é menor que o preço conforme a LME, é necessário apurar o ajuste e o valor do imposto de renda a ser recolhido.

Os exemplos apresentados demonstram a complexidade do tema e a necessidade de uma avaliação detalhada antes de optar pelo método de apuração do preço de transferência. Essa escolha deve estar embasada por documentação suporte adequada. Quanto mais robusta e completa for a documentação suporte da política de preços de transferência da empresa multinacional, mais será provável que as autoridades fiscais a aceitem.

Devido à complexidade envolvendo a documentação, a maioria das multinacionais contrata especialistas para corroborar as evidências do preço de transferência. Essa tarefa deve ser realizada em periodicidade anual e é dispendiosa e demorada (COOLS *et al.*, 2008).

Feinschreiber (2004) destaca os cinco requisitos gerais que devem ser atendidos para não aplicação da multa com relação à documentação requerida:

- suficiência: documentação suficiente para substanciar o método escolhido;
- razoabilidade: a conclusão do pagador de impostos sobre a escolha do método deve ser embasada em documentação razoável;
- acuracidade: a documentação deve demonstrar que o método selecionado é o que possui maior acuracidade;
- documentação contemporânea: a documentação deve estar atualizada, pois pouco tempo é concedido pelas autoridades para demonstrar o *compliance* com a regulamentação fiscal – em torno de 30 dias;
- padrões de cumprimento: documentação de acordo com a regulamentação aplicável.

Assim, a escolha do método de preços de transferência representa um risco significativo para empresas multinacionais, devido à diversidade de regulamentações e requerimentos de documentação para comprovação do melhor método. Uma análise de custo-benefício de cada método deve ser detalhadamente realizada pela organização, de modo a alinhá-la ao apetite de risco da organização. Para isso, se faz necessária a implementação de sistemas de controles gerenciais para gerenciamento de preços de transferência.

10.8. Operações financeiras não registradas no Banco Central com empresas vinculadas

Os juros recebidos ou pagos nas operações financeiras com pessoas vinculadas também estão sujeitos à legislação de preços de transferência. Basicamente, há duas situações:

a) juros pagos: são dedutíveis os juros limitados à taxa LIBOR[1] US$, acrescida de 3% anuais a título de *spread*;
b) juros recebidos: a receita mínima tributável tem que ser limitada à taxa LIBOR US$, acrescida de 3% anuais a título de *spread*.

Não estão sujeitas às normas sobre preços de transferência os pagamentos a título de *royalties*, assistência técnica, científica, administrativa ou assemelhados.

10.9. Impactos tributários nas transações internacionais com empresas vinculadas: um resumo

Em linhas gerais, os preços de transferências internacionais são adotados como padrões de aferição de preços máximos para as importações e preços mínimos para as exportações, que são utilizados pelos órgãos fiscais e reguladores. Em tese, as empresas podem utilizar qualquer preço de transferência em termos comerciais, mas devem ater-se aos padrões contidos nos critérios estabelecidos para fins tributários.

Assim, se o valor das exportações for inferior a qualquer um dos quatro métodos admitidos para esse tipo de operação, a empresa exportadora deverá ser tributada na diferença existente entre o valor real exportado e o valor obtido pelo critério que ela escolhe para parametrizar a operação internacional. Fica claro que o objetivo é impedir o subfaturamento das exportações e, consequentemente, a menor entrada de divisas e menor base de tributação do lucro.

No caso das importações, se o valor delas for superior a qualquer um dos três métodos admitidos, a empresa importadora deverá ser tributada na diferença entre o valor real da importação e o valor obtido pelo critério que a empresa escolhe para parametrizar essa operação. Assim, o objetivo é impedir importações superfaturadas, que provocarão uma necessidade adicional de remessa de divisas, bem como reduzirão o lucro tributável no país do estabelecimento importador.

---

[1] *London InterBank Offered Rate.*

No Brasil, os tributos que serão pagos nos valores reais que excederem os valores que seriam obtidos pelos preços de transferência são o Imposto de Renda (IR) e a Contribuição Social sobre o Lucro Líquido (CSLL). O IR tem uma alíquota básica de 15%, mais um adicional aplicável em lucros anuais superiores a R$ 240.000, o que, na prática, torna a alíquota igual a 25% para a grande maioria das empresas. A CSLL tem uma alíquota única de 9%, tornando a alíquota total dos tributos sobre o lucro próxima de 34%.

Tabela 10.9. Tributação de *transfer pricing* nas exportações com empresas relacionadas.

Discriminação	Quantidade	Preço Unitário – US$	Total
Situação I			
Exportação realizada (a)	200	3.000,00	600.000
Exportação com *transfer pricing* adotado (b)	200	2.400,00	480.000
Diferença (a – b)		600,00	120.000
Impostos sobre o lucro			34%
Valor a ser recolhido			0
Situação II			
Exportação realizada (a)	200	2.000,00	400.000
Exportação com *transfer pricing* adotado (b)	200	2.400,00	480.000
Diferença (a – b)		-400,00	-80.000
Impostos sobre o lucro			34%
Valor a ser recolhido			27.200

A Tabela 10.9 mostra dois exemplos de exportações para empresas do mesmo grupo econômico. Na Situação I, a exportação para a empresa relacionada foi efetuada ao preço unitário de US$ 3.000,00. Parametrizando a exportação por um dos preços de transferência possíveis, o preço mínimo a ser praticado na exportação seria de US$ 2.400,00. Nessa situação, a empresa exportou por um preço superior ao mínimo exigido e não haverá penalidade tributária.

Na Situação II, o preço de transferência constante na fatura de exportação foi de US$ 2.000,00. Como o parâmetro utilizado pela empresa exigia um preço mínimo de exportação de US$ 2.400,00, a empresa tem que recolher o equivalente a US$ 27.200,00 para o governo do país da unidade exportadora.

No caso das importações, prevalece o inverso. Se o preço efetivamente negociado e constante da declaração de importação for superior ao preço de transferência adotado como parâmetro, haverá a tributação do valor da diferença.

Tabela 10.10. Tributação de *transfer pricing* nas importações com empresas relacionadas.

Discriminação	Quantidade	Preço Unitário – US$	Total
Situação I			
Importação realizada (a)	200.000	24,00	4.800.000
Importação com *transfer pricing* adotado (b)	200.000	22,00	4.400.000
Diferença (a – b)		2,00	400.000
Impostos sobre o lucro			34%
Valor a ser recolhido			136.000
Situação II			
Importação realizada (a)	200.000	20,00	4.000.000
Importação com *transfer pricing* adotado (b)	200.000	22,00	4.400.000
Diferença (a – b)		-2,00	-400.000
Impostos sobre o lucro			34%
Valor a ser recolhido			0

Assim, na Situação I da Tabela 10.10, a empresa recebedora pagou pela importação o preço de US$ 24,00, valor superior ao permitido pela legislação. Assim, ela terá que recolher o equivalente a US$ 136.000 em tributos para o governo do estabelecimento da unidade importadora. No caso da Situação II, o preço da importação é inferior ao preço parâmetro e, assim, não haverá penalidade tributária.

11
Contabilidade e tributação

Existem vários aspectos contábeis e tributários relacionados com a estruturação das unidades de negócio dentro de uma organização que merecem uma atenção mais aprofundada. Por exemplo, para as companhias abertas listadas nas bolsas de valores, há uma norma específica de evidenciação contida no CPC 22 – Informações por Segmento. Há também normas contábeis para reconhecimento, mensuração e evidenciação dos benefícios a empregados. Tributariamente, existem ainda vários aspectos a serem considerados sobre a estrutura adotada e os mecanismos de sistemas de recompensas. Esses são os temas deste capítulo.

11.1. CPC 22 - Informações por Segmento

Esse pronunciamento do CPC (Comitê de Pronunciamentos Contábeis) disciplina a apresentação de demonstrações financeiras por segmento de negócios. A norma define segmento operacional como um componente de entidade:

a) que desenvolve atividades de negócio das quais pode obter receitas e incorrer em despesas (incluindo receitas e despesas relacionadas a transações com outros componentes da mesma entidade);
b) cujos resultados operacionais são regularmente revistos pelo principal gestor das operações da entidade para a tomada de decisões sobre recursos a serem alocados ao segmento e para a avaliação do seu desempenho;
c) para o qual haja informação financeira individualizada disponível.

Em linhas gerais, o pronunciamento determina que as seguintes informações devem ser divulgadas para cada segmento operacional identificado:

a) o valor do lucro ou prejuízo;
b) o valor total dos ativos e passivos, caso sejam identificados ao segmento;
c) receitas provenientes de clientes externos;
d) receitas de transações com outros segmentos operacionais da mesma entidade;
e) receitas financeiras;
f) despesas financeiras;
g) depreciações e amortizações;
h) despesa ou receita com imposto de renda e contribuição social;

O pronunciamento também determina que haja o detalhamento ou a consolidação das informações dos diversos segmentos de negócio, considerando ao menos três classificações, se elas forem indispensáveis para o entendimento dos resultados por segmento de negócio:

a) resultados por produtos e serviços;
b) resultados dos principais clientes;
c) resultados por área geográfica.

Apresentaremos a seguir um exemplo numérico hipotético de uma corporação multinacional, que denominamos Corporação Multinacional XY, que tem plantas fabris no Brasil, na Argentina, nos Estados Unidos e na Coreia do Sul, e que atua nos segmentos de alumínio, papel e celulose e cimento. Em cada país, a corporação atua em pelo menos dois desses segmentos e tem uma sede administrativa central. A administração central (matriz) localiza-se nos Estados Unidos e tem uma contabilidade separada. Todas as demonstrações financeiras estão na moeda da matriz, em dólares[1].

Veja as informações de contabilidade por divisões de cada país.

---

[1] Extraído e adaptado de PADOVEZE, Clóvis Luís. *Administração financeira: uma abordagem global*. São Paulo, Saraiva, 2016.

Tabela 11.1. Contabilidade por segmentos - Brasil

	Valores em US$				
Corporação Multinacional XY	Brasil				
	AL	PC	CO	FIN	Total
Vendas externas					
América Latina	2.000	4.000			6.000
Estados Unidos	3.000	2.000			5.000
Europa	4.500	5.200			9.700
Ásia	0	0			0
Soma	9.500	11.200			20.700
Vendas intersegmentos	3.000	5.000			8.000
Total de vendas	12.500	16.200			28.700
Custos e despesas					
Produção	7.500	10.530			18.030
Vendas	1.500	1.620			3.120
Administrativos	1.250	1.782	1.435		4.467
Soma	-10.250	-13.932	-1.435		-25.617
Lucro operacional	2.250	2.268	-1.435	0	3.083
Resultados financeiros				-1.148	-1.148
Impostos sobre o lucro					-658
Lucro líquido					1.277
Ativos segmentares	5.000	6.000		0	11.000
Ativos corporativos não alocados			1.600		1.600
Ativos totais consolidados	5.000	6.000	1.600	0	12.600
Passivos segmentares	2.500	3.600		0	6.100
Passivos corporativos não alocados			6.500		6.500
Passivos totais consolidados	2.500	3.600	6.500	0	12.600
Depreciação	400	510	160		1.070
Outras despesas que não afetaram o caixa	100	100	0		200
Informações gerenciais					
Número de funcionários	2.000	3.000			
Quantidade vendida	400	800			
Preço médio de venda	31,25	20,25			
Custo médio de produção	18,75	13,16			

AL – Alumínio PC – Papel e Celulose CM – Cimento
CO – Administração Central da Corporação FIN – Resultados Financeiros

A primeira tabela apresenta os dados da filial brasileira, que tem os segmentos de negócio de alumínio e papel e celulose. A tabela procura evidenciar informações no formato das demonstrações financeiras internacionais por segmento. Além disso, ao final, apresenta algumas informações de caráter gerencial, que não têm a obrigação de serem divulgadas, mas são um exemplo de que os relatórios financeiros devem atender tanto aos aspectos regulamentares quanto aos aspectos gerenciais. Cada unidade de negócio tem seus próprios gastos administrativos, enquanto a administração localizada no país tem seus gastos administrativos apresentados em separado. Os resultados financeiros também estão apresentados em separado, não sendo vinculados aos resultados operacionais de cada segmento de negócio. Essas observações valem para as demonstrações financeiras das unidades localizadas nos demais países.

Na Argentina, a corporação atua nos segmentos de Alumínio e Cimento. Nos Estados Unidos, nesses mesmos segmentos, e na Coreia do Sul, nos segmentos de papel e celulose e cimento.

Tabela 11.2. Contabilidade por segmentos – Argentina

	Valores em US$				
Corporação Multinacional XY	**Argentina**				
	AL	**CM**	**CO**	**FIN**	**Total**
Vendas externas					
América Latina	1.000	3.200			4.200
Estados Unidos	1.400	0			1.400
Europa	2.500	2.500			5.000
Ásia	0	0			0
Soma	4.900	5.700			10.600
Vendas intersegmentos	800	1.200			2.000
Total de vendas	5.700	6.900			12.600
Custos e despesas					
Produção	3.534	5.175			8.709
Vendas	627	690			1.317
Administrativos	684	690	630		2.004
Soma	-4.845	-6.555	-630		-12.030
Lucro operacional	855	345	-630	0	570
Resultados financeiros				-378	-378
Impostos sobre o lucro					-58
Lucro líquido					134
Ativos segmentares	4.000	5.000		0	9.000
Ativos corporativos não alocados			1.200		1.200
Ativos totais consolidados	4.000	5.000	1.200	0	10.200
Passivos segmentares	2.500	2.700		0	5.200
Passivos corporativos não alocados			5.000		5.000
Passivos totais consolidados	2.500	2.700	5.000	0	10.200
Depreciação	320	425	120		865
Outras despesas que não afetaram o caixa	100	100	0		200
Informações gerenciais					
Número de funcionários	800	1.000			
Quantidade vendida	200	300			
Preço médio de venda	28,50	23,00			
Custo médio de produção	17,67	17,25			

AL – Alumínio PC – Papel e Celulose CM – Cimento
CO – Administração Central da Corporação FIN – Resultados Financeiros

Tabela 11.3. Contabilidade por segmentos – EUA

Valores em US$

Corporação Multinacional XY	Estados Unidos				
	AL	CM	CO	FIN	Total
Vendas externas					
América Latina	1.000	0			1.000
Estados Unidos	4.500	6.200			10.700
Europa	0	5.400			5.400
Ásia	4.000	0			4.000
Soma	9.500	11.600			21.100
Vendas intersegmentos	3.000	5.000			8.000
Total de vendas	12.500	16.600			29.100
Custos e despesas					
Produção	7.500	9.960			17.460
Vendas	1.250	1.660			2.910
Administrativos	1.250	1.660	1.746		4.656
Soma	-10.000	-13.280	-1.746		-25.026
Lucro operacional	2.500	3.320	-1.746	0	4.074
Resultados financeiros				-1.164	-1.164
Impostos sobre o lucro					-1.164
Lucro líquido					1.746
Ativos segmentares	7.000	9.000		0	16.000
Ativos corporativos não alocados			2.500		2.500
Ativos totais consolidados	7.000	9.000	2.500	0	18.500
Passivos segmentares	6.000	8.000		0	14.000
Passivos corporativos não alocados			4.500		4.500
Passivos totais consolidados	6.000	8.000	4.500	0	18.500
Depreciação	560	765	250		1.575
Outras despesas que não afetaram o caixa	100	100	0		200
Informações gerenciais					
Número de funcionários	1.500	2.200			
Quantidade vendida	450	820			
Preço médio de venda	27,78	20,24			
Custo médio de produção	16,67	12,15			

AL – Alumínio PC – Papel e Celulose CM – Cimento

CO – Administração Central da Corporação FIN – Resultados Financeiros

Tabela 11.4. Contabilidade por segmentos – Coreia do Sul

Corporação Multinacional XY	Valores em US$				
	Coreia do Sul				
	PC	CM	CO	FIN	Total
Vendas externas					
América Latina	0	0			0
Estados Unidos	3.000	5.800			8.800
Europa	1.500	0			1.500
Ásia	2.500	5.000			7.500
Soma	7.000	10.800			17.800
Vendas intersegmentos	3.000	5.000			8.000
Total de vendas	10.000	15.800			25.800
Custos e despesas					
Produção	6.000	9.480			15.480
Vendas	1.000	1.580			2.580
Administrativos	1.000	1.580	774		3.354
Soma	-8.000	-12.640	-774		-21.414
Lucro operacional	2.000	3.160	-774	0	4.386
Resultados financeiros				-1.032	-1.032
Impostos sobre o lucro					-839
Lucro líquido					2.516
Ativos segmentares	7.000	8.000		0	15.000
Ativos corporativos não alocados			1.600		1.600
Ativos totais consolidados	7.000	8.000	1.600	0	16.600
Passivos segmentares	5.000	6.000		0	11.000
Passivos corporativos não alocados			5.600		5.600
Passivos totais consolidados	5.000	6.000	5.600	0	16.600
Depreciação	560	680	160		1.400
Outras despesas que não afetaram o caixa	100	100	0		200
Informações gerenciais					
Número de funcionários	1.800	2.700			
Quantidade vendida	380	770			
Preço médio de venda	26,32	20,52			
Custo médio de produção	15,79	12,31			

AL – Alumínio PC – Papel e Celulose CM – Cimento
CO – Administração Central da Corporação FIN – Resultados Financeiros

A unidade administrativa central apresenta apenas despesas administrativas e os custos financeiros que não foram alocados às divisões localizadas em cada país.

Tabela 11.5. Contabilidade por segmentos – Unidade administrativa central

Corporação Multinacional XY			Valores em US$		
			Matriz		
	0	**0**	**CO**	**FIN**	**Total**
Custos e despesas					
Administrativos	0	0	500		500
Soma	0	0	-500		-500
Lucro operacional	0	0	-500	0	-500
Resultados financeiros				-2.100	-2.100
Impostos sobre o lucro					1.040
Lucro líquido					-1.560
Ativos segmentares	0	0		0	0
Ativos corporativos não alocados			500		500
Ativos totais consolidados	0	0	500	0	500
Passivos segmentares	0	0		0	0
Passivos corporativos não alocados			500		500
Passivos totais consolidados	0	0	500	0	500
Depreciação	0	0	50		50
Outras despesas que não afetaram o caixa	0	0	0		0
Informações gerenciais					
Número de funcionários			200		

AL – Alumínio PC – Papel e Celulose CM – Cimento
CO – Administração Central da Corporação FIN – Resultados Financeiros

Com base nas demonstrações financeiras específicas de cada país, mais a demonstração financeira da administração central, elaboram-se as demonstrações financeiras por segmento de negócio. A primeira e mais importante etapa é consolidar as informações sobre os segmentos de negócios, suas receitas, seus lucros e seus investimentos.

Na consolidação, as vendas intersegmentares (vendas dentro do próprio grupo) são eliminadas contra o custo da produção. Os gastos administrativos de cada país foram alocados em cada negócio na proporção do total das vendas. Os resultados financeiros de cada país foram consolidados junto com os dados da corporação. Os ativos e passivos não alocados em cada país foram alocados no consolidado, junto com os dados da corporação.

Tabela 11.6. Demonstrações por segmento de negócio (produtos) – Consolidado

Demonstrações por Segmento de Negócio (Produtos) **Valores em US$**

Corporação Multinacional XY	Segmentos de Negócio					
	AL	**PC**	**CM**	**Eliminações**	**Corporação**	**Consolidado**
Vendas externas	23.900	18.200	28.100			70.200
Vendas intersegmentos	6.800	8.000	11.200	-26.000	0	0
Total de vendas	30.700	26.200	39.300		0	70.200
Custos e despesas						
Produção	18.534	16.530	24.615	-26.000		33.679
Vendas	3.377	2.620	3.930			9.927
Administrativos específicos	3.184	2.782	3.930		500	10.396
Administrativos alocados	1.660	1.110	1.815			4.585
Soma	-26.755	-23.042	-34.290		-500	-58.587
Lucro operacional	3.945	3.158	5.010	0	-500	11.613
Resultados financeiros	0	0	0	0	-5.822	-5.822
Impostos sobre o lucro	0	0	0		-1.678	-1.678
Lucro líquido	3.945	3.158	5.010		-8.000	4.113
Ativos segmentares	16.000	13.000	22.000	0	0	51.000
Ativos corporativos não alocados					7.400	7.400
Ativos totais consolidados	16.000	13.000	22.000	0	7.400	58.400
Passivos segmentares	11.000	8.600	16.700	0	0	36.300
Passivos corporativos não alocados					22.100	22.100
Passivos totais consolidados	11.000	8.600	16.700	0	22.100	58.400
Depreciação	1.935	1.575	1.400	0	50	4.960
Outras despesas que não afetaram o caixa	400	200	200	0	0	800

AL – Alumínio PC – Papel e Celulose CM – Cimento
CO – Administração Central da Corporação FIN – Resultados Financeiros

Uma análise preliminar de margem e retorno de investimento nos mostra que o negócio de alumínio tem a melhor margem sobre vendas, bem como o maior retorno do investimento. Verifica-se também que os demais segmentos de negócio igualmente têm margem e rentabilidade boas. A última coluna incorpora os gastos administrativos e financeiros da corporação, bem como os ativos administrativos. Verifica-se então uma queda muito grande na margem líquida e, automaticamente, do retorno do investimento. Nesse exemplo, fica claro que os custos administrativos, tanto gerais como locais, têm prejudicado sensivelmente os resultados obtidos especificamente pelas unidades de negócio, ou, por outro lado, as margens das unidades de negócios não têm tido resultado suficiente para cobrir os custos corporativos administrativos e financeiros.

Análise de rentabilidade por segmento de negócio

Tabela 11.7. Análise de rentabilidade por segmento de negócio

Valores em US$

Corporação Multinacional XY	Segmentos de Negócio			
	AL	**PC**	**CM**	**Total**
Lucro líquido (a)	3.945	3.158	5.010	4.113
Vendas totais (b)	30.700	26.200	39.300	70.200
Margem líquida (a/b)	12,9%	12,1%	12,7%	5,9%
Ativos (c)	16.000	13.000	22.000	58.400
Retorno do Investimento (ROI) (a/c)	24,7%	24,3%	22,8%	7,0%

AL – Alumínio PC – Papel e Celulose CM – Cimento

A outra demonstração financeira requerida internacionalmente é a demonstração de resultados e ativos por localização física. Normalmente, essa apresentação consolida regiões de risco similar. Assim, nosso exemplo indica as regiões da América Latina, que engloba as operações do Brasil e da Argentina, separada das demais. Nesse exemplo, os resultados financeiros locais estão apresentados em cada região.

Tabela 11.8. Demonstrações por segmento – Localização física

Demonstrações por Segmento – Localização Física — **Valores em US$**

Corporação Multinacional XY	Localização Física					
	Am. Latina	EUA	Ásia	Eliminações	Corporação	Consolidado
Vendas externas	31.300	21.100	17.800			70.200
Vendas intersegmentos	10.000	8.000	8.000	-26.000	0	0
Total de vendas	41.300	29.100	25.800		0	70.200
Custos e despesas						
Produção	26.739	17.460	15.480	-26.000		33.679
Vendas	4.437	2.910	2.580			9.927
Administrativos	6.471	4.656	3.354		500	14.981
Soma	-37.647	-25.026	-21.414		-500	-58.587
Lucro operacional	3.653	4.074	4.386	0	-500	11.613
Resultados financeiros	-1.526	-1.164	-1.032	0	-2.100	-5.822
Impostos sobre o lucro	-716	-1.164	-839		1.040	-1.678
Lucro líquido	1.412	1.746	2.516		-1.560	4.113
Ativos segmentares	22.800	18.500	16.600	0	0	57.900
Ativos corporativos não alocados					500	500
Ativos totais consolidados	22.800	18.500	16.600	0	500	58.400
Passivos segmentares	22.800	18.500	16.600	0	0	57.900
Passivos corporativos não alocados					500	500
Passivos totais consolidados	22.800	18.500	16.600	0	500	58.400
Depreciação	1.935	1.575	1.400		50	4.960
Outras despesas que não afetaram o caixa	400	200	200		0	800

Cabe também uma análise de lucratividade e rentabilidade por região. No exemplo, o resultado da América Latina é o mais fraco, mesmo sendo a região que mais vende, tanto em margem sobre venda quanto em retorno sobre ativos. A unidade asiática, mesmo vendendo menos, tem um desempenho superior ao das demais, tanto em margem quanto em retorno do investimento.

Tabela 11.9. Análise de rentabilidade por localização física

Análise de Rentabilidade por Localização Física — **Valores em US$**

Corporação Multinacional XY	Localização Física			
	Am. Latina	EUA	Ásia	Total
Lucro líquido (a)	1.412	1.746	2.516	4.113
Vendas totais (b)	41.300	29.100	25.800	70.200
Margem líquida (a/b)	3,4%	6,0%	9,8%	5,9%
Ativos (c)	22.800	18.500	16.600	58.400
Retorno do investimento (ROI) (a/c)	6,2%	9,4%	15,2%	7,0%

Outra demonstração financeira considerada importante é a evidenciação das vendas pela localização dos clientes, uma vez que há um tipo de risco associado às regiões compradoras.

Tabela 11.10. Demonstrações por Segmento - Vendas Externas por Localização dos Clientes

Demonstrações por Segmento – Vendas Externas por Localização dos Clientes — **Valores em US$**

Corporação Multinacional XY	**Localização dos Clientes**				
	Am. Latina	**USA**	**Europa**	**Ásia**	**Total**
Vendas externas					
Alumínio	4.000	8.900	7.000	4.000	23.900
Papel e celulose	4.000	5.000	6.700	2.500	18.200
Cimento	3.200	12.000	7.900	5.000	28.100
Soma	11.200	25.900	21.600	11.500	70.200

O ideal seria a apresentação dos resultados, porém nem sempre essa informação é de fácil obtenção pelas empresas. Mesmo que os custos de produção sejam alocados adequadamente, é muito difícil uma alocação das despesas financeiras e operacionais, bem como dos impostos sobre o lucro.

11.2. *Case*: demonstração por unidade de negócio de companhia aberta

A demonstração financeira apresentada a seguir tem como referência basicamente a apresentação do resultado operacional, não identificando os ativos e passivos de cada unidade de negócio.

Figura 11.1. Demonstração por unidade de negócio de companhia aberta

Release de Resultados do 3T19 – Indústrias Romi S.A.

Demonstração do Resultado Consolidado por Unidade de Negócio - 9M19

R$ mil	Máquinas Romi	Burkhardt + Weber	Fundidos e Usinados	Total
Receita Operacional Líquida	**261.481**	**159.731**	**113.913**	**535.125**
Custo dos produtos e serviços vendidos	(135.078)	(134.850)	(125.290)	(395.218)
Transferências remetidas	1.881	-	21.682	23.563
Transferências recebidas	(21.682)	-	(1.881)	(23.563)
Lucro Bruto	**106.602**	**24.881**	**8.424**	**139.907**
Margem Bruto %	*40,8%*	*15,6%*	*7,4%*	*26,1%*
Despesas Operacionais	**(32.051)**	**(30.196)**	**4.436**	**(57.811)**
Vendas	(46.505)	(11.296)	(4.168)	(61.969)
Gerais e administrativas	(24.607)	(18.900)	(7.960)	(51.467)
Pesquisa e desenvolvimento	(13.158)	-	(2.636)	(15.794)
Participação e honorários da Administração	(3.228)	-	(1.610)	(4.838)
Outras receitas operacionais	55.447	-	20.810	76.257
Lucro (Prejuízo) Operacional Antes do Resultado Financeiro	**74.551**	**(5.315)**	**12.860**	**82.096**
Margem Operacional %	*28,5%*	*3,3%*	*11,3%*	*15,3%*
Lucro (prejuízo) Operacional Antes do Resultado Financeiro - Ajustado (*)	**21.040**	**(5.315)**	**(7.950)**	**7.775**
Margem Operacional % - Ajustada (*)	*8,0%*	*3,8%*	*7,0%*	*1,5%*
Depreciação e amortização	8.541	7.016	9.266	24.823
EBITDA	**83.092**	**1.701**	**22.126**	**106.919**
Margem EBITDA %	*31,8%*	*1,1%*	*19,4%*	*20,0%*
EBITDA - Ajustado (*)	**29.583**	**1.701**	**1.316**	**32.600**
Margem EBITDA % - Ajustado (*)	*11,3%*	*1,1%*	*1,2%*	*6,1%*

Demonstração do Resultado Consolidado por Unidade de Negócio - 9M18

R$ mil	Máquinas Romi	Burkhardt + Weber	Fundidos e Usinados	Total
Receita Operacional Líquida	**237.265**	**117.581**	**141.874**	**496.720**
Custo dos produtos e serviços vendidos	(125.939)	(98.863)	(134.880)	(359.682)
Transferências remetidas	2.737	-	18.942	21.679
Transferências recebidas	(18.942)	-	(2.737)	(21.679)
Lucro Bruto	**95.121**	**18.718**	**23.199**	**137.038**
Margem Bruta %	*40,1%*	*15,9%*	*16,4%*	*27,6%*
Despesas Operacionais	**(77.157)**	**(27.348)**	**(16.370)**	**(120.875)**
Vendas	(43.899)	(10.011)	(3.794)	(57.704)
Gerais e administrativas	(17.133)	(17.337)	(9.771)	(44.241)
Pesquisa e desenvolvimento	(12.804)	-	-	(12.804)
Participação e honorários da Administração	(3.001)	-	(2.805)	(5.806)
Outras receitas operacionais	(320)	-	-	(320)
Lucro (Prejuízo) Operacional Antes do Resultado Financeiro	**17.964**	**(8.630)**	**6.829**	**16.163**
Margem Operacional %	*7,6%*	*-7,3%*	*4,8%*	*3,3%*
Lucro (prejuízo) Operacional Antes do Resultado Financeiro - Ajustado (*)	**19.587**	**(8.630)**	**6.829**	**17.786**
Margem Operacional % - Ajustada (*)	*8,3%*	*-7,3%*	*4,8%*	*3,6%*
Depreciação e amortização	9.427	5.866	9.668	24.961
EBITDA	**27.391**	**(2.764)**	**16.497**	**41.124**
Margem EBITDA %	*11,6%*	*-2,4%*	*11,6%*	*8,3%*
EBITDA - Ajustado (*)	**29.014**	**(2.764)**	**16.497**	**42.747**
Margem EBITDA % - Ajustado (*)	*12,2%*	*-2,4%*	*11,6%*	*8,6%*

Também não apresenta a segmentação dos tributos sobre o lucro. Verifica-se também que há transferências de produtos e serviços entre duas das três unidades segmentadas.

11.3. Contabilização de benefícios a empregados e pagamentos baseados em ações

Esses temas são objeto de normas do Comitê de Pronunciamentos Contábeis e tratados nos Pronunciamentos Técnicos CPC 33 (R1) Benefícios a Empregados e CPC 10 (R1) Pagamento Baseado em Ações.

De modo geral, exceto os pagamentos baseados em ações, os demais gastos da empresa com sistemas de recompensas são caracterizados como de benefícios de curto prazo. Assim, os pagamentos de participação nos lucros e bônus de remuneração variável devem ser reconhecidos como despesas de pessoal pelo regime de competência, quando devidos.

Tratamento contábil das opções de ações

Com relação ao reconhecimento das transações de opções de ações nas demonstrações contábeis, o CPC (2010) estabelece que a entidade deve mensurar o valor justo dos serviços recebidos tomando como base o valor justo dos instrumentos patrimoniais na data de outorga. O CPC justifica esse entendimento pelo fato de que:

> trata-se de incentivo para que os empregados permaneçam nos quadros da entidade ou de prêmio por seus esforços na melhoria do desempenho da entidade. Ao beneficiar os empregados com a outorga de ações ou opções de ações, adicionalmente a outras formas de remuneração, a entidade visa a obter benefícios marginais. Em função da dificuldade de mensuração direta do valor justo dos serviços recebidos, a entidade deve mensurá-los de forma indireta, ou seja, deve tomar como base o valor justo dos instrumentos patrimoniais outorgados.

O CPC (2010) destaca que a entidade deve reconhecer os serviços recebidos, e o passivo correspondente a esses serviços, à medida que os serviços são prestados pelos empregados. Por exemplo, alguns direitos sobre valorização de ações proporcionam a aquisição de direito imediatamente (chamado de *vest immediately*), e os empregados não são obrigados a completar determinado tempo de serviço para se tornarem habilitados a receber futuros pagamentos em caixa. Assim, a entidade deve reconhecer imediatamente os serviços recebidos e o passivo correspondente a esses serviços. Se os direitos sobre a valorização de ações não proporcionarem a aquisição de direito (*do not vest*) até que os empregados tenham completado o período de serviço especificado, a entidade deve reconhecer os serviços recebidos e o passivo correspondente a esses serviços à medida que os serviços forem sendo prestados pelos empregados durante o período especificado.

Ferreira (2013) traz a definição de valor intrínseco, que é a diferença entre o valor justo das ações que a contraparte tem o direito de receber (subscrever) e o preço que a contraparte deve pagar por essas ações. Exemplo: uma opção de ações com preço de exercício de R$ 20, sobre uma ação cujo valor justo é R$ 30, tem valor intrínseco de R$ 10. O autor destaca, ainda, que para transações com base no valor justo das ações a entidade deve apurar o valor justo na data de avaliação, baseando-se nos preços de mercado disponíveis e levando em consideração os termos e condições sob os quais os instrumentos patrimoniais foram outorgados. Se os preços de mercado não estiverem disponíveis, a entidade deverá embasar-se em uma técnica de avaliação para estimar que preços poderiam ser negociados na data da mensuração.

Se a entidade tiver outorgado ao empregado o direito de escolher se a transação com pagamento baseado em ações será liquidada em caixa ou por meio da emissão de instrumentos patrimoniais, a entidade terá outorgado um instrumento financeiro composto, o qual apresenta um componente de dívida (ou seja, o direito do empregado de requerer o pagamento em caixa) e um componente de patrimônio líquido (ou seja, o direito da contraparte de demandar a liquidação em instrumentos patrimoniais em vez de caixa). Assim, a entidade deve mensurar o componente de patrimônio líquido do instrumento financeiro composto por meio da diferença entre o valor justo dos produtos ou serviços recebidos e o valor justo do componente de dívida, na data em que os produtos ou serviços forem recebidos. O passivo deve ser remensurado na data da liquidação, de tal forma que se a entidade emitir instrumentos patrimoniais na liquidação, em vez de liquidar a operação com o pagamento em caixa, o passivo deve ser transferido diretamente para o patrimônio líquido, em contrapartida à emissão de instrumentos patrimoniais (CPC, 2010).

Ferreira (2013) destaca que em transações de pagamento baseado em ações liquidadas em caixa a entidade adquire produtos ou serviços e assume uma obrigação (passivo) de pagar em dinheiro ao fornecedor ou empregado, com base no preço das ações, e apresenta a seguinte estrutura de lançamentos contábeis:

Registro contábil
D – Despesa ou ativo
C – Contas a pagar

Na liquidação
D – Contas a pagar
C – Caixa

Já nas transações com pagamento baseado em instrumentos patrimoniais, a entidade recebe produtos e serviços e proporciona em contrapartida seus instrumentos patrimoniais (incluindo ações ou opções de ações); ou recebe produtos ou serviços, mas não tem a obrigação de liquidar a transação com o fornecedor ou empregado. Ferreira (2013) apresenta o lançamento contábil a seguir para essa operação:

Registro contábil
D – Despesa ou ativo
C – Instrumentos patrimoniais (patrimônio líquido)

11.4. Consolidação de resultados não realizados[2]

Na apresentação dos resultados consolidados das unidades de negócio é possível que, ao final do período, produtos e serviços transferidos de uma unidade para outra não tenham sido realizados, isto é, não tenham sido vendidos a terceiros, e permanecido, total ou parcialmente, nos estoques da unidade de negócio que recebeu as transferências.

Nesses casos, para fins de consolidação, é necessário fazer o procedimento contábil de eliminar o valor dos resultados não realizados, tanto na demonstração do lucro total quanto no valor dos estoques totais da empresa.

Resultados não realizados integralmente

No exemplo apresentado a seguir, as mercadorias recebidas pela Empresa B ainda não foram vendidas para terceiros (empresas fora do grupo). Assim, o lucro de $ 15.000 gerado pela Empresa A de mercadorias vendidas para

---

[2] Extraído e adaptado de PADOVEZE, Clóvis Luís. *Administração financeira: uma abordagem global*. São Paulo, Saraiva, 2016.

o grupo não é um lucro realizado. No processo de consolidação das demonstrações financeiras, com os dados deste exemplo, não deverá ser evidenciado nenhum valor de venda, nenhum valor de custo das vendas e, consequentemente, não será apresentado o lucro de $ 15.000, uma vez que não foi realizado. A Tabela 11.1, mostra os ajustes e a consolidação das demonstrações financeiras.

Tabela 11.11. Consolidação de resultados não realizados.

Balanço Patrimonial	**Empresa A**		**Empresa B**		**Eliminações**	**Consolidado**	
Ativo	Inicial – $	Final – $	Inicial – $	Final – $	(Final)	Inicial	Final
Caixa	0	45.000	45.000	0	0	45.000	45.000
Estoques	30.000	0	0	45.000	-15.000	30.000	30.000
Total	30.000	45.000	45.000	45.000		75.000	75.000
Passivo							
Capital social	30.000	30.000	45.000	45.000		75.000	75.000
Lucros acumulados	0	15.000	0	0	-15.000	0	0
Total	30.000	45.000	45.000	45.000		75.000	75.000
Resultados							
Vendas a empresas do grupo		45.000		0	-15.000		0
(–) Custo das vendas		-30.000		0	30.000		0
= Resultado (lucro)		15.000		0			0

O exemplo não contempla vendas para terceiros, e todas as vendas intercompanhias não foram realizadas, e sim mantidas em estoques; assim, os dados consolidados iniciais e finais do balanço inicial são iguais. Os lucros acumulados do balanço final da Empresa A são eliminados, em contrapartida ao ajuste do valor dos estoques da Empresa B, fazendo com que o valor dos estoques consolidados do grupo permaneçam ao custo original da Empresa A, como se não tivessem sido vendidos para a Empresa B. Todos os dados da demonstração de resultados da Empresa A são eliminados, porque consistiam apenas de vendas para uma empresa do grupo, as quais, por sua vez, não tinham sido revendidas.

Resultados não realizados parcialmente

A Tabela 11.12 apresenta o exemplo mais comum, no qual a Empresa B, que compra da Empresa A, que é do grupo, vende parcialmente os estoques comprados, mantendo parte dos produtos comprados em estoque. Para simplificação, consideraremos que as transações são à vista.

Tabela 11.12. Vendas realizadas parcialmente.

	Empresa A		Empresa B		Eliminações	Consolidado	
Balanço Patrimonial	**Inicial**	**Final**	**Inicial**	**Final**	**Final**	**Inicial**	**Final**
Ativo							
Caixa	0	48.000	16.000	15.750	0	16.000	63.750
Estoques	30.000	0	0	4.000	-1.500	30.000	2.500
Total	30.000	48.000	16.000	19.750		46.000	66.250
Passivo							
Capital social	30.000	30.000	16.000	16.000	0	46.000	46.000
Lucros acumulados	0	18.000	0	3.750	-1.500	0	20.250
Total	30.000	48.000	16.000	19.750		46.000	66.250
Resultados							
Vendas							
a terceiros		32.000		15.750			47.750
a empresas do grupo		16.000		0	-16.000		0
Soma		48.000		15.750			47.750
Custo das vendas							
a terceiros		20.000		12.000	-4.500		27.500
a empresas do grupo		10.000		0	-10.000		0
Soma		30.000		12.000			27.500
= Resultado (lucro)		18.000		3.750			20.250

O primeiro ajuste a ser feito é no valor dos estoques remanescentes da Empresa B, oriundos de mercadorias adquiridas dentro do grupo. A Empresa B vendeu 75% das mercadorias compradas (Custo das vendas – \$ 12.000/\$ 16.000 – Valor total das compras = 75%).

O custo original total recebido da Empresa A foi de \$ 10.000. Relacionando-o com o total pago pela Empresa B, \$ 16.000, temos uma margem de lucro de 37,5%.

Valor pago pela Empresa B	\$ 16.000 (a)
Valor do custo baixado pela Empresa A	\$ 10.000 (b)
Lucro obtido pela Empresa A	\$ 6.000 (c = a – b)
Margem de lucro no estoque da Empresa B	37,5% (d = c/a)

Aplicando a margem de lucro nos estoques remanescentes da Empresa B, temos o valor dos lucros não realizados que devem ser eliminados para fins de consolidação.

Valor dos estoques da Empresa B de produtos adquiridos dentro do grupo	\$ 4.000 (a)
Margem de lucro da Empresa A	37,5% (b)
Lucro nos estoques não realizados na Empresa B	\$ 1.500 (a × b)

O valor dos lucros não realizados eliminado do estoque final da Empresa B é também eliminado da conta Lucros acumulados. A outra parte do valor do lucro da Empresa A para B ($ 6.000 – $ 1.500 = $ 4.500) é agora eliminada contra o custo das vendas a terceiros.

11.5. Aspectos tributários

Abordaremos os aspectos tributários dos principais temas abordados neste livro, exceto as considerações já feitas no Capítulo 10, Preços de transferências internacionais, no qual as questões tributárias desse assunto já foram desenvolvidas.

11.5.1. CSC (Centro de Serviços Compartilhados)

A questão tributária básica sobre o CSC é a caracterização, ou não, dos serviços prestados por esse setor como produtor de renda ou faturamento e, consequentemente, lucro. Contudo, conforme Bellucci (p.105)[3], não há diploma legal específico para regular o regime tributário dos CSC. Em função disso, o autor entende que essa questão deve ser resolvida a partir da Constituição Federal.

O CSC faz parte de um grupo econômico. Também conforme Bellucci (p. 57), "grupo econômico é um conjunto de empresas que, ligadas por vínculo de coordenação ou subordinação, atuam em sincronia com o intuito de lograr maior eficiência em sua atividade".

Em linhas gerais, o CSC pode ser estruturado nas empresas:

a) como departamento de unidade de negócios;
b) como unidade autônoma de negócio.

A questão tributária a respeito do CSC implica verificar se há incidência dos tributos de IR, CSLL, PIS/COFINS e ISS no faturamento ou repasse

---

[3] BELLUCCI, Maurício. *Tributação nos centros de serviços compartilhados*. Tese (Doutorado em Direito) – Pontifícia Universidade Católica de São Paulo. São Paulo, 2015.

dos gastos para as demais unidades do grupo econômico, bem como a questão da possível distribuição disfarçada de lucros (Bellucci, resumo).

Caso o CSC atue em âmbito internacional, as questões tributárias também incluem a discussão sobre o IOF, IOC e CIDE, assim como as regras de preços de transferência internacionais (*transfer pricing*) (Bellucci, resumo).

CSC como unidade autônoma de negócio

Em linhas gerais, o CSC como unidade autônoma de negócio implica, necessariamente, o desenvolvimento de atividades de prestação de serviços objetivando lucro. Nesse caso, a chance de evitar a tributação genérica inerente a qualquer empresa com fins lucrativos é praticamente impossível.

Em outras palavras, o CSC estruturado como unidade autônoma de negócio deve estar sujeito ao regime tributário normal de qualquer empresa prestadora de serviços. Consequentemente, a empresa do grupo econômico que recebe os serviços deve considerar esse serviço como uma despesa operacional normal, dedutível para fins de IR/CSLL, com crédito de PIS/COFINS se for do regime não cumulativo.

CSC como departamento de unidade de negócios

Nesse caso, por não ser uma entidade autônoma e sim um departamento ou uma área vinculada a qualquer uma das empresas do grupo econômico (normalmente a empresa-mãe), o tratamento econômico, financeiro e contábil mais utilizado é o critério de repartição dos gastos.

Também de acordo com Bellucci, os critérios de repartição dos gastos ou despesas (p. 82) mais utilizados são os seguintes:

a) método da repartição das despesas, quando por alguma estimativa os gastos são repartidos entre as empresas associadas;
b) método do financiamento das despesas, quando se imputa um valor a ser pago por cada empresa associada, em geral, por volume de negócios ou faturamento;
c) método da margem de lucro, quando se adiciona uma margem de lucro aos serviços fornecidos pela sociedade-mãe que inclua as despesas do CSC.

A adoção do método da margem de lucro não é recomendada, pois, tributariamente, deixa dificuldades de comprovação do conceito de CSC de simples compartilhamento de gastos.

Ao se adotar tanto o método de repartição como o do financiamento das despesas, Bellucci, já citado, postula que não haverá incidência dos tributos, exceto o IOF-Câmbio, nas transferências transnacionais do grupo econômico. Há a discussão a respeito do IRRF; para a RFB, deveria haver a incidência nas transferências internacionais[4].

Conforme o mesmo autor, como o objetivo de um tributo (p. 124) é uma riqueza formada por receitas menos despesas, não haveria incidência, por parte do CSC, de:

- IR/CSLL, pois não haverá lucro (p.141);
- PIS/COFINS, pois a transação não se caracteriza como faturamento ou receita (p. 145);
- ISS, porque não se trata de uma prestação de serviços, mas sim de apenas repartição ou financiamento de gastos (p. 148).

É indispensável ressaltar que esse é um entendimento por parte de contribuintes, mas não necessariamente é o entendimento do fisco. Assim, o risco tributário permanece, uma vez que, conforme introduzido no início deste tópico, "não há diploma legal específico para regular o regime tributário dos CSC".

Considerando essas ponderações, a empresa que recebe os serviços do CSC poderá torná-la dedutível para fins de IR/CSLL, mas não poderá fazer crédito de PIS/COFINS, caso seja do regime não cumulativo.

---

[4] A 1ª Turma da 4ª Câmara da 1ª Seção do Conselho Administrativo de Recursos Fiscais (CARF) manteve a cobrança de Imposto de Renda (IRRF) sobre valores pagos pela Arcos Dorados no Brasil, franquia que administra o McDonald's na América Latina, a unidades fora do País. Na autuação, a Receita Federal cobra Imposto de Renda sobre remessas que a empresa fez, entre 2012 e 2013, a unidades vinculadas no exterior, em diferentes países, com as quais mantinha contratos de compartilhamento de despesas para serviços técnico--administrativos (processo n.16561.720065/2017-14).
Fonte: https://valor.globo.com/legislacao/noticia/2020/01/06/carf-mantem-ir-sobre-valores-pagos-no-exterior.ghtml.

Contrato e documentação contábil/fiscal

Nos métodos de repartição ou financiamento das despesas, é indispensável a formalização dos critérios de rateio ou distribuição dos gastos em um contrato firmado entre as empresas do grupo econômico que utilizam o CSC. Ressalte-se também que conforme BELLUCCI (p. 122) "O contrato de repartição de gastos é um contrato atípico – carece de regulamentação específica na lei", mas sua existência é necessária.

Caso o CSC seja estruturado como uma unidade autônoma, a cobrança dos serviços será feita pela emissão de uma nota fiscal de serviços.

Caso o CSC seja estruturado como um departamento de unidade de negócio, a informação dos gastos repartidos ou dos valores adiantados poderá ser feita por emissão de nota de débito, para dar substância formal ao lançamento contábil.

11.5.2. Participação nos lucros ou resultados conforme Lei 10.101/2000

O regime tributário para esse tipo de sistema de recompensa está previsto na Lei 10.101 de 19/12/2000. O artigo 371 do Regulamento do Imposto de Renda (RIR 2018) define a dedutibilidade para fins de IR/CSLL, conforme transcrito abaixo:

> Art. 371. Para fins de apuração do lucro real, a pessoa jurídica poderá deduzir como despesa operacional as participações atribuídas aos empregados nos lucros ou nos resultados, observado o disposto na Lei nº 10.101, de 19 de dezembro de 2000, no próprio exercício de sua constituição (Lei nº 10.101, de 2000, art. 3º, § 1º) .
>
> Parágrafo único. É vedado o pagamento de qualquer antecipação ou distribuição de valores a título de participação nos lucros ou nos resultados da empresa em mais de duas vezes no mesmo ano civil e em periodicidade inferior a um trimestre civil (Lei nº 10.101, de 2000, art. 3º, § 2º).

Para a empresa, não haverá mais nenhum outro tributo ou encargo trabalhista (INSS, FGTS, 13º, férias) sobre esse pagamento aos funcionários.

Com relação ao valor recebido pelo funcionário, haverá a tributação de IR exclusiva na fonte, conforme tabela constante da lei (similar à tabela de retenção de IR na fonte de assalariados), portanto, não fazendo acumulação com os demais rendimentos percebidos dos funcionários.

11.5.3. Pagamento baseado em ações

A questão tributária sobre esse tema também deve ser considerada nos dois aspectos:

a) por parte da empresa que faz pagamentos em ações ou opções em ações;
b) por parte dos funcionários que as recebem.

Aspectos tributários para os funcionários

Da parte dos funcionários que recebem as ações ou realizam as opções em ações, Bandoni *et al.* (2017) afirmam que a natureza jurídica da opção de compra de ações é mercantil, pois envolve ganho financeiro (diferença entre o valor da opção e o valor realizado), sendo até um investimento feito pelo empregado nas ações da empresa. No entanto, há decisões e doutrinas distintas que indicam a necessidade de incidência previdenciária pelo fato de que este deveria ser considerado como um benefício e consequentemente parte do pacote de remuneração do empregado. O próprio Comitê de Pronunciamentos Contábeis (CPC) (2010) indica que opções de ações ou outros instrumentos patrimoniais são outorgados aos empregados como parte do pacote de remuneração destes adicionalmente aos salários e outros benefícios.

Com relação ao imposto de renda, Bandoni *et al.* (2017) ressaltam que contribuintes residentes (colaboradores brasileiros ou expatriados residentes) estão sujeitos à tributação de tais rendimentos nas taxas legais de Imposto de Renda Pessoa Física (IRPF), que variam de 7,5% a 27,5% (de acordo com a tabela progressiva de rendimentos). Assim, receitas originadas no Brasil estão sujeitas ao imposto de renda retido na fonte; qualquer rendimento pago via folha de pagamento no país é considerado como receita tributável.

Da mesma forma, valores pagos de entidades no exterior detentoras de ações a colaboradores no Brasil também estão sujeitas à tributação do imposto de renda por meio de recolhimento mensal obrigatório em um Documento de Arrecadação de Receitas Federais (DARF), conforme especificado no RIR/99.

Quanto aos ganhos de capital, Bandoni *et al.* (2017) citam a 13.259/16, a qual determina que o resultado positivo da diferença entre o preço de compra e o preço de venda das ações (ganho) está sujeito ao imposto de ganho de capital a taxas que variam de 15% a 22,5% sobre o total. Para essas operações, o empregado é o único responsável por calcular e pagar o imposto sobre o ganho de capital.

No entanto, Pinto (2019) afirma que o Conselho Administrativo de Registros Fiscais (CARF) vem discutindo o entendimento com relação ao recolhimento do IRPF. Uma das alternativas é que as opções de ações sejam tributadas no momento em que são exercidas, isto é, na fase de aquisição das ações pelo beneficiário, hipótese na qual elas seriam consideradas rendimentos tributáveis sujeitos ao recolhimento mensal obrigatório. A alternativa seguinte é que as opções de ações sejam tributadas no momento em que as ações decorrentes do exercício da opção são alienadas, ou seja, na fase de venda das ações pelo beneficiário, hipótese na qual a alienação das ações é tributada como ganho de capital.

Outro ponto de discussão seria a base de tributação, na qual ora as autoridades fiscais consideraram como base de cálculo do imposto de renda a diferença entre o preço de exercício da opção de compra da ação e o valor de mercado da ação na data de exercício, ora consideraram a diferença entre o prelo do exercício da opção de compra da ação e o valor justo da opção concedida na data de concessão (PINTO, 2019).

No entanto, verifica-se que os primeiros julgamentos do CARF relativos ao IRPF sobre as opções de ações têm sido no sentido de que o beneficiário das opções de ações aufere acréscimo patrimonial tributável pelo imposto de renda quando exerce a opção de compra, sendo que a base de cálculo é a diferença entre o preço do exercício e o valor de cotação da ação na data do exercício (PINTO, 2019).

As contribuições de cunho social destinadas ao INSS (Instituto Nacional do Seguro Social) e ao FGTS (Fundo de Garantia do Tempo de Serviço) também podem ser aplicadas para as opções de ações. Para o INSS, empregadores e colaboradores são responsáveis em conjunto pelo pagamento da contribuição, desde que estabelecida a relação de trabalho entre as partes com diferentes taxas. As contribuições para o FGTS são calculadas com base em 8% da folha de pagamentos bruta sob responsabilidade integral do empregador (Bandoni *et al.*, 2017). Há diferentes entendimentos com relação à tributação de INSS e FGTS sobre opções de ações. A Receita Federal, de forma consistente, a entendeu como uma forma de remuneração, razão pela qual deveria haver o consequente recolhimento da contribuição previdenciária sobre essas operações. No entanto, as companhias entendiam os planos de opções de ações como uma oportunidade de investimento oferecida a seus colaboradores como benefício, e não como parte da remuneração (Bandoni *et al.*, 2017).

Já os autores Calvo (2013) e Fragoso (2013) afirmam que a posição majoritária é que a natureza jurídica do plano de opção de ações é de contrato mercantil, desvinculado do contrato de trabalho, sendo que os eventuais ganhos auferidos por empregados, quando da venda das ações adquiridas através do plano, não teriam implicação trabalhista. Calvo (2013) sugere as seguintes práticas para que esse plano não seja considerado como de natureza salarial:

- o plano de opção de ações deve ser elaborado de acordo com a legislação societária aplicável;
- a implementação do plano deve ser realizada em documentos desvinculados do contrato de trabalho, a fim de não gerar dúvidas sobre sua natureza mercantil e aleatória;
- o contrato de opção de ações deve ser oneroso, ou seja, o empregado deve desembolsar o valor da opção, não devendo haver subsídios por parte da empresa;
- a diferença entre o valor de opção e o valor efetivo da ação no mercado deve ser relevante, a fim de comprovar a existência efetiva de risco com a flutuação do valor das ações no mercado de capitais;
- a compra de ações pelo empregado deve ser sempre que possível intermediada pelo corretor de valores mobiliários, respeitando-se as normas que regulam a compra e venda desses títulos.

Aspectos tributários para a empresa

Com relação à dedutibilidade dos pagamentos baseados em ações por parte da empresa, essa questão está regulamentada e consta do Regulamento do Imposto de Renda (RIR 2018), transcrito a seguir:

> *Do pagamento baseado em ações*
>
> Art. 370. O valor da remuneração dos serviços prestados por empregados ou similares, efetuada por meio de acordo com pagamento baseado em ações, deverá ser adicionado ao lucro líquido, para fins de apuração do lucro real, no período de apuração em que o custo ou a despesa forem apropriados (Lei nº 12.973, de 2014, art. 33, caput).
>
> § 1º A remuneração de que trata o **caput** será dedutível somente depois do pagamento, quando liquidados em caixa ou em outro ativo, ou depois da transferência da propriedade definitiva das ações ou das opções, quando liquidados com instrumentos patrimoniais (Lei nº 12.973, de 2014, art. 33, § 1º).
>
> § 2º Para fins do disposto no § 1º, o valor a ser excluído será (Lei nº 12.973, de 2014, art. 33, § 2º):
>
> I – o efetivamente pago, quando a liquidação baseada em ação for efetuada em caixa ou em outro ativo financeiro; ou
>
> II – o reconhecido no patrimônio líquido nos termos da legislação comercial, quando a liquidação for efetuada em instrumentos patrimoniais.

Conforme o texto, a dedutibilidade aplica-se apenas aos pagamentos baseados em ações para funcionários, não sendo permitida a dedutibilidade quando esse tipo de remuneração for para sócios, diretores e administradores da empresa.

11.5.4. Participação nos ganhos, bônus e remuneração variável

Esse tipo de remuneração deve ser analisado tanto sob a ótica dos encargos trabalhistas e previdenciários quanto da ótica da dedutibilidade para a empresa para fins de tributos sobre o lucro.

Encargos trabalhistas e previdenciários

Conforme os autores citados[5], pode-se depreender do atual artigo 457 da CLT que a remuneração de empregados para fins trabalhistas é composta não só pelo salário mensal fixo, mas também pelas gratificações ajustadas pagas em contraprestação aos serviços prestados. De acordo com a jurisprudência, o conceito de gratificação ajustada compreende os valores contratualmente acordados e aqueles pagos habitualmente, como por exemplo os bônus anuais.

Em paralelo, o atual artigo 28 da Lei nº 8.212/1991 estabelece que a remuneração de empregados para fins previdenciários é composta pela totalidade dos rendimentos pagos, devidos ou creditados a qualquer título, destinados a retribuir o trabalho, quer pelos serviços prestados, quer pelo tempo à disposição.

Com base na interpretação sistemática desses artigos, tanto a Justiça do Trabalho, na esfera trabalhista, quanto o Conselho Administrativo de Recursos Fiscais (CARF) e a Justiça Federal, no âmbito previdenciário, consolidaram o entendimento de que os bônus anuais compõem a remuneração de empregados e, portanto, devem integrar a base de cálculo de encargos trabalhistas e previdenciários. De acordo com o atual entendimento jurisprudencial e doutrinário, somente os bônus pagos em parcela única, de forma não habitual e que não tenham sido contratualmente ajustados, não integrariam a remuneração, por não serem gratificações ajustadas, mas sim ganhos meramente eventuais.

A Reforma Trabalhista (Lei 13.467 de 13/07/17), entretanto, não só eliminou do texto legal o termo "gratificação ajustada", como também estabeleceu que não integram a remuneração para fins trabalhistas e previdenciários as importâncias, ainda que habituais, pagas a título de prêmios, assim entendidos como "as liberalidades concedidas pelo empregador em forma de bens, serviços ou valor em dinheiro a empregado ou a grupo de

---

[5] Takano, R. S. e Germiniani, M. C. *Reforma trabalhista: novo conceito de prêmio implica redução de encargos sobre bônus?*, 2017. Disponível em: <https://www.machadomeyer.com.br/pt/inteligencia-juridica/publicacoes-ij/trabalhista-ij/reforma-trabalhista-novo-conceito-de-premio-implica-reducao-de-encargos-sobre-bonus>. Acesso em: 02 abr. 2020.

empregados, em razão de desempenho superior ao ordinariamente esperado no exercício de suas atividades".

Em razão dessa alteração promovida pela Reforma Trabalhista, valores pagos pelo empregador, por mera liberalidade, de forma espontânea e inesperada, "em razão de desempenho superior ao ordinariamente esperado", não integrariam a remuneração para fins trabalhistas e previdenciários.

De acordo com os autores citados, "considerando a tendência jurisprudencial observada nos últimos anos, nos parece que são altas as chances de prevalecer na esfera administrativa e judicial o entendimento de que somente será considerado prêmio o pagamento que não tenha sido previamente acordado, ainda que este remunere o empregado pela superação de metas previamente estabelecidas".

Continuando com os autores,

> tendo isso em vista, pelo menos neste estágio inicial das discussões sobre os impactos da Reforma Trabalhista, nos parece que os bônus anuais contratualmente acordados tendem a continuar sendo considerados parte da remuneração dos empregados e, portanto, da base de cálculo de encargos trabalhistas e previdenciários.

É a mesma opinião de Paiva, Dainese e Chessa[6] quando afirmam:

> é possível que prevaleça, nas esferas administrativa e judicial, o entendimento de que somente será considerado prêmio o pagamento que não tenha sido previamente acordado, dependendo do fator "surpresa", em que o empregador remunere o empregado pela superação de metas previamente estabelecidas. Frente a tal cenário e, ainda pendente de muitas discussões sobre os impactos da Reforma Trabalhista, a nosso ver as gratificações, tais como os bônus anuais contratualmente acordados, deverão continuar sendo considerados como parte da remuneração dos empregados e, portanto, integrados à base de cálculo de encargos trabalhistas e previdenciários.

---

[6] PAIVA, A. L. P. R., DAINESE, F. S. A. e CHESSA, M. C. *A gratificação e o prêmio diante das alterações da reforma trabalhista*, 2018. Disponível em: <https://www.araujopolicastro.com.br/noticias/a-gratificacao-e-o-premio-diante-das-alteracoes-da-reforma-trabalhista/>. Acesso em: 02 abr. 2020.

Dessa forma, o entendimento é que bônus, participação nos ganhos e remuneração variável, acordados previamente, compõem a base de cálculo dos encargos trabalhistas e previdenciários, ficando sem esses encargos apenas os prêmios eventuais não acordados anteriormente.

Tributos sobre o lucro

Para fins de dedutibilidade para os tributos sobre o lucro, os bônus, ganhos e remuneração variável dos funcionários são dedutíveis.

Contudo, há uma exceção impedindo a dedutibilidade desses gastos pagos a sócios, diretores e administradores, quando pagos eventualmente. A dedutibilidade só é possível quando corresponderem à remuneração fixa, conforme artigo 368 do Regulamento do Imposto de Renda, transcrito a seguir:

> Art. 368. Serão dedutíveis, para fins de determinação do lucro real, as remunerações de sócios, diretores ou administradores, titulares de empresa individual e conselheiros fiscais e consultivos (Lei nº 4.506, de 1964, art. 47, caput e § 5º).
>
> Parágrafo único. *Não serão dedutíveis*, para fins de determinação do lucro real (Decreto-Lei nº 5.844, de 1943, art. 43, § 1º, alíneas "b" e "d"):
>
> I – as retiradas não debitadas em custos ou despesas operacionais, ou contas subsidiárias, e aquelas que, mesmo escrituradas nessas contas, *não correspondam à remuneração mensal fixa por prestação de serviços*; e
>
> II – as percentagens e os ordenados pagos a membros das diretorias das sociedades por ações que não residam no País.

12
Integração com outros sistemas de informações

O sistema de informação de contabilidade por unidade de negócios faz parte do conjunto de sistemas de informações de controladoria e, consequentemente, deve estar totalmente integrado aos demais sistemas de gestão de controladoria.

Podemos resumir os sistemas de informação de controladoria em cinco grandes blocos, conforme mostra a Figura 12.1 apresentada a seguir.

Figura 12.1. Visão geral dos instrumentos e sistemas de informação de controladoria.

O conjunto de sistemas de informação de controladoria parte da estruturação do sistema de informação contábil dentro de um formato gerencial (ver Capítulo 2). A partir deste, estruturam-se os sistemas de informação para o planejamento orçamentário, para a contabilidade por unidades de negócio e para a gestão de custos e preços de venda.

A necessidade de estruturar sistemas de informações para abastecer os responsáveis pela estratégia, bem como para monitorar os objetivos e riscos estratégicos, completa o conjunto dos grandes instrumentos de gestão de controladoria, que devem ser integrados com o sistema de informação de contabilidade por unidades de negócio.

12.1. Integração com o sistema de custos e formação de preços de venda

O sistema de custos, onde se apuram os custos unitários dos produtos e serviços, também contempla a formação de preços de venda baseada nos custos unitários. O principal aspecto de integração do sistema de custos com o sistema de informação por unidades de negócio é a definição dos critérios de apuração dos elementos que formam o preço de venda de cada produto ou serviço, destacados para cada unidade de negócio.

A técnica mais conhecida para formar o preço de venda de cada produto ou serviço é a estruturação do *mark-up*, um número (multiplicador ou divisor) que, aplicado sobre o custo unitário de cada produto ou serviço, dá seu preço de venda unitário.

A forma de custeamento recomendada para formar o preço de venda é o custo-padrão, que é o custo calculado antecipadamente, em condições ótimas de sua obtenção pela fábrica ou operação, com dados prospectivos, e que serve como meta para a fábrica.

A base dos dados do custo-padrão são os dados obtidos no orçamento para o próximo ano, uma vez que o custo-padrão também é uma meta que deve ser alcançada no próximo ano. Dessa maneira, impõe-se que o cálculo do *mark-up* também utilize os dados do plano orçamentário, para ser coerente com os dados obtidos do custo unitário dos produtos e serviços.

Composição do custo unitário

A metodologia mais utilizada para apurar o custo unitário de cada produto ou serviço é o custeamento por absorção, que, para este fim, é um procedimento aceitável. O custeamento por absorção contempla todos os gastos da fábrica, diretos e indiretos. No caso de serviços, deve compreender todos os custos diretamente ligados à operação que fornece os serviços para os clientes. O Quadro 12.1 mostra os elementos dos custos de produção de produtos e serviços.

Quadro 12.1. Composição dos custos operacionais de produção.

Custos diretos
Materiais diretos
Custo horário dos setores diretos
Depreciação direta
Custos indiretos
Custo dos setores de apoio da produção
Depreciação indireta

A base de dados quantitativos para apuração do custo unitário *direto* dos produtos e serviços deve vir de dois subsistemas do ERP ligados à engenharia de produto e engenharia de fábrica ou operações, que são os subsistemas de estrutura do produto e o roteiro ou processo de fabricação ou execução. Os custos indiretos são absorvidos por algum procedimento de rateio ou absorção, conforme mostra a Figura 12.2.

Figura 12.2. Estrutura para custeamento unitário dos produtos e serviços.

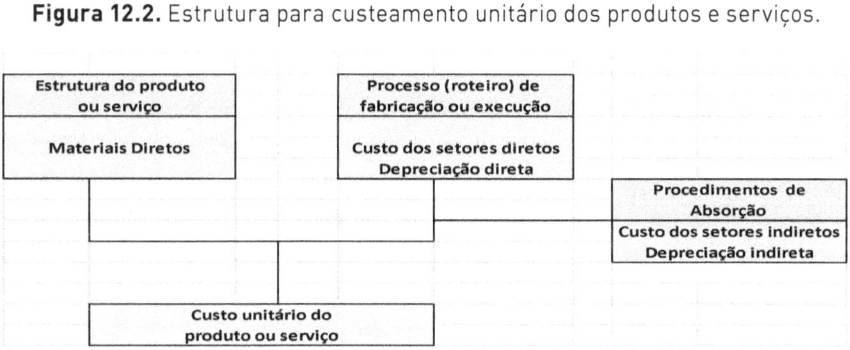

Composição do mark-up

Tendo como referência que o custo unitário dos produtos e serviços é apurado somente com os gastos de produção da operação, os demais gastos da empresa são caracterizados como corporativos, ou seja, não têm referência direta com cada produto ou serviço, pois são gastos genéricos.

Assim, o *mark-up*, para obtenção do preço de venda unitário de cada produto ou serviço, deve contemplar todos os demais gastos da empresa (normalmente denominados *despesas*) e a margem de lucro desejada. Além desses elementos, o *mark-up* também deve contemplar as despesas dos tributos sobre o lucro, conforme mostra o Quadro 12.2.

Quadro 12.2. Composição do *mark-up*.

Despesas
Comerciais
Administrativas
Pesquisa e desenvolvimento (se houver)
Financeiras líquidas
Margem de lucro desejada
Margem de lucro depois dos tributos sobre o lucro (IR/CSLL)
Tributos sobre o lucro

Formação do preço de venda baseado no custo

Considerando esses conceitos e a metodologia do custeamento por absorção, a Figura 12.3 mostra a composição para formação do preço de venda baseado no custo unitário dos produtos e serviços.

Figura 12.3. Metodologia para formação do preço de venda.

MÉTODO DE CUSTEIO POR ABSORÇÃO		*MARK-UP*		PREÇO DE VENDA
Apuração do custo unitário dos produtos e serviços		Multiplicador sobre o custo unitário dos produtos e serviços		Formação do preço de venda unitário dos produtos e serviços
Custos diretos e indiretos		Despesas e margem de lucro desejada		Preço de venda calculado
Custo unitário P1				Preço de venda P1
Custo unitário P2	X	Índice divisor ou multiplicador	=	Preço de venda P2
Custo unitário PN				Preço de venda PN

Em resumo, a metodologia de formação de preços de venda baseada nos custos unitários consideram que os custos operacionais de produção devem ser distribuídos aos diversos produtos e serviços, obtendo-se, a partir dessa distribuição, o custo unitário de cada produto ou serviço, por meio da estrutura do produto ou serviço, do roteiro ou processo de fabricação ou execução, e os procedimentos de rateio dos custos indiretos de apoio à produção. Os demais gastos da empresa são considerados genéricos e não têm identificação com nenhum produto ou serviço da empresa. Junto com a margem de lucro desejada e a cobertura dos tributos sobre o lucro, permitem calcular o *mark-up*, que, aplicado sobre o custo unitário, fornece o preço de venda calculado para cada produto ou serviço.

Gastos e mark-up por unidade de negócio

A aplicação da metodologia de formação de preços de venda a partir do custo unitário a ser aplicado às diversas unidades de negócio, para formar o preço de venda dos produtos e serviços específicos de cada uma, tem que considerar a estrutura da empresa e as particularidades de cada unidade de negócio.

Assim, deve-se considerar as diferenças de estrutura de custos e despesas de cada unidade de negócio em relação ao total da empresa; ou seja, a estrutura de custos e despesas de uma unidade de negócio pode ser totalmente diferente de outra, assim como podem ser diferentes da estrutura de custos e despesas do total da empresa.

Além disso, é fundamental entender que os investimentos feitos são de montantes diferentes para cada unidade de negócio. Ademais, há que se considerar o ciclo de fabricação e venda específico de cada unidade de negócio, pois uma unidade de negócio tem condições operacionais de produzir mais receita de venda que outra, em relação ao valor de investimento nela (o giro do ativo).

Outro ponto importante relaciona-se com as despesas. Não necessariamente todas as despesas (administrativas, comerciais, pesquisa e desenvolvimento) devem ser consideradas corporativas ou genéricas.

É possível que as despesas de pesquisa e desenvolvimento sejam específicas de cada unidade de negócio e não sejam gastos corporativos. Da mesma forma, é possível que gastos comerciais e de logística também não sejam todos corporativos. Podem existir equipes comerciais específicas para cada unidade de negócio, assim como podem existir gastos de distribuição e logística específicos para cada unidade de negócio.

Dessa maneira, deve ser estruturado um *mark-up* específico para cada unidade de negócio considerando os fatores agora mencionados.

As despesas financeiras devem ser tratadas sempre como corporativas. De modo geral, também devem ser tratadas como corporativas as despesas administrativas, uma vez que não há vínculo específico desses gastos com unidades de negócio ou produtos e serviços.

Estágios ou etapas para cálculo do mark-up

Tendo em vista a diversidade de situações tributárias em nosso país, a recomendação é estruturar o *mark-up* em duas ou três etapas, conforme a questão tributária prevalecente.

A primeira etapa do *mark-up* é a formação do preço de venda calculado a partir do custo unitário dos produtos e serviços, para obtenção do preço de venda líquido dos tributos sobre a venda.

A segunda etapa parte do preço de venda líquido dos tributos sobre a venda e incorpora esses tributos que fazem parte do valor contábil da venda conforme as regras tributárias, quais sejam o ICMS, o PIS e a COFINS.

A terceira etapa, quando necessária, é a incorporação do IPI e do ICMS de substituição tributária. Caso a empresa pague comissões sobre a receita bruta, o percentual de comissão deve estar também nesta terceira etapa.

Neste capítulo, faremos apenas a exemplificação do cálculo do *mark-up* da primeira etapa, ou seja, a obtenção do preço de venda calculado de cada produto ou serviço de cada unidade de negócio, antes dos tributos sobre a receita líquida, isto é, o preço de venda sem tributos.

Margem de lucro desejada para incorporação ao mark-up de cada unidade de negócio

A primeira etapa é calcular a margem de lucro desejada que será incorporada ao *mark-up*. A obtenção da margem desejada deve ter como referência o retorno do investimento, que, por sua vez, decorre, além da margem desejada, do giro do investimento ou giro do ativo. Assim, para obtenção da margem desejada, utiliza-se a fórmula do retorno do investimento.

Retorno do investimento = Margem de lucro x Giro do investimento

Em seguida, considera-se como incógnita a margem de lucro, que será obtida pela alteração da fórmula do retorno do investimento, com a utilização da fórmula:

$$\textbf{Margem de lucro} = \frac{\textbf{Retorno do investimento}}{\textbf{Giro do investimento}}$$

Para esta exemplificação, estamos considerando como valor do investimento o valor do patrimônio líquido (capital próprio). Em razão disso, as despesas financeiras dos empréstimos devem fazer parte do *mark-up*.

A margem de lucro também deverá incorporar o impacto dos tributos sobre o lucro em relação à receita líquida. A Tabela 12.1 mostra como o cálculo deve ser efetuado.

Tabela 12.1. Cálculo do lucro líquido desejado antes dos tributos sobre o lucro.

	Unidade de negócio 1	Unidade de negócio 2	Total
Valor do investimento – $ (a)	2.200.000	1.800.000	4.000.000
Participação percentual – % (b)	55,0%	45,0%	100,0%
Capital próprio total – $ (c)			2.800.000
Valor do capital próprio proporcional – $ (d = c × b)	**1.540.000**	**1.260.000**	**2.800.000**
Rentabilidade desejada – % anual (e)	12,0%	12,0%	12,0%
Lucro líquido a ser obtido – anual – $ (f = d × e)	**184.800**	**151.200**	**336.000**
Tributos sobre o lucro – % (g)	34,0%	34,0%	34,0%
Lucro antes dos tributos sobre o lucro – $ – (h = f/1 – g)	**280.000**	**229.091**	**509.091**

No exemplo, o valor do patrimônio líquido de $ 2.800.000 está sendo distribuído para as duas unidades de negócio na proporção do valor dos ativos totais de cada unidade de negócio, obtendo-se o valor do capital próprio proporcional para cada uma delas.

Em seguida, assume-se o retorno do investimento desejado. No caso, 12% para todas as unidades de negócio. Com isso, obtém-se o valor (o montante) do lucro líquido que cada unidade de negócio deve entregar para os acionistas ou sócios.

A próxima etapa é considerar os tributos sobre o lucro, obtendo-se o lucro antes dos tributos sobre o lucro, que será o valor a ser utilizado para obter a margem de lucro desejada.

Faturamento normativo e margem desejada por unidade de negócio

Como a margem desejada é uma relação com a receita líquida da venda de todos os produtos e serviços de cada unidade de negócio, é necessário obter o valor da receita total possível a ser gerado por cada uma delas. Esse valor total da receita possível é denominado *faturamento normativo* ou *faturamento-padrão*. A Tabela 12.2 mostra um exemplo de cálculo.

Tabela 12.2. Cálculo do faturamento normativo sem tributos.

	Unidade de negócio 1	Unidade de negócio 2	Gastos gerais	Total
Custo da produção dos produtos e serviços (a)	3.795.708	5.030.963	0	8.826.671
Despesas comerciais diretas (b)	80.000	380.000	0	460.000
Pesquisa e desenvolvimento (c)	38.000	187.000	0	225.000
Soma (d = a + b + c)	3.913.708	5.597.963	0	9.511.671
Percentual de participação nos gastos (e)	**41,1%**	**58,9%**	-	**100,0%**
Despesas comerciais gerais (f)	0	0	135.000	135.000
Despesas administrativas (g)	0	0	477.500	477.500
Despesas financeiras líquidas (h)	0	0	140.000	140.000
Custos e despesas totais (i = d + f + g + h)	**3.913.708**	**5.597.963**	**752.500**	**10.264.171**
Lucro antes dos tributos desejado (j)				509.091
Faturamento normativo (k = i + j)				**10.773.262**
Distribuição do faturamento normativo (e × k)	**4.432.807**	**6.340.455**	0	**10.773.262**

Partindo do orçamento de vendas em quantidade para o próximo ano, obtém-se o total orçado dos custos de produção para o *mix* e o volume dos produtos e serviços. Em seguida, adiciona-se as despesas diretas de cada unidade de negócio, formando os gastos totais de todas as unidades de negócio.

Adiciona-se em seguida o orçamento das despesas gerais administrativas, comerciais e financeiras, formando o total dos gastos esperados para o próximo período. Com a adição do montante de lucro desejado pelos sócios e acionistas, obtido na Tabela 12.1, tem-se o faturamento mínimo indispensável para cobrir todos os custos e despesas e dar o lucro desejado para o retorno do investimento. Esse valor é o faturamento normativo.

Aplicando-se ao faturamento normativo total o percentual de participação dos gastos diretos de cada unidade de negócio no total dos gastos diretos de todas elas, obtém-se a distribuição do faturamento normativo por unidade de negócio. A etapa seguinte é obter a margem de lucro desejada de cada unidade de negócio, conforme mostra a Tabela 12.3.

Tabela 12.3. Cálculo da margem de lucro desejada.

	Unidade de negócio 1	Unidade de negócio 2	Total
Lucro antes dos tributos sobre o lucro (a)	280.000	229.091	509.091
Faturamento normativo (b)	4.432.807	6.340.455	10.773.262
Margem de lucro desejada (a/b)	6,32%	3,61%	4,73%

O lucro antes dos tributos sobre o lucro foi obtido na Tabela 12.1, e o faturamento normativo, na Tabela 12.2. Verifica-se que a margem necessária a ser adicionada ao *mark-up* para formar o preço de venda da Unidade 1 é maior que a da Unidade 2, porque o giro do investimento da Unidade 1 é menor que o giro do investimento da Unidade 2.

Percentuais de despesas a serem cobertos pelo preço de venda

O *mark-up* contempla a margem desejada mais a média das despesas comerciais, administrativas e financeiras. A etapa seguinte é calcular esses percentuais sobre o faturamento normativo, com os dados constantes do orçamento, conforme mostra a Tabela 12.4.

Tabela 12.4. Cálculo dos percentuais de despesas a serem cobertos pelo preço de venda.

	Unidade de negócio 1		Unidade de negócio 2		Total	
	$	%	$	%	$	%
Faturamento normativo sem tributos	4.432.807	100,00%	6.340.455	100,00%	10.773.262	100,00%
Despesas comerciais diretas	80.000	1,80%	380.000	5,99%	-	-
Pesquisa e desenvolvimento	38.000	0,86%	187.000	2,95%	-	-
Soma das despesas diretas	**118.000**	**2,66%**	**567.000**	**8,94%**	-	-
Despesas comerciais gerais					135.000	1,25%
Despesas administrativas					477.500	4,43%
Despesas financeiras líquidas					140.000	1,30%
Soma das despesas gerais					**752.500**	**6,98%**

A tabela mostra os percentuais de despesas diretas específicas de cada unidade de negócio, bem como os percentuais médios das despesas gerais comerciais, administrativas e financeiras.

Estruturação do mark-up por unidade de negócio

Os dados das Tabelas 12.3 e 12.4 dão os elementos para o cálculo do *mark-up*. Utilizamos o critério de *mark-up* multiplicador, conforme mostra a Tabela 12.5.

Tabela 12.5. Cálculo do mark-up antes dos tributos sobre a venda.

	Unidade de negócio 1	Unidade de negócio 2
Soma dos percentuais de despesas e margem desejada para o *mark-up*		
Despesas diretas específicas	2,66%	8,94%
Despesas gerais	6,98%	6,98%
Margem de lucro desejada	6,32%	3,61%
Soma (a)	**16,0%**	**19,5%**
Preço de venda sem tributos (b)	100,0%	100,0%
Diferença (c = b – a)	84,0%	80,5%
Mark-up (b/c)	1,1900	1,2429

Os *mark-ups* obtidos serão aplicados indistintamente para todos os produtos e serviços de cada unidade de negócio, formando o preço de venda calculado a partir do custeamento por absorção. A Tabela 12.6 mostra um exemplo desse cálculo.

Tabela 12.6. Exemplo de cálculo de preço de venda calculado (PVC) sem tributos sobre a venda.

	Unidade de negócio 1	Unidade de negócio 2
Supondo custo industrial unitário de um produto (a)	3,796	5,031
Mark-up (b)	1,1900	1,2429
Preço de venda calculado (a × b)	4,517	6,253

A partir do preço de venda calculado sem tributos sobre a venda, cada unidade de negócio fará a adição de *mark-ups* complementares para incorporar os tributos sobre a venda e eventualmente comissões e *royalties*.

12.2. Integração com o sistema de planejamento orçamentário

Essa integração é praticamente natural, uma vez que o plano orçamentário é uma extensão da estrutura contábil. Como a estrutura contábil já contempla a estrutura de unidades de negócio, é necessário estruturar um plano orçamentário para cada unidade de negócio.

O plano orçamentário tem como ponto de partida a definição das estratégias da empresa para cada unidade de negócio e a assunção ou construção de cenários para finalizar na definição das premissas orçamentárias, conforme mostra a Figura 12.4.

Figura 12.4. Integração da estratégia ao orçamento.

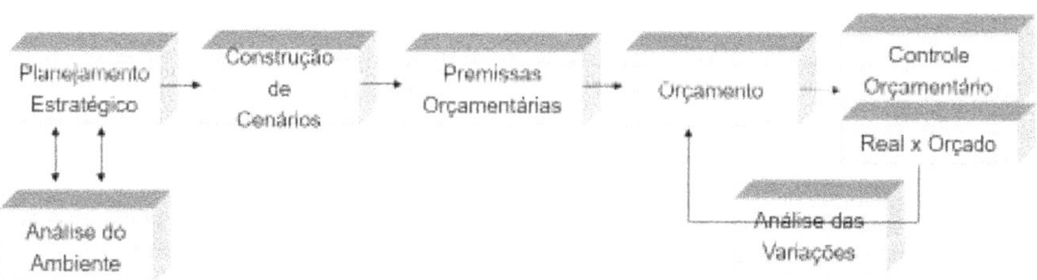

O Quadro 12.3 mostra um exemplo hipotético de cenário a ser adotado.

Quadro 12.3. Exemplo de cenário.

Cenários adotados	
Político	**Julgamento**
Estabilidade das instituições	sim
Integração entre os poderes políticos	não
Momento atual – Poder Legislativo	sim
Momento atual – Poder Executivo	não
Momento atual – Poder Judiciário	sim
Próxima eleição para Presidente	favorável
Próxima eleição para Governador	desfavorável
Próxima eleição para Prefeito	favorável
Variáveis Macroeconômicas	**Dado**
PIB – Mundial – Variação	3,30%
PIB – Estados Unidos – Variação	2,50%
PIB – zona do euro – Variação	2,20%
PIB – China – Variação	8,00%
PIB – Emergentes – Variação	4,50%
PIB – Brasil – Variação	3,00%
Dívida externa – Variação	-2,00%
Reservas internacionais – US$ bilhões	US$ 250
Deficit público – % do PIB	4,00%
Balanço de pagamentos – US$ bilhões	US$ -25
Juros nominais – Selic – Fim do ano	6,00%
Taxa de câmbio – Variação	6,00%
Taxas de Câmbio – Fim do Ano	R$ 4,00
Inflação anual – IPCA %	4,00%
Inflação anual – IGPM %	3,50%
Taxa de desemprego – %	9,10%
População brasileira – Pessoas – dez/17	209,3 milhões
População brasileira – Crescimento esperado	0,82%
Renda *per capita* anual – R$ – 2017	R$ 31.587
Crescimento geral do crédito	15,00%
Índice de Confiança do Empresário Industrial (ICEI)	50,8
Crescimento do setor – nominal	12,00%
Crescimento da empresa – nominal	14,00%
Crescimento da unidade de negócio 1	16,00%
Crescimento da unidade de negócio 2	13,00%

O primeiro grande objetivo do cenário, após a leitura estratégica do ambiente, é definir qual poderá ser o volume e faturamento da empresa e de cada unidade de negócio.

Em seguida, é necessário o estabelecimento das premissas específicas para cada unidade de negócio, conforme pode ser visto no exemplo hipotético do Quadro 12.4.

Quadro 12.4. Premissas orçamentárias gerais.

	Unidade de negocio 1	Unidade de negócio 2	Total
Programa de produção – unidades	1.000.000	150.000	-
Número de funcionários – 31/12	2.500	1.000	3.500
Encargos sociais previstos	92,0%	99,0%	-
Horas extras máximas	1,5%	2,5%	-
Aumentos salariais – data-base	3,8%	4,0%	-
Aumentos por mérito – % mensal	0,1%	0,1%	-
Inflação interna – %	4,5%	5,0%	-
Aumentos nos preços de venda – %	4,0%	4,1%	-
Taxa de juros – financiamentos nacionais	8,0%	10,0%	
Taxa de juros – financiamentos no exterior	3,0%	4,0%	
Taxa de juros – aplicações financeiras	5,0%	5,0%	
Tributação sobre o lucro	Presumido	Real	-
INSS	Faturamento	Folha	-
Investimentos necessários – teto	900.000	500.000	1.400.000
Variação cambial – regime	Competência	Caixa	-
Prazo médio de recebimento – dias	70	90	-
Juros no preço de venda – % mensal	0,6%	0,5%	-
Prazo médio de pagamento – dias	25	20	-
Prazo de estocagem de materiais – dias	55	40	-
Prazo de estoques de acabados – dias	16	25	-

A definição das premissas é que dá início aos processos de cálculo de todas as peças orçamentárias para cada unidade de negócio[1].

O plano orçamentário de cada unidade de negócio deve contemplar também todas as transferências internas de produtos e serviços, bem como estar em consonância com o modelo de avaliação de desempenho adotado.

12.3. Integração com o sistema de controladoria estratégica[2]

A controladoria deve avaliar o ambiente externo em busca de cenários que podem oferecer ameaças ou oportunidades para a companhia, de

[1] Para uma visão completa do plano orçamentário, ver PADOVEZE, Clóvis Luís. *Planejamento Orçamentário*. 3ª. Ed., São Paulo, Cengage, 2015.

[2] Adaptado de PRADO, Eduardo Vieira do. *Estruturação de pacote integrado para controle gerencial de unidades de negócio: uma proposta a partir de um estudo de caso em uma empresa multinacional do setor de autopeças*. Tese (Doutorado em Administração) – Universidade Metodista de Piracicaba. Piracicaba, 2018.

forma a prover informações relevantes para a alta administração no processo de planejamento estratégico, bem como buscar o aprimoramento do sistema de controle gerencial para acompanhamento desses fatores de incerteza.

Comunicação da estratégia

O sistema de controle gerencial é um instrumento necessário para formulação e comunicação dessa estratégia para a organização, incluindo divisões e unidades de negócio. Para isso, o sistema de controle gerencial deve gerenciar e se adaptar à estratégia emergente, de modo a direcionar a atenção a ameaças e oportunidades (SIMONS, 1990).

Entende-se que as alavancas de controle de Simons (1995) oferecem conceitos adequados ao sistema de controle gerencial, colocando a estratégia no centro, e podem ser adaptadas a arranjos organizacionais marcados pela descentralização:

- por meio do sistema de crenças, a organização deve definir sua missão, seus valores e sua visão, ou seja, o motivo de sua existência, os valores que devem fazer parte da organização em todas as suas ações e seus objetivos de longo prazo. Dentro desse processo, é necessário comunicar claramente quais são os princípios éticos da organização (por meio do seu código de ética e *compliance*) a todos os colaboradores, e eles têm que ser praticados pelos integrantes da alta administração e média gerência, que devem ser os exemplos para os demais colaboradores. Ou seja, o *the tone from the top* é essencial para que as crenças permeiem toda a organização. Esse sistema é necessário para a comunicação entre a corporação e as unidades de negócio, as quais devem possuir crenças alinhadas à organização;
- no sistema de fronteiras, a organização estabelece quais são as políticas, os procedimentos, os limites de alçadas e o apetite de risco para decisões estratégicas tomadas pela administração. O objetivo desse sistema é limitar as decisões da administração dentro do que a organização possui de crença e suas estratégias. Essas fronteiras devem ser estabelecidas para as unidades de negócio, para que os gestores possam conhecer os procedimentos a serem adotados e a partir de

qual limite necessitam escalar as decisões para a alta administração, para que haja um alinhamento nas decisões de maior relevância;

- já o sistema de diagnóstico tem como objetivo monitorar o alcance dos objetivos estratégicos definidos pela organização. Assim, é necessário um acompanhamento dos indicadores de desempenho chave da corporação, das unidades de negócio, bem como das funções no CSC. Por meio do diagnóstico do desempenho é possível notar quais são as áreas onde os gestores precisam ter maior foco, bem como as áreas que requerem mudança de rumos para que os objetivos possam ser alcançados;
- por fim, o sistema interativo tem como objetivo possibilitar o aprendizado na organização. Esse aprendizado pode ser estimulado por meio de discussões entre as funções e unidades de negócio, com o objetivo de considerar ameaças e oportunidades e, consequentemente, o que os gestores necessitam aprimorar para que as ameaças sejam reduzidas e as oportunidades materializadas. O sistema interativo possibilita também a formação da estratégia *down to the top*, para que a alta administração possa considerar ideias das unidades de negócio, de gerentes de nível médio e operacional. Tal abordagem é necessária porque esses colaboradores conhecem detalhadamente o ambiente e os processos da empresa e podem visualizar fraquezas, forças, ameaças e oportunidades na estratégia.

A Figura 12.5 apresenta uma adaptação das alavancas de controle de Simons (1995) para aplicação em unidades de negócio:

Figura 12.5. Aplicação das alavancas de controle para sistemas de controle gerencial para unidades de negócio.

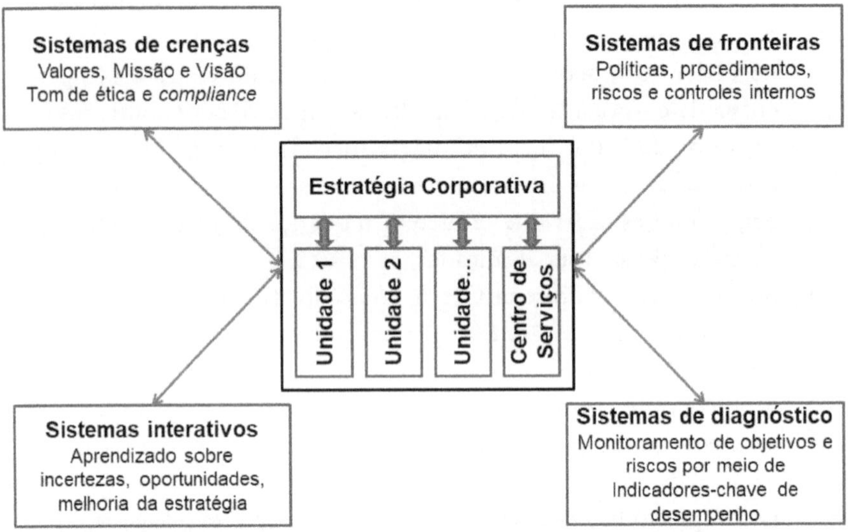

Fonte: Adaptado de Simons (1995).

A Figura 12.5 demonstra a interação das alavancas de controle, representadas por quatro subsistemas ou constructos, os quais estão intimamente ligados à estratégia da organização. A figura central da estratégia da organização é desdobrada para as unidades de negócio e centros de serviços compartilhados. No entanto, também é possível que essas unidades formulem sugestões para a estratégia em uma interação entre a administração corporativa e das unidades de negócio.

Monitoramento da estratégia – Balanced Scorecard

Após a formulação e comunicação da estratégia, entra em cena o processo de mensuração e avaliação de desempenho, que deve ter como um dos focos os gestores das unidades de negócio, os quais formulam estratégias de negócio para suas unidades, como qualidade, operacionais e focadas em produtos.

A ferramenta escolhida neste estudo é o BSC, que tem como papel traduzir a estratégia da organização em uma arquitetura lógica de mapa estratégico. Para que haja o alcance da estratégia corporativa, estratégias individuais devem ser integradas e alinhadas (KAPLAN; NORTON, 2001a).

Nessa adaptação do modelo do BSC para empresas descentralizadas, as seguintes etapas devem ser executadas para garantir a congruência dos objetivos e o acompanhamento necessário:

- a alta administração deve definir os objetivos estratégicos para a companhia. A discussão desses objetivos deve ser realizada levando em consideração sua visão estratégica, as variáveis ambientais (como concorrência, oportunidades, ameaças, forças e fraquezas), bem como a participação dos gestores das unidades de negócio, os quais poderão apontar opções adequadas para a estratégia corporativa devido ao seu conhecimento detalhado dos fatores ambientais envolvendo sua unidade de negócios;
- a partir da definição dos objetivos corporativos, os *targets* deverão ser definidos dentro das quatro perspectivas do BSC. Esses *targets* serão a base para a formulação dos objetivos das unidades de negócio pelos gestores dessas unidades. As unidades de negócio poderão definir outros *targets* mais detalhados, desde que estejam em linha com os objetivos corporativos e estimulem sua realização;
- para garantir a congruência desse objetivo, a administração, que pode ser representada pela área de controladoria, deve receber os indicadores por meio das unidades de negócio e fazer uma checagem desses objetivos *versus* os objetivos corporativos, como parte do seu processo de planejamento e orçamento. Caso haja alguma discrepância, as unidades de negócio deverão revisar seus *targets*. Após a validação da controladoria, os *targets* são submetidos à alta administração, que fará a revisão final visando assegurar o alinhamento dos objetivos das unidades de negócio e dos objetivos corporativos;
- após a definição dos *targets*, estes deverão ser incluídos pela controladoria no sistema de controle gerencial, a qual deverá estabelecer meios de mensuração desses *targets* e a periodicidade de *report*. Após a definição desses critérios, as unidades de negócio iniciarão o monitoramento e *report* dos indicadores à controladoria, que por sua vez preparará os relatórios de diagnóstico para a alta administração;

- este processo gera uma retroalimentação para a formulação da estratégia, visto que eventuais discrepâncias e necessidades de evolução da estratégia devem ser consideradas (como um sistema interativo) e, como resultado, a estratégia deve ser revisada;
- em paralelo, os objetivos deverão ser comunicados claramente aos gestores corporativos, das unidades de negócio (incluindo a gerência de nível médio), os quais deverão comunicá-los aos colaboradores de sua estrutura, no intuito de conscientizar todos os envolvidos e solicitar o engajamento na busca dos *targets* corporativos. Essa comunicação deverá ser realizada de forma didática pela organização, para que os colaboradores possam efetivamente compreender os objetivos e a importância de seu trabalho para a consecução desses objetivos. A Figura 12.6 demonstra este processo.

Figura 12.6. Processo de formulação, monitoramento e comunicação da estratégia.

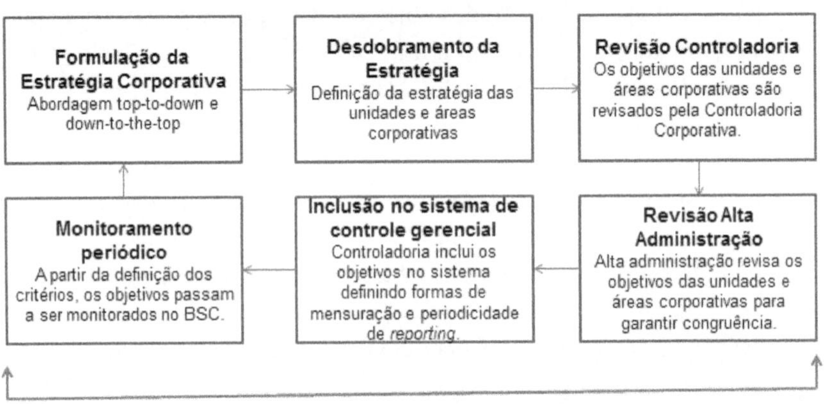

Para o processo de comunicação e monitoramento da estratégia, o BSC é uma ferramenta essencial. O Quadro 12.5 demonstra um modelo de BSC que pode ser utilizado para comunicar e acompanhar a evolução dos *targets* pela organização:

Quadro 12.5. Exemplo de BSC aplicado a unidades de negócio.

			Corporação		Unidade 1		Unidade 2		Unidade 3	
	Objetivo	**Medidas**	**Target**	**Atual**	**Target**	**Atual**	**Target**	**Atual**	**Target**	**Atual**
Financeiro	Aumentar o valor dos acionistas	EVA	4%	3%	4%	5%	4%	6%	4%	2%
		ROI	10%	12%	10%	10%	10%	15%	10%	8%
	Expandir as oportunidades de faturamento	Faturamento como % de novos produtos	20%	23%	20%	21%	20%	19%	20%	21%
		Faturamento como % de novos clientes	15%	16%	15%	17%	15%	13%	15%	16%
Cliente	Atingir a satisfação e lealdade dos clientes	Satisfação dos clientes nos segmentos visados	90%	85%	90%	91%	90%	88%	90%	83%
		% de repetição de compras dos clientes	60%	62%	60%	60%	60%	55%	60%	58%
	Conquistar novos clientes	Nº de novos clientes conquistados	5	6	1	1	2	2	2	3
		% de vendas para novos clientes	30%	28%	30%	31%	30%	27%	30%	25%
Processos	Gestão de operações: melhorar o custo, a qualidade e os tempos de ciclo do processo de produção	Taxas de defeito do produto e do processo	5%	10%	5%	4%	5%	9%	5%	13%
		Scorecard de qualidade do fornecedor	90%	89%	90%	92%	90%	85%	90%	81%
	Inovação: desenvolver produtos e serviços inovadores; atingir excelência em pesquisa e processos de desenvolvimento	Nº de novas ideias fundamentais que entram no desenvolvimento do produto	10	11	3	3	4	4	3	3
		Nº de pedidos de patente encaminhados ou patentes registradas	3	3	1	1	1	1	1	1
Aprendizagem e crescimento	Recursos humanos: desenvolver competências estratégicas; atrair e reter os melhores talentos	Nº de funcionários com as capacidades e habilidades requeridas	75%	71%	75%	82%	75%	70%	75%	73%
		Satisfação dos funcionários	90%	94%	90%	88%	90%	85%	90%	92%

Fonte: Adaptado de Atkinson *et al.* (2015)

Os indicadores incluídos são apenas exemplos. No entanto, cada organização deverá definir os indicadores de acordo com sua estratégia dentro das quatro perspectivas do BSC. Esses indicadores devem ser os mais relevantes para a organização, para que haja foco e concentração de esforços. A definição de muitos indicadores poderá levar à perda de foco e, consequentemente, esforços poderão ser direcionados para áreas não relevantes para a estratégia definida. Adicionalmente, esses indicadores devem ser considerados no sistema de controle gerencial, de modo que haja padronização, consistência e tempestividade em seu monitoramento.

O BSC deve seguir a multidimensionalidade requerida pela alta administração, de modo a possibilitar o monitoramento dos indicadores de desempenho em diferentes perspectivas, como todo o grupo, unidade de negócio, região, planta, entre outros. Adicionalmente, esse *framework* deve possuir um conjunto de indicadores para avaliação de desempenho financeiros e não financeiros. Assim, além do desempenho econômico, outros fatores operacionais e estratégicos podem ser monitorados.

Gestão de fatores de riscos

A utilização das práticas de gerenciamento de riscos vem sendo estimulada devido ao nível crescente das boas práticas de governança corporativa das organizações demandado por órgãos reguladores e principalmente pelos investidores. O gerenciamento de riscos se torna ainda mais relevante e complexo em organizações descentralizadas, pois é um mecanismo necessário para tratar as ameaças e potencializar a busca de oportunidades. Nessas organizações descentralizadas, o processo de gerenciamento de riscos deve prover a coordenação entre os diversos departamentos e unidades de negócio, com o intuito de oferecer alertas preventivos sobre potenciais riscos e oportunidades (Herath, 2007). Este artefato é relevante para que unidades de negócio e funções possam monitorar os fatores que podem levar ao não alcance dos *targets* previstos pela administração.

A proposta consiste em uma estrutura de gerenciamento de riscos, apoiada pelo pacote para controle gerencial de unidades de negócio. A proposta de estrutura para gerenciamento de riscos contempla a estruturação (papéis e responsabilidade) e a sistematização e o detalhamento das etapas do processo de gerenciamento de riscos.

A parte inicial refere-se à elaboração de uma política de gerenciamento de riscos que determine os papéis e as responsabilidades, bem como a disposição em assumir riscos (apetite de risco) da organização, e formaliza esse processo. Nessa sugestão, a alta administração é responsável por fazer o gerenciamento de riscos e estabelecer o apetite de riscos alinhados com os interesses do Conselho de Administração. Já a administração é representada por seus gerentes corporativos e unidades de negócio, que são classificados como donos dos riscos, ou seja, responsáveis por aplicar o gerenciamento dos riscos de acordo com as atitudes requeridas pela alta administração. Por fim, a controladoria se posiciona como potencial área especializada para a estruturação do sistema de controle gerencial que apoia as práticas de gerenciamento de riscos.

Essa política de gerenciamento de riscos deve detalhar a estrutura para sua execução. A Figura 12.7 demonstra uma estrutura sugerida que poderá ser praticada em todas as áreas de negócio para uma visão completa dos riscos que cercam seu ambiente:

Figura 12.7. Subsistema para gerenciamento de riscos corporativos.

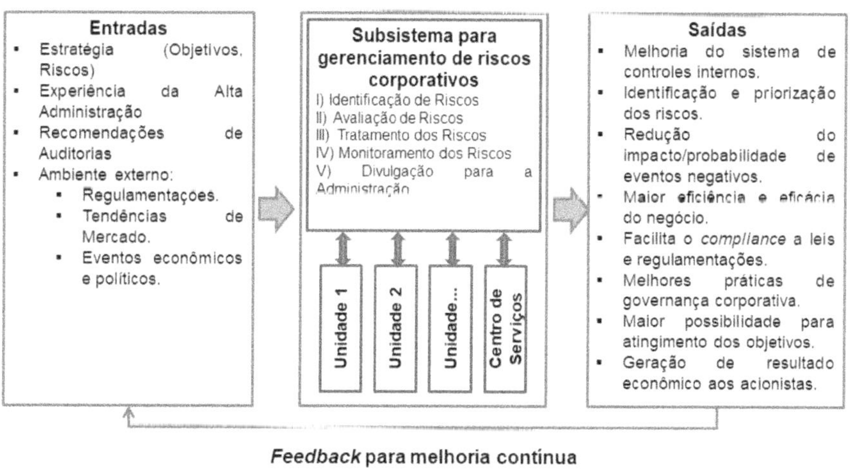

A Figura 12.7 demonstra que o subsistema para gerenciamento de riscos corporativos tem como entradas:

- estratégia da organização, que é um fator essencial para o gerenciamento de riscos, visto que determina os objetivos e, para que estes,

sejam alcançados, os riscos relacionados devem ser identificados, tratados e monitorados;
- experiência da alta administração em relação aos riscos que desafiam a organização e formas de tratamento;
- recomendações provenientes de auditorias internas e externas, as quais endereçam riscos observados;
- ambiente externo, que traz inúmeros desafios para a organização com variáveis como regulamentações mutantes, tendências de mercado e competição e eventos econômicos e políticos.

Já as saídas do processo de gerenciamento de riscos podem ser consideradas benefícios desse processo:

- melhoria do ambiente de controles internos, os quais são utilizados para monitoramento e tratamento dos riscos identificados;
- priorização de riscos com maior impacto e probabilidade de ocorrência;
- tratamento dos riscos e consequentemente redução de seu impacto e de sua probabilidade;
- maior eficiência e eficácia dos processos de negócios por meio de controles mais robustos;
- facilita a conformidade a leis e regulamentações e aprimoram as práticas de governança corporativa;
- aumenta a possibilidade de alcance de objetivos pelo tratamento das ameaças e melhor visualização das oportunidades;
- consequentemente, geração de maior resultado econômico para os acionistas.

O subsistema de gerenciamento de riscos apresenta um processo corporativo que é desdobrado para todas as unidades de negócio. Esse processo interliga o processo de formulação e controle da estratégia corporativa, com a gestão de riscos subdividida por áreas de negócio (Padoveze, 2013[3]).

---

[3] Padoveze, Clóvis Luís. *Gerenciamento do Risco Corporativo em Controladoria*. 2ª. Ed., São Paulo, Atlas, 2013.

Referências

AFFONSO, H. J. *Centros de Serviços Compartilhados (CSC): impactos na implementação do modelo na estratégia, na estrutura e na gestão de empresas do setor privado*. 2010. 204f. Dissertação (Mestrado em Administração) – Universidade FUMEC/ Faculdade de Ciências Empresariais, Belo Horizonte, 2010. Disponível em: <http://www.fumec.br/revistas/pdma/article/download/4623/2344>. Acesso em: 01 out. 2017.

AMRConsult. *Dossiê de preços de transferência: fiscalidade*. 2011. Disponível em: <http://www.amrconsult.com/wp-content/uploads/2011/04/Precos_Transferencia.pdf>. Acesso em: 23 out. 2012.

ANTHONY, R. N; GOVINDARAJAN, V. *Management control systems*, McGraw-Hill Education, 12ª ed., 2007.

ANTHONY, R. N.; GOVINDARAJAN, V. *Sistemas de controle gerencial*. São Paulo: Atlas, 2006.

ARAÚJO, F. C. *Centro de Serviços Compartilhados: uma aplicação do preço de transferência entre unidades de negócio*. 2010. 118f. Dissertação (Mestrado em Ciências Contábeis) – Pontifícia Universidade Católica de São Paulo. São Paulo, 2010. Disponível em: <http://livros01.livrosgratis.com.br/cp153370.pdf>. Acesso em: 01 out. 2017.

ASKIN, O. Z. MASINI, A. *Effective strategies for internal outsorcing an offshoring of business services: an empirical investigation*. Journal of Operations management, v. 26, p. 239-256, 2008.

ATKINSON, A. A.; BANKER, R. D.; KAPLAN, R. S.; e YOUNG, S.M. *Contabilidade gerencial*. 3ª ed. São Paulo: Atlas, 2011.

ATKINSON, A. A.; BANKER, R. D.; KAPLAN, R. S.; YOUNG, S.M. *Contabilidade gerencial*. São Paulo: Atlas, 2000.

ATKINSON, A. A.; KAPLAN, R. S.; MATSUMURA, E.M; YOUNG, S.M. *Contabilidade gerencial: informação para tomada de decisão e execução da estratégia.* 4ª ed. São Paulo: Atlas, 2015.

BAIN & COMPANY. *Centros de serviços compartilhados: uma solução definitiva para os processos administrativos?* Disponível em: <http://www.bain.com/bainweb/PDFs/cms/Public/Centros_de_servicos_compartilhados_Portuguese.pdf>. Acesso em: 01 out. 2017.

BANDONI, R; BALARDIM, A. R.; GONZALES, A. *Análise sobre a tributação de benefícios de* stock options *no Brasil.* Redeca – Revista Eletrônica do departamento de Ciências Contábeis e departamento de Atuária e Métodos Quantitativos da Faculdade de Economia e Administração da PUC-SP, v.4, n.1. Jan-Jun. 2017 p. 62-85. Disponível em: <https://revistas.pucsp.br/redeca/article/view/33382>. Acesso em: 13 jul. 2019.

BELLUCCI, Maurício. *Tributação nos centros de serviços compartilhados.* Tese (Doutorado em Direito) – Pontifícia Universidade Católica de São Paulo. São Paulo, 2015.

BERDEJO, L. M. A. *Fatores de resistência ao processo de implementação de um centro de serviços compartilhados: uma abordagem segundo a teoria institucional.* 2009. 184 p. Dissertação (Mestrado em Ciências Contábeis) – Universidade de São Paulo. São Paulo, 2009. Disponível em <http://www.teses.usp.br/teses/disponiveis/12/12136/tde-09102009-102733/pt-br.php>. Acesso em: 31 mar. 2012.

BERGERON, B. *Essentials of shared services.* New Jersey: John Wiley & Sons, 2003.

BEUREN, I. M. *Métodos de preço de transferência interno utilizados nas maiores indústrias do Brasil.* 2010. Disponível em: http://periodicos.pucminas.br/index.php/economiaegestao/article/view/P.1984-6606.2010v10n24p74>. Acesso em: 31 out. 2012.

BONN, I.; FISCHER, J. Sustainability: the missing ingredient in strategy. *Journal of Business Strategy.* V. 32, N. 1, 2011, pp. 5-14, Emerald Group Publishing Limited, ISSN 0275-6668. Disponível em: <https://www.emeraldinsight.com/doi/pdfplus/10.1108/02756661111100274>. Acesso em: 17 out. 2018.

BOUWENS, J., VAN LENT, L. *Assessing the oerformance of business unit managers.* Journal of Accounting Research, Vol. 45 No. 4 September 2007. Disponível em: <http://onlinelibrary.wiley.com/doi/10.1111/j.1475-679X.2007.00251.x/full>. Acesso em: 10 dez. 2017

BRIDELLI, S. *et al. Centro de serviços compartilhados: uma solução definitiva para os processos administrativos?* Bain&Co, 2005. Disponível em: < http://www.bain.com/bainweb/PDFs/cms/Public/Centros_de_servicos_compartilhados_Portuguese.pdf>. Acesso em: 20 dez. 2013.

Calvo, A. *A natureza jurídica dos planos de opções de compra de ações no direito do trabalho* – "employee stock option plans". 2013. Disponível em: < http://www.calvo.pro.br/default.asp?site_Acao=MostraPagina&PaginaId=2&mPalestra_acao=mostraPalestra&pa_id=246/>. Acesso em: 14 de julho de 2019.

Camargo, L. S. G. *Análise da influência dos employee stock options plans (ESOP) no desempenho das organizações brasileiras*. Tese (Doutorado em Administração) – Faculdade de Gestão e Negócios, Universidade Metodista de Piracicaba. Piracicaba, SP, 2018.

Comitê de Pronunciamentos Contábeis (CPC). *CPC 10: Pagamento Baseado em Ações*. 2010. Disponível em: <www.cpc.org.br>. Acesso em: 14 jul. 2019.

Catelli, A. C. O que é Gecon. In Catelli, A. (Coordenador) *Controladoria: uma abordagem da gestão econômica – GECON*. 2ª ed. São Paulo: Atlas, 2001.

Catelli, A. C; Guerreiro, R. Mensuração do resultado econômico. In Catelli, A. (Coordenador) *Controladoria: uma abordagem da gestão econômica – GECON*. 2ª ed. São Paulo: Atlas, 2001.

Catelli, A. C; Pereira, C. A.; Vasconcelos, M. T. C. Processo de Gestão e Sistemas de Informações. In Catelli, A. (Coordenador) *Controladoria: uma abordagem da gestão econômica – GECON*. 2ª. ed. São Paulo: Atlas, 2001.

Catelli, A. *Controladoria: uma abordagem da gestão econômica*. 2ª ed. São Paulo: Atlas, 2011.

Catelli, A. *Controladoria*. São Paulo, Atlas, 1999.

Chia, Y. M. *Decentralization, Management Accounting System (MAS) information characteristics and their interaction effects on managerial performance*: A Singapore Study. Journal of Business Finance & Accounting, 22(6), September 1995, 0306-686 X. Disponível em: <http://onlinelibrary.wiley.com/doi/10.1111/j.1468-5957.1995.tb00390.x/abstract>. Acesso em: 10 dez. 2017.

Chip, W. W. *Organization for Economic Cooperation and Development Guidelines*. In: Feinschreiber, R. *Transfer Pricing Methods: An Application Guide*. John Wiley & Sons: New Jersey, USA. 2004

Comissão de Valores Mobiliários (CVM). *Instrução CVM 552 (2014)*. Disponível em: <http://www.cvm.gov.br/legislacao/instrucoes/inst552.html>. Acesso em: 14 out. 2018.

Comitê de Pronunciamentos Contábeis (CPC). *CPC-22 Informações por segmento*. (2009). Disponível em: <http://static.cpc.aatb.com.br/Documentos/292_CPC_22_rev%2008.pdf>. Acesso em: 10 mar. 2018.

COMITÊ DE PRONUNCIAMENTOS CONTÁBEIS (CPC). *CPC 10: Pagamento Baseado em Ações*. 2010. Disponível em: <http://www.cpc.org.br/CPC/Documentos-Emitidos/Pronunciamentos/Pronunciamento?Id=41>. Acesso em: 14 jul. 2019.

COOLS, M., EMMANUEL, C. A., JORISSEN, A. *Management control in the transfer pricing tax compliant multinational enterprise.* Accounting, Organizations and Society 33 (2008) 603-628. Disponível em: <http://www.sciencedirect.com/science/article/pii/S036136820700044X>. Acesso em: 01 out. 2017.

CORADO, J. F. S. *Sistema de contabilidade por responsabilidade em entidades da administração estadual do Rio de Janeiro – Um estudo de casos.* Dissertação (Mestrado em Ciências Contábeis) – ISEC/FGV. Rio de Janeiro, 1988. VII, p. 239, Disponível em: <https://bibliotecadigital.fgv.br/dspace/handle/10438/9461>. Acesso em: 24 set. 2017.

COSO – Committee of Sponsoring Organizations of the Treadway Commission. *Gerenciamento de riscos corporativos – Estrutura integrada*, 2007. Disponível em: <https://www.coso.org/Documents/COSO-ERM-Executive-Summary-Portuguese.pdf>. Acesso em: 09 set. 2012.

COSO – Committee of Sponsoring Organizations of the Treadway Commission. *Enterprise Risk Management Integrating with Strategy and Performance*, 2017. Disponível em: <https://www.coso.org/Documents/2017-COSO-ERM-Integrating-with-Strategy-and-Performance-Executive-Summary.pdf>. Acesso em: 11 jan. 2018.

CROSSLEY, C. D., WERNSING, T. S., COOPER, C. D. *Making things happen through challenging goals: leader proactivity, trust, and business-unit performance.* Journal of Applied Psychology, 2013, Vol. 98, No. 3, 540-549. Disponível em: <http://psycnet.apa.org/fulltext/2013-03482-001.html>. Acesso em: 16 out. 2018.

DAMODARAN, A. *Avaliação de Empresas.* 2ª ed. São Paulo: Pearson Prentice Hall, 2007.

DELOITTE. *Centro de Serviços Compartilhados: tendências em um modelo de gestão cada vez mais comum nas organizações.* 2007. São Paulo. Disponível em: <https://www2.deloitte.com/br/pt/pages/operations/articles/global-shared-services--survey.html>. Acesso em: 05 maio 2012.

DELOITTE. *Pesquisa global de Centros de Serviços Compartilhados.* Disponível em: <https://www2.deloitte.com/br/pt/pages/operations/articles/global-shared--services-survey.html>. Acesso em: 01 out. 2017.

EHRHARDT, M. C; BRIGHAM, E. F. *Administração financeira: teoria e prática.* São Paulo: Cengage Learning, 2012.

FARIA, A. C., GONÇALVES, M. A. *Shared services: case study on the performance of the controllership in 13 Latin American countries.* BBR – Brazilian Business Review, vol. 7, núm. 2, maio-agosto, 2010, pp. 78-98, FUCAPE Business School. Disponível em: < http://www.redalyc.org/articulo.oa?id=123021648005>. Acesso em: 01 out. 2017.

Feinschreiber, R. *Transfer pricing methods: an application guide.* John Wiley & Sons: New Jersey, USA. 2004

Fernandes, A. L. *Análise da correlação do modelo CFROI com o valor de mercado das empresas do setor de petróleo, gás e biocombustíveis negociadas na B3 de 2012 a 2016.* Monografia (Conclusão do Curso de Ciências Contábeis) – Universidade Federal do Rio Grande do Norte. Natal, 2017.

Ferreira, R. J. *Contabilidade avançada.* 6ª ed. Rio de Janeiro: Editora Ferreira, 2013. Disponível em: < https://atualizacoes.editoraferreira.com.br/admin/uploads/arquivos/principais_atualizacoes_avancada.pdf>. Acesso em: 20 jul. 2019.

Ferreira, C. *Centro de serviços compartilhados como instrumento de gestão regional no setor público,* 2010. 123 p. Dissertação (Mestrado em Administração) – Universidade Municipal de São Caetano do Sul. São Caetano do Sul, 2010. Disponível em: <http://repositorio.uscs.edu.br/handle/123456789/181>. Acesso em: 19 mai. 2012.

Feuser, H. O. L., Souza, L. R. B, Beuren, I. M. *Implicações de um centro de serviços compartilhados na contabilidade gerencial: uma abordagem institucional.* XV Congresso USP de Controladoria e Contabilidade, 2015. Universidade de São Paulo (USP). Disponível em: <https://congressousp.fipecafi.org/anais/artigos152015/an_resumo.asp?con=1&cod_trabalho=121>. Acesso em: 01 out. 2017.

Fragoso, R. D. *Plano de concessão de ações (stock options plans).* Revista Jus Navigandi, Teresina, ano 18, n. 3550, 21 março 2013. Disponível em: <https://jus.com.br/artigos/23996>. Acesso em: 07 jul. 2019.

Frezatti, F.; Rocha. W.; Nascimento. A. R.; Junqueira. E. *Controle Gerencial: uma abordagem da contabilidade gerencial no contexto econômico, comportamental e sociológico.* São Paulo: Atlas, 2009.

Garrison, H. R; Noreen, E. W. *Contabilidade gerencial.* 9ª ed. São Paulo: LTC Editora, 2001.

Gilioli, J. *Os preços de transferência no sistema tributário brasileiro.* 2010. Disponível em: <http://www3.pucrs.br/pucrs/files/uni/poa/direito/graduacao/tcc/tcc2/trabalhos2010_1/juliana_gilioli.pdf>. Acesso em: 01 nov. 2012.

Gómez, L. F. L; Turrent, G. C. B. T. *Stock options y desempeño financiero en empresas cotizadas Mexicanas del sector industrial.* Revista PODIUM No. 34, Diciembre 2018, pp. 1-20. Disponível em: <http://dx.doi.org/10.31095/podium.2018.34.1>. Acesso em: 13 jul. 2019.

GOVINDARAJAN, V. *Implementing competitive strategies at the business unit level: implications of matching managers to strategies.* Strategic Management Journal, Vol. 10, 251-269 (1989), Disponível em: < http://onlinelibrary.wiley.com/doi/10.1002/smj.4250100305/abstract>. Acesso em: 10 dez. 2017.

GOVINDARAJAN, V, FISHER, J. *Strategy, control systems, and resource sharing: effects on business-unit performance.* The Academy of Management Journal, Vol. 33, No. 2 (Jun., 1990), pp. 259-285. Disponível em: <http://www.jstor.org/stable/256325>. Acesso em: 10 dez. 2017.

GOVINDARAJAN, V.; GUPTA, A. I; *Linking control systems to business unit strategy: impact on performance.* Accounting Organizations and Society, Vol. 10, No. 1, pp. 51-66, 1985, Disponível em: <http://www.sciencedirect.com/science/article/pii/0361368285900315>. Acesso em: 22 jun. 2016.

GUERREIRO, R. *Modelo conceitual do sistema de informação de gestão econômica: uma contribuição à teoria da comunicação da Contabilidade.* Tese (Doutorado) – FEA/USP. São Paulo, 1989.

GUERREIRO, R. *Gestão do Lucro.* São Paulo, Atlas, 2006.

GUIMARÃES, I. C.; PARISI, C.; PEREIRA, A. C.; WEFFORT, E. F. J. *A importância da controladoria na gestão de riscos das empresas não-financeiras: um estudo da percepção de gestores de riscos e controllers.* Revista Brasileira de Gestão de Negócios, vol. 11, núm. 32, julho-setembro, 2009, pp. 260-275. Fundação Escola de Comércio Álvares Penteado. São Paulo, Brasil. Disponível em: < http://www.redalyc.org/pdf/947/94712655003.pdf>. Acesso em: 01 out. 2017.

GUPTA, A. K., GOVINDARAJAN, V. *Business unit strategy, managerial characteristics, and business unit effectiveness at strategy implementation.* The Academy of Management Journal, Vol. 27, No. 1 (Mar, 1984), pp. 25-41. Disponível em: < http://www.jstor.org/stable/255955>. Acesso em: 10 dez. 2017.

GUPTA, A. K. *Corporate-SBU relations, and SBU effectiveness in strategy implementation.* The Academy of Management Journal, Vol. 30, No. 3 (Sep., 1987), pp. 477-500. Disponível em: <https://www.jstor.org/stable/256010>. Acesso em: 10 dez. 2017.

HERBERT, I. P., SEAL, W. B. *Shared services as a new organisational form: some implications for management accounting.* The British Accounting Review 44 (2012) 83–97. Disponível em: <http://www.sciencedirect.com/science/article/pii/S0890838912000224>. Acesso em: 01 out. 2017.

HORNGREN, C. T. *Introdução à contabilidade gerencial.* 5ª ed., Rio de Janeiro, Prentice Hall, 1985.

HORNGREN, C. T.; SUNDEM, G. L.; STRATTON, W. O. *Contabilidade gerencial.* 12ª ed. São Paulo, Pearson Prentice Hall, 2004.

Indjejikian, R. J., Matejka, M. *Accounting decentralization and performance evaluation of business unit managers.* The Accounting Review – American Accounting Association Vol. 87, 2012, pp. 261-290. Disponível em: <https://doi.org/10.2308/accr-10168>. Acesso em: 10 dez. 2017.

Iudicibus. S. *Contabilidade gerencial.* 6ª ed. São Paulo, Atlas, 1998.

João Lins; Malvessi, O. *Remuneração executiva e geração de valor.* Disponível em: < https://www.pwc.com.br/pt/estudos/servicos/consultoria-negocios/2018/remuneracao_executiva_20-versao_apresentacao-gv-20-04-2018_trad.pdf >

Kaplan, R. S.; Atkinson, A. A. *Advanced management accounting.* Prentice Hall, 2ª ed., 1989.

Kaplan, R. S.; Norton, P. D; *Putting the balanced scorecard to work.* Harvard Business Review: On Point Collection – Focusing your Organization on Strategy with Balanced Scorecard 2nd Edition (Sep-Oct, 1993). Disponível em: < https://hbr.org/1993/09/putting-the-balanced-scorecard-to-work >. Acesso em: 22 jun. 2016.

Kaplan, R. S.; Norton, P. D; *Transforming the balanced scorecard from performance measurement to strategic management: Part I.* American Accounting Association, Accounting Horizons. Vol. 15, n. 1, March 2001, pp 87-104. Disponível em: < http://citeseerx.ist.psu.edu/viewdoc/download?doi=10.1.1.335.2005&rep=rep1&type=pdf>. Acesso em: 03 jan. 2018.

Kaplan, R. S.; Norton, P. D; *Transforming the balanced scorecard from performance measurement to strategic management: Part II.* American Accounting Association, Accounting Horizons. Vol. 15, n. 2, June 2001, pp 147-160. Disponível em: <https://www.hbs.edu/faculty/Pages/item.aspx?num=8888>. Acesso em: 03 jan. 2018.

Klein, K, Karter, P. Transfer Princing for Services. In Feinschreiber, R. *Transfer pricing methods: an application guide.* John Wiley & Sons: New Jersey, USA, 2004.

Knol, A., Janssen, M., SOL, H. *A taxonomy of management challenges for developing shared services arrangements.* European Management Journal (2014) 32, 91-103. Disponível em: <http://www.sciencedirect.com/science/article/pii/S0263237313000285>. Acesso em: 01 out. 2017.

Krush, M. T.; Sohi, R. S; Saini, A. *Dispersion of marketing capabilities: impact on marketing's influence and business unit outcomes.* Journal of the Academy of Marketing Science (2015) 43:32–51. Disponível em: <https://link.springer.com/content/pdf/10.1007%2Fs11747-014-0420-7.pdf>. Acesso em: 17 out. 2018.

Langfield-Smith, K. *Management control and strategy: a critical review.* Accounting, Organizations and Society, Vol. 22, No. 2, pp. 207-232, 1997, Disponível em:

<http://www.sciencedirect.com/science/article/pii/S0361368295000402>. Acesso em: 22 jun. 2016.

Langfield-Smith, K. *A review of quantitative research in management control systems and strategy.* Handbook of Management Accounting Research. 2007. Elsevier Ltd. Disponível em: <https://www.sciencedirect.com/science/article/pii/S1751324306020128>. Acesso em: 10 dez. 2017.

Lozinsky, S. *Serviços Compartilhados como melhor prática.* São Paulo, IBM Global Business Services, 2006.

Magalhães. C. *Passo a passo para planejamento, estruturação, estratégias e processos de um Centro de Serviços Compartilhados.* São Paulo, Conexões Educação Empresarial, 2009.

Magalhães. C. *Como alavancar vantagem competitiva através de Centro de Serviços Compartilhados: estratégia para maximizar o valor em sua organização.* São Paulo, All Print Editora, 2013.

Martins, V. P.; Amaral, F. P. A. *Consolidação da prática de serviços compartilhados.* eGesta, v.4, n-1, p.158-189, jan/mar. 2008.

Martin, J. A.; Eisenhardt, K. M. *Rewiring: Cross-business-unit collaborations in multibusiness organizations.* Academy of Management Journal 2010, Vol. 53, No. 2, 265-301. Disponível em: <https://journals.aom.org/doi/pdf/10.5465/amj.2010.49388795>. Acesso em: 18 out. 2018.

Megliorini, E; Rodrigues, R. N.; Pereira, A. C. Introdução a Contabilidade Gerencial. In Parisi, C.; Megliorini, E. (Coordenadores) *Contabilidade gerencial.* São Paulo, Atlas, 2011.

MERCER. *Remuneración de ejecutivos: tendências en América Latina 2015.* Disponível em: <https://www.latam.mercer.com/content/dam/mercer/attachments/latin-america-and-caribbean/Webcasts/Final_Webinar_Mercer_Tendencias_TopExec_LA_300615.pdf>. Acesso em: 07 jul. 2019.

Minnaar, R. A., Vosselman, E. G. J. *Shared service centres and management control structure change: exploring the scope and limitations of a transaction cost economics approach.* Journal of Accounting & Organizational Change. Vol. 9 Issue: 1, pp.74-98. Disponível em: <https://doi.org/10.1108/18325911311307212>. Acesso em: 16 out. 2018.

Oliveira, L. B., Ávila, M. G. *Descentralização em unidades de negócio: o caso de uma empresa do setor financeiro.* RAC, v. 3, n. 1, Jan./Abr. 1999: 127-146. Disponível em: < http://www.scielo.br/scielo.php?script=sci_arttext&pid=S1415-65551999000100008>. Acesso em: 01 out. 2017.

Padoveze, C. L. *Administração financeira de empresas multinacionais.* São Paulo: Thompson Learning, 2006.

Padoveze, C. L. *Administração financeira: uma abordagem global.* São Paulo, Saraiva, 2016.

Padoveze, C. L. *Contabilidade gerencial.* 8ª ed. São Paulo, Atlas, 2020.

Padoveze, C. L. *Balanço de três colunas.* 2013. Disponível em: <http://www.essenciasobreaforma.com.br/colunistas_base.php?id=140> Acesso em 01 nov. 2015.

Padoveze, C. L. *Controladoria estratégica e operacional.* 3ª ed. São Paulo, Cengage Learning, 2012.

Padoveze, C. L. *Contabilidade divisional: centros de lucros e unidades de negócios.* Revista de Administração da Unimep, v. 1, n. 1, Setembro/Dezembro – 2003, Disponível em: <http://www.raunimep.com.br/ojs/index.php/regen/article/view/121/204>. Acesso em: 22 jun. 2016.

Padoveze, C. L. Integração dos sistemas e controladoria. In *Controladoria geral aplicada.* São Paulo, Março, 2018.

Padoveze, C. L.; Bertolucci, R. G. *Gerenciamento de risco corporativo em controladoria.* 2ª ed. São Paulo, Atlas, 2013.

Padoveze, C. L. *Práticas contábeis internacionais versus orçamento como informações preditivas.* Revista de Finanças e Contabilidade da Unimep – REFICONT – v. 1, n. 1, Jul/Dez – 2014. Disponível em < http://reficontunimep.com.br/ojs/index.php/Reficont/article/view/10>. Acesso em: 01 mar. 2016.

Padoveze, C. L. *Mitos e lendas em finanças.* São Paulo, Actual, 2020.

Padoveze, C. L. *Contabilidade de Custos.* São Paulo, Cengage Learning, 2016.

Padoveze, C.L. *Contabilidade Gerencial,* 2ª. ed., Iesde, 2019.

Padoveze, C. L. *Sistemas de informações contábeis.* 8ª. ed., São Paulo, Atlas, 2019.

Parisi, C; Migliorini, E. *Contabilidade gerencial.* São Paulo, Atlas, 2011.

Pereira, C. A (b). Avaliação de Resultados e Desempenho. In Catelli, A. (Coordenador) *Controladoria: uma abordagem da gestão econômica – GECON.* 2ª ed. São Paulo, Atlas, 2001.

Pereira, C. A, Oliveira, A. B. S. Preço de transferência: uma aplicação do conceito do custo de oportunidade. In Catelli, A. (Coordenador). *Controladoria: uma abordagem da gestão econômica – GECON.* 2ª ed. São Paulo, Atlas, 2001.

Pereira, N. A. F. *Impactos da implantação do centro de serviços compartilhados sobre sistemas de controles – estudo de caso.* 2004. 338 p. Dissertação (Mestrado em Administração) – Pontifica Universidade Católica do Paraná. Paraná, 2004. Disponível em: <http://www.biblioteca.pucpr.br/tede/tde_arquivos/5/TDE-2004-09-14T10:53:37Z-34/Publico/NeuriAdmin.pdf>. Acesso em: 06 abr. 2020.

Pinto, A. E. *Carf analisa o momento de incidência do IRPF sobre stock options.* Disponível em: <https://www.conjur.com.br/2019-mar-06/direto-carf-carf-analisa-momento-incidencia-irpf-stock-options>. Acesso em: 14 jul.e 2019.

Porter, M. E. *Vantagem competitiva*. Rio de Janeiro, Campus, 1990.

Prado, E. V. ; Padoveze, C. L. ; Calil, J. F. ; Pereira, C. A. ; Bertassi, A. L.; Nazareth, L. G. C. *Práticas de gerenciamento de riscos corporativos*: um estudo de caso em uma indústria multinacional de autopeças. In Belo Horizonte. XXXIX ENANPAD 2015.

Prado, E. V. *Estruturação de pacote integrado para controle gerencial de unidades de negócio: uma proposta a partir de um estudo de caso em uma empresa multinacional do setor de autopeças*. Tese (Doutorado em Administração) – Faculdade de Gestão e Negócios, Universidade Metodista de Piracicaba. Piracicaba, 2018.

PRICE WATERHOUSE COOPERS (PwC). *International transfer pricing 2015/16: an easy to use reference guide covering a range of transfer pricing issues in nearly 100 territories worldwide*, 2015. Disponível em: <https://www.pwc.com/gr/en/publications/assets/international-transfer-pricing-guide-2015-2016.pdf>. Acesso em: 01 out. 2017.

Quinn, B.; Cooke, R.; Kris, A. Shared Services: mining for corporate gold. London, Financial Times Prentice Hall, 2000 *apud* Ramos, L. J. T. *Serviços compartilhados como forma de estruturação organizacional*, 2005. Dissertação (Mestrado em Administração) – Universidade Federal da Bahia. Salvador, 2012.

Ramos, L. J. T. *Serviços compartilhados como forma de estruturação organizacional*, 2005. 127 p. Dissertação (Mestrado em Administração) – Universidade Federal da Bahia. Salvador, 2005. Disponível em: <http://www.adm.ufba.br/sites/default/files/publicacao/arquivo/003.pdf>. Acesso em: 15 maio 2012.

Rocha, L. G. C. *Avaliação de desempenho em centros de responsabilidade como instrumento de controle gerencial – o caso do Banco do Brasil S/A*. Dissertação (Mestrado em Ciências Contábeis) –ISEC/FGV. Rio de Janeiro, 1987. VII, p. 157, Disponível em: <http://bibliotecadigital.fgv.br/dspace/bitstream/handle/10438/9556/000050545.pdf?sequence=1>. Acesso em: 24 set. 2017.

Rodniski, C. M., Diehl, C. A. *O papel da controladoria em relação ao grau de centralização das organizações*. Sociedade, Contabilidade e Gestão, Rio de Janeiro, v. 7, n. 1, jan/jun 2012. Disponível em: <http://www.atena.org.br/revista/ojs-2.2.3-06/index.php/ufrj/article/viewFile/1469/1317>. Acesso em: 01 out. 2017.

Russo, P. T. *A institucionalização do balanced scorecard pelas organizações – o caso Sabesp*. 295 f. Dissertação (Mestrado em Ciências Contábeis) – Fundação Escola de Comércio Álvares Penteado. São Paulo, 2011. Disponível em: < http://tede.fecap.br:8080/jspui/bitstream/tede/474/1/Pachoal_Tadeu_Russo.pdf>. Acesso em: 29 jun. 2018.

Santos, A. H. *Preços de transferências e tomada de decisão em tecnologia de informação*. 149 p. Dissertação (Mestrado em Ciências Contábeis) – Universidade Federal de Minas Gerais. Belo Horizonte, 2010. Disponível em: <https://cepcon.face.ufmg.br/cursos/mestrado/dissertacoes/category/43-2010.html?download=189:precos-de-transferencia-e-tomada-de-decisao-em-tecnologia-da-informacao>. Acesso em: 25 out. 2012.

Sandroni, P. *Novo dicionário de economia*. 5ª ed., São Paulo, Best Seller, 1994.

SAP. *SAP Hana*. Disponível em: <https://www.sap.com/brazil/products/hana.html>. Acesso em: 27 out. 2018.

SAP. *Shared services*. 2004. Disponível em http://www.sap.com./solutions/business-suite/erp/pdf/BWP_WP_Shared_Services.pdf. Acesso em: 21 set. 2013.

Sbors, R. A., Schafer, J D., Gasparetto, V. *Divisionalização e contabilidade por responsabilidade em operações comerciais e serviços*. XXI Congresso Brasileiro de Custos –novembro de 2014 em: <https://anaiscbc.emnuvens.com.br/anais/article/view/3825>. Acesso em: 24 set. 2017.

Schulman, D. S. *et al. Shared services: adding value to the business units*. New York, Jhon Wiley & Sons, 1999.

Schulman, D. S.; Dunleavy, J. R.; Harmer, M. J.; LUSK, J. S. *Shared services*. São Paulo, Makron-Books, 2001.

Sikka, P., Willmott, H. *The dark side of transfer pricing: its role in tax avoidance and wealth retentiveness*. Critical Perspectives on Accounting 21 (2010) 342-356. Disponível em: <http://www.sciencedirect.com/science/article/pii/S1045235410000481>. Acesso em: 01 out. 2017.

Silva, L. L. *Manual de preço de transferência*. São Paulo, IOB, 2011.

Silva, E. D.; Pereira, N. A. F. *Centro de serviços compartilhados e a gestão de vínculos: uma análise integrada*. Revista Alcance, Itajaí, v.11, n-1, p.49-64, Jan/Abr. 2004. Disponível em: <http://www.spell.org.br/documentos/ver/23775>. Acesso em: 10 jun. 2012.

Silva, J. A. T.; Santos, R. F.; Santos, N. M. B. *Criando valor com serviços compartilhados: aplicação de balanced scorecard*. São Paulo, Saraiva, 2006.

Simons, R. *Accounting control systems and business strategy: an empirical analysis*. Accounting Organizations and Society, Vol. 12, No. 4, pp. 357-374, 1987, Disponível em: <http://www.sciencedirect.com/science/article/pii/0361368287900249>. Acesso em: 22 jun. 2016.

Simons. R. *Levers of control: how managers use innovative control systems to drive strategic renewal*. Boston, Harvard Business School Press, 1995.

Simons. R. *Levers of organization design: how managers use accountability systems for greater performance and commitment.* Boston, Harvard Business School Press, 2005.

Solomons, D. *Divisional performance: measurement and control.* 7ª ed. Homewood, RDI, 1973.

Solomons. D. *Divisional performance: measurement and control.* Richard D. Irwin Inc: Harvard Business School Press, 1965.

Slater, S. F, Hult, T. M, Olson, E. M. *Factors influencing the relative importance of marketing strategy creativity and marketing strategy implementation effectiveness.* Industrial Marketing Management 39 (2010) 551-559. Disponível em: <https://www.sciencedirect.com/science/article/abs/pii/S0019850109000273>. Acesso em: 17 out. 2018.

Souza, G. E., Portulhak, H., Beuren, I. M. *Análise do desenho e uso do balanced scorecard em um centro de serviços compartilhados.* XXII Congresso Brasileiro de Custos – Foz do Iguaçu, PR, Brasil, 11 a 13 de novembro de 2015. Disponível em: <https://anaiscbc.emnuvens.com.br/anais/article/view/3986>. Acesso em: 01 out. 2017.

Souza, M. A, Machado Correa, R. *Centros de serviços compartilhados: publicações no Congresso Brasileiro de Custos (CBC) no Período de 1998 a 2008.* Contabilidade Vista & Revista, vol. 22, núm. 1, janeiro-março, 2011, pp. 73-105. Universidade Federal de Minas Gerais, Brasil. Disponível em: <http://www.redalyc.org/pdf/1970/197017517004.pdf>. Acesso em: 01 out. 2017.

Tavolaro, A. T. *Tributos e preço de transferência*, 2000, Campinas. Disponível em: <http://www.tavolaroadvogados.com/doutrina/cs113.pdf>. Acesso em: 25 out. 2012.

Theodosiou, M.; Kehagias, J.; Katsikea, E. *Strategic orientations, marketing capabilities and firm performance: An empirical investigation in the context of frontline managers in service organizations.* Industrial Marketing Management 41 (2012) 1058-1070. Disponível em: <https://www.sciencedirect.com/science/article/abs/pii/S0019850112000028>. Acesso em: 17 out. 2018.

Zahay, D; Griffin, A. *Marketing strategy selection, marketing metrics, and firm performance.* Journal of Business & Industrial Marketing, Vol. 25 Issue: 2, pp.84-93, 2010. Disponível em: <https://doi.org/10.1108/08858621011017714>. Acesso em: 17 out. 2018.

Zanco, L. G. *Atividades realizadas e preços de transferências adotados em centros de serviços compartilhados: um estudo multicaso.* 96 f. Dissertação (Mestrado Profissional em Administração) – Faculdade de Gestão de Negócios, Universidade Metodista de Piracicaba. Piracicaba, 2013. Disponível em: <http://iepapp.unimep.br/biblioteca_digital/visualiza.php?cod=MTQ0MA==>. Acesso em: 01 out. 2017.